"十四五"普通高等教育本科部委级规划教材

成本与管理会计

主 编◎苏英健

中国纺织出版社有限公司

内 容 提 要

本书是一本集理论、实践、思政与科技于一体的综合性教材，全书共 13 章，全面系统地讲解了成本与管理会计的基本知识，帮助学生理解成本核算与管理会计如何与企业的实际业务紧密相连。本书以业务活动为主线，重新梳理了课程知识结构，精选了一系列业务拓展案例，通过案例使学生更直观地了解成本与管理会计在企业运营中的实际应用，从而加深对理论知识的理解。本书引入智能会计等前沿技术和实践应用内容，且精心设计了思考题、练习题和思维导图等学习工具，为全面提升学习效果和学生未来的职业生涯做好充分准备。

图书在版编目（CIP）数据

成本与管理会计 / 苏英健主编 . -- 北京 ：中国纺织出版社有限公司，2025. 5. -- （“十四五”普通高等教育本科部委级规划教材）. -- ISBN 978-7-5229-2736-7

Ⅰ. F234

中国国家版本馆 CIP 数据核字第 20255S3X36 号

责任编辑：史 岩　　责任校对：寇晨晨　　责任印制：储志伟

中国纺织出版社有限公司出版发行

地址：北京市朝阳区百子湾东里A407号楼　邮政编码：100124

销售电话：010—67004422　传真：010—87155801

http://www.c-textilep.com

中国纺织出版社天猫旗舰店

官方微博 http://weibo.com/2119887771

河北延风印务有限公司印刷　各地新华书店经销

2025年 5 月第1版第1次印刷

开本：787×1092　1/16　印张：17.5

字数：358千字　定价：68.00元

前言

Preface

“成本与管理会计”是一门以企业生产经营活动的成本效益评价为中心，应用现代会计理论和方法进行量化管理，提升企业价值的学科。在经济的全球化和市场竞争的不断加剧，企业对精细化管理的需求日益增强的背景下，作为一门集理论与实践于一体的学科，“成本与管理会计”课程显得尤为重要。教材在编写过程中，注重以下四方面内容的充实与完善：

（1）业财融合——理论与实践的深度结合

教材强调业财融合的理念，旨在帮助学生理解成本核算与管理会计如何与企业的实际业务紧密相连。以业务活动为主线，重新梳理了课程知识结构；精选了一系列业务拓展案例，通过这些案例，学生可以更加直观地了解成本与管理会计在企业运营中的实际应用，从而加深对理论知识的理解。

（2）课程思政——培养德才兼备的会计人才

在传授专业知识的同时，教材也注重课程思政的融入。希望通过本课程的学习，不仅能够提升学生的专业技能，还能够培养他们的职业道德和社会责任感。为此，在本书中穿插了相关思政内容，引导学生在学习过程中树立正确的价值观和职业操守。

（3）智能会计——拥抱科技，展望未来

随着科技的发展，会计工作正逐渐走向智能化。教材紧跟时代步伐，以拓展案例的形式介绍了智能会计的前沿技术和实践应用。希望通过这些内容的引入，使学生能够了解并掌握智能会计的基本原理和操作方法，为未来的职业生涯做好充分准备。

（4）立体化实践——全面提升学习效果

为了帮助学生更好地理解和掌握教材内容，精心设计了思考题、练习题和思维导图等学习工具。引导学生深入思考、积极实践，从而全面提升学习效果。此外，还提供了丰富的业务拓展案例，供学生进行小组讨论和案例分析，以培养学生的团队协作和问题解决能力。

总的来说，《成本与管理会计》是一本集理论、实践、思政与科技于一体的综合性教材，由哈尔滨学院苏英健老师撰写。在教材资料搜集及整理过程中，尼浩然、戴舟给予了很大帮助，一并感谢。我们期待通过本教材的学习，学生能够全面提升自身的专业素养和综合能力，为未来的职业发展奠定坚实基础。本书既可以作为高等本科院校财务专业和会计专业的核心课程教材，也可以作为财经类各专业的基础课程教材。

苏英健

2024 年 10 月

目录

Contents

模块1　成本与管理会计总论

第1章　成本与管理会计概述 …… 1

1.1　成本与管理会计的形成和发展 …… 1

1.1.1　基于成本计算的成本会计阶段 …… 1

1.1.2　基于成本控制的成本管理阶段 …… 2

1.1.3　基于预测决策的管理会计阶段 …… 3

1.1.4　基于市场竞争的战略管理会计阶段 …… 3

1.2　成本与管理会计的基本理论 …… 4

1.2.1　成本与管理会计的对象 …… 4

1.2.2　成本与管理会计的任务 …… 5

第2章　成本的内涵和分类 …… 6

2.1　成本内涵 …… 7

2.1.1　成本的概念 …… 7

2.1.2　成本的功能 …… 7

2.2　成本分类 …… 8

2.2.1　基于战略目的的分类 …… 8

2.2.2　基于财务报告目的的分类 …… 9

2.2.3　基于管理目的的分类 …… 11

模块 2　采购业务的规划与控制

第 3 章　存货业务规划与控制 …… 18

3.1　存货业务概述 …… 19

3.1.1　存货业务流程 …… 19

3.1.2　存货业务相关成本 …… 24

3.2　经济订货批量 …… 27

3.3　存货模型的扩展应用 …… 29

3.3.1　订货陆续到达，边进边出时的决策 …… 29

3.3.2　有数量折扣时的订货决策 …… 31

3.3.3　订货批量受限时的订货决策 …… 33

3.3.4　储存量受限时的订货决策 …… 34

3.3.5　不确定情况的订货决策 …… 35

3.4　存货周转期控制 …… 38

3.4.1　存货周转期 …… 38

3.4.2　存货周转期控制的基本方法 …… 38

第 4 章　固定资产业务决策 …… 41

4.1　固定资产业务概述 …… 41

4.1.1　固定资产业务流程 …… 41

4.1.2　固定资产业务相关成本 …… 46

4.2　典型固定资产业务的决策 …… 47

4.2.1　固定资产租赁或购买决策 …… 47

4.2.2　生产设备最优更新期决策 …… 48

4.2.3　固定资产修理或更新决策 …… 50

模块 3　生产业务的组织、核算与管理

第 5 章　生产业务组织决策 …… 53

5.1　生产业务概述 …… 54

5.1.1　生产业务流程 …… 54

5.1.2　生产业务相关成本 …… 55

5.2　品种决策 …… 56

5.2.1 新产品生产决策 …… 57
5.2.2 亏损产品决策 …… 60
5.2.3 自制与外购决策 …… 63
5.3 生产组织决策 …… 68
5.3.1 产品组合优化决策 …… 68
5.3.2 最优生产批量决策 …… 71

第 6 章 生产业务成本核算……74

6.1 成本计算原理 …… 75
6.1.1 成本计算概述 …… 75
6.1.2 成本计算的基本要求 …… 77
6.1.3 成本计算的一般程序和主要会计科目 …… 81
6.2 费用在各种产品之间的归集和分配 …… 82
6.2.1 要素费用的归集和分配 …… 82
6.2.2 辅助生产成本的归集和分配 …… 87
6.2.3 制造费用的归集和分配 …… 94
6.2.4 期间费用的归集和分配 …… 97
6.3 生产成本在完工产品和在产品之间的归集和分配 …… 99
6.3.1 在产品收发存的核算 …… 99
6.3.2 生产成本在完工产品和在产品之间的分配 …… 99
6.4 成本计算的基本方法 …… 105
6.4.1 品种法 …… 105
6.4.2 分批法 …… 113
6.4.3 分步法 …… 120
6.5 成本计算的辅助方法 …… 129
6.5.1 分类法 …… 129
6.5.2 定额法 …… 132

第 7 章 生产业务成本管理……140

7.1 标准成本管理 …… 141
7.1.1 标准成本管理的含义 …… 141
7.1.2 标准成本的制定 …… 142
7.1.3 成本差异的计算和分析 …… 146
7.1.4 标准成本法的账务处理 …… 151

7.2 责任成本管理 …… 155
7.2.1 责任成本管理的含义 …… 155
7.2.2 责任中心 …… 157
7.2.3 责任成本的核算 …… 159
7.2.4 责任成本的预算与考核 …… 160
7.3 目标成本管理 …… 161
7.3.1 目标成本 …… 161
7.3.2 目标成本管理 …… 162

第 8 章 作业成本法 …… 166

8.1 作业成本法概述 …… 167
8.1.1 作业成本法产生的时代背景 …… 167
8.1.2 作业成本法的基本概念 …… 168
8.1.3 作业成本法的优点和局限性 …… 171
8.1.4 作业成本法的基本原理 …… 172
8.2 作业成本法的一般程序 …… 173
8.2.1 作业成本法的一般程序 …… 173
8.2.2 作业成本法计算举例 …… 174
8.2.3 作业成本法的账务处理 …… 177
8.2.4 作业成本法与传统成本法比较 …… 179

模块 4 销售业务的管理与分析

第 9 章 产品定价决策 …… 181

9.1 销售业务概述 …… 182
9.1.1 销售业务流程 …… 182
9.1.2 销售业务影响因素 …… 183
9.1.3 销售业务涉及的成本 …… 184
9.2 产品定价概述 …… 185
9.2.1 产品定价目标 …… 185
9.2.2 影响价格的因素 …… 186
9.3 产品定价决策 …… 187
9.3.1 以成本为导向的定价决策 …… 187
9.3.2 以市场为导向的定价决策 …… 190

9.3.3 以竞争为导向的定价决策 …… 192

第 10 章 盈利能力与安全性分析 …… 195

10.1 盈亏临界点分析 …… 195
10.1.1 盈亏临界点 …… 196
10.1.2 盈亏临界图 …… 199
10.2 目标利润及敏感性分析 …… 201
10.2.1 实现目标利润模型 …… 201
10.2.2 相关因素变动对目标利润的影响 …… 203
10.2.3 敏感性分析 …… 205
10.2.4 实现目标利润方案的确定 …… 208

模块 5 全面管理与考核

第 11 章 全面预算管理 …… 210

11.1 全面预算概述 …… 211
11.1.1 预算与预算管理 …… 211
11.1.2 全面预算管理 …… 212
11.2 全面预算编制方法 …… 215
11.2.1 固定预算与弹性预算 …… 215
11.2.2 零基预算与增量预算 …… 216
11.2.3 定期预算与滚动预算 …… 219
11.3 全面预算的基本内容 …… 221
11.3.1 业务预算 …… 221
11.3.2 投资预算 …… 222
11.3.3 财务预算 …… 223
11.4 全面预算的编制 …… 223
11.4.1 业务预算的编制 …… 223
11.4.2 投资预算的编制 …… 232
11.4.3 财务预算的编制 …… 233

第 12 章 业绩考核与评价 …… 237

12.1 以企业为主体的业绩评价 …… 238
12.1.1 基于利润的单项业绩评价 …… 238

12.1.2 基于净资产收益率的综合业绩评价 …… 241
12.2 以责任中心为主体的业绩评价 …… 243
12.2.1 成本中心的业绩评价 …… 243
12.2.2 利润中心的业绩评价 …… 244
12.2.3 投资中心的业绩评价 …… 249
12.3 基于经济增加值的业绩评价 …… 251
12.3.1 经济增加值与会计利润 …… 251
12.3.2 经济增加值的调整 …… 252
12.3.3 经济增加值的管理内涵 …… 253
12.4 平衡计分卡业绩评价 …… 254
12.4.1 平衡计分卡概述 …… 254
12.4.2 平衡计分卡的基本框架 …… 255
12.4.3 平衡计分卡的应用 …… 257

模块 6 前沿拓展

第 13 章 战略成本管理 …… 261
13.1 企业战略与战略成本管理 …… 261
13.1.1 企业战略 …… 261
13.1.2 战略成本管理 …… 262
13.1.3 企业战略与战略成本管理 …… 262
13.2 战略成本管理的分析方法 …… 263
13.2.1 价值链分析法 …… 263
13.2.2 战略定位分析法 …… 266
13.2.3 产品成本战略定位法 …… 268
13.2.4 成本动因分析法 …… 270

第1章　成本与管理会计概述

扫码获取本章课件

思维导图

本章思维导图如图 1-1 所示。

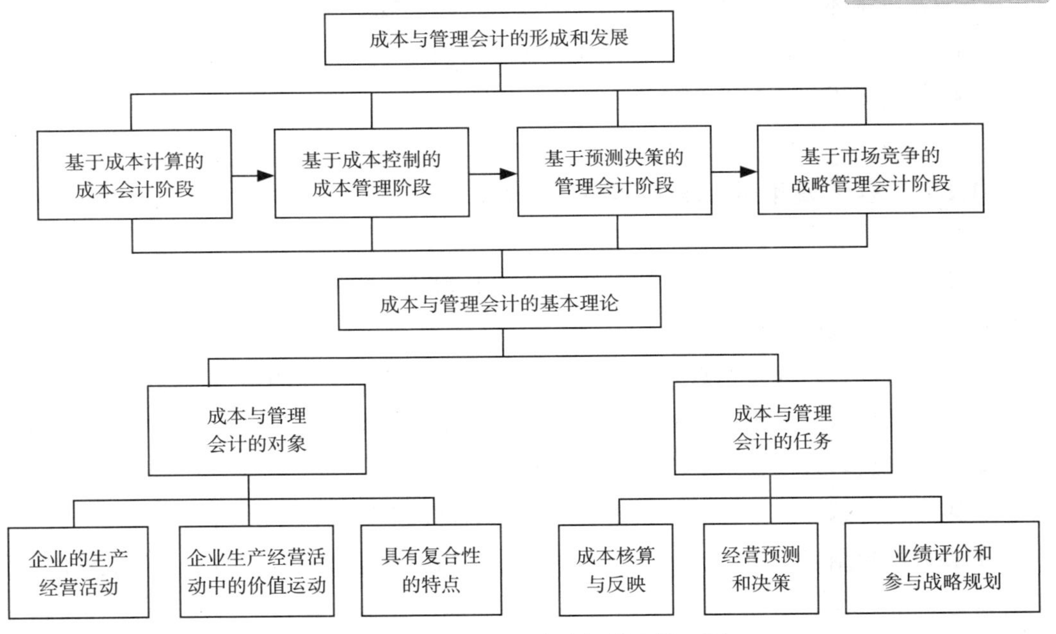

图 1-1　成本与管理会计概述思维导图

1.1　成本与管理会计的形成和发展

1.1.1　基于成本计算的成本会计阶段

基于成本计算的成本会计阶段是成本会计发展的初期阶段。在这个阶段，成本会计被认为是汇集生产成本的一种制度，主要用于计算和确定产品的生产成本和销售成本。当时，英国的会计学家已经设计出订单成本计算和分步成本计算的方法，但这些方法的应用范围最初只限于工业企业，后来才逐渐传播到美国和其他国家。

这个阶段的成本会计主要关注于如何准确地核算出产品的成本，以便为企业的决策提供可靠的成本信息。它采用了一系列的成本计算方法，如品种法、分批法、分步法等，来归集和分配生产过程中发生的各项费用，从而计算出产品的总成本和单位成本。在这一阶段，成本会计的核心工作就是系统计算生产过程中产生的消耗，包括对材料进行会计管理，记录工时以计算人工成本，以及分配非直接制造成本等。这些都是基于成本计算的重要任务，为企业的生产和经营决策提供了重要的成本数据支持。

然而，随着企业经营环境的复杂化和市场竞争的加剧，单纯的成本计算已经无法满足企业的需求，成本会计也逐渐向更为复杂和多元化的方向发展，包括标准成本制度的建立、预算控制体系的完善，以及后来的成本预测、规划、决策等功能。因此，基于成本计算的成本会计阶段只是成本会计发展历史中的一个重要阶段，它为企业后续的成本管理和控制奠定了坚实的基础。

1.1.2 基于成本控制的成本管理阶段

基于成本控制的成本管理阶段标志着企业开始从单纯地关注成本核算转向对成本进行更加全面和系统的管理。

在这一阶段，企业开始意识到仅仅进行成本核算并不足以满足管理需求，还需要对成本进行更加深入的分析和控制。因此，这一阶段的主要特征是企业开始建立各种成本管理制度和方法，以实现对成本的有效控制和管理。

具体而言，基于成本控制的成本管理阶段主要包括以下四个方面的发展：

①成本控制制度的建立。企业开始建立完善的成本控制制度，明确各项成本的责任人和控制标准。这些制度不仅包括生产过程中的成本控制，还包括产品设计、采购、销售等各个环节的成本控制。

②成本分析方法的发展。在这一阶段，企业开始运用各种成本分析方法，如比较分析法、因素分析法等，对成本进行深入剖析。这些分析方法不仅可以帮助企业找出成本差异的原因，还可以为未来的成本管理提供借鉴。

③成本预测和决策的应用。随着市场竞争的加剧，企业开始意识到成本预测和决策的重要性。因此，在这一阶段，企业开始运用各种成本预测和决策方法，如本量利分析、边际分析等，以支持企业的决策制定。

④责任成本制度的推行。为了进一步明确成本控制的责任，企业开始推行责任成本制度。这种制度将成本控制的责任落实到各个部门和人员身上，从而确保了成本控制的有效实施。

这个阶段企业开始从单纯地关注成本核算转向对成本进行更加全面和系统的管理，从而提高了企业的成本管理水平和市场竞争力。

1.1.3　基于预测决策的管理会计阶段

在基于预测决策的管理会计阶段，成本与管理会计的职能得到了进一步的扩展和提升，不只是企业的“账房先生”，而是成为了企业决策层的重要参谋和助手。这一阶段标志着管理会计从传统的成本计算和控制职能向更广泛的决策支持职能的转变。

这一阶段主要发生在工业革命后期至现代企业管理理论兴起之间，随着企业规模的扩大和市场竞争的加剧，单纯的成本控制已不能满足企业管理的需求。因此，成本与管理会计开始更多地关注未来的预测和决策，以帮助企业制定更合理、更有效的战略和计划。

这一阶段，成本与管理会计人员不仅要收集和整理历史成本数据，还要运用各种预测技术和方法，对未来可能的成本、收入、利润等财务指标进行预测。这些预测结果可以为企业制定生产、销售、定价等决策提供重要依据。

同时，成本与管理会计在这个阶段也开始更多地关注非财务信息，如市场需求、竞争对手情况、技术进步等，这些信息对于企业的预测和决策同样具有重要意义。管理会计人员需要将这些非财务信息整合到预测和决策模型中，以提高预测和决策的准确性。

此外，在这一阶段，成本与管理会计的职能也进一步扩展，除提供预测和决策支持外，还包括制定预算、进行成本控制、评估投资风险等。这些职能共同构成了现代管理会计的完整体系。

这一阶段使成本与管理会计从传统的成本计算和控制职能中解放出来，成为企业管理中不可或缺的一部分，为企业制定战略和计划提供了重要支持。

1.1.4　基于市场竞争的战略管理会计阶段

基于市场竞争的战略管理会计阶段主要强调成本与管理会计在企业战略制定和实施过程中的作用，以及如何利用管理会计工具来分析和应对市场竞争。

在这一阶段，企业的关注点不再局限于内部的成本控制和效率提升，而是更多地关注外部环境，特别是市场竞争态势、客户需求、行业发展趋势等因素。战略管理会计的目标是通过提供有关企业战略决策的信息，帮助企业制定并实施有效的竞争策略，从而在市场中获得竞争优势。为了实现这一目标，战略管理会计采用了多种工具和技术，如竞争对手分析、市场定位分析、价值链分析等。这些工具和技术可以帮助企业深入了解市场竞争状况，明确自身在市场中的位置和优势，以及识别潜在的威胁和机会。

同时，战略管理会计还强调对非财务信息的利用，如客户需求、客户满意度、市场份额等。这些信息对于评估企业在市场中的竞争地位以及制定和调整市场策略具有重要意义。

在这一阶段，成本与管理会计人员的角色也发生了变化。他们不再仅仅是数据的收集者和报告者，而是成为企业战略决策的参与者和建议者。他们需要具备更广泛的知识和技能，包括市场分析、战略规划、风险管理等，以更好地支持企业的战略决策过程。

思政拓展 1- 创新精神：随着经济的发展和市场的变化，成本与管理会计也需要不断创新以适应新的环境。作为企业的成本与管理会计人员在实际工作中应敢于创新、勇于尝试，推动成本与管理会计的不断发展和完善。

思政拓展 2- 历史使命感：成本与管理会计在企业的发展过程中起着举足轻重的作用。成本与管理会计的工作对于企业和国家经济发展的重要性，从而使其更加投入地履行自己的职责。

1.2 成本与管理会计的基本理论

1.2.1 成本与管理会计的对象

从根本上讲，成本与管理会计的对象是以使用价值为基础的价值活动。

从本质上讲，成本与管理会计的对象是企业的生产经营活动。企业的生产经营活动作为管理学各门课程共同的研究对象，每门课程基于不同目的、从不同角度、采用不同方法、在不同层面上展开研究的。比如财务会计站在外部信息使用者的角度，通过凭证、账簿、报表、记账、算账、报账等会计信息生成工作，对已经发生或已经完成的生产经营活动进行核算，以提供信息使用者所需会计信息为目的。而财务管理站在内部信息使用者的角度，通过筹资、投资、营运和分配等管理工作，对企业现在和未来生产经营活动产生的现金流进行规划和控制。成本与管理会计是站在企业管理者的角度，通过对企业生产经营活动的管理、控制和规划，实现企业价值增值的目的。

从管理体现经济效益上讲，成本与管理会计的对象是企业生产经营活动中的价值运动。在商品经济条件下，企业的生产经营活动一方面表现为使用价值的生产和交换过程；另一方面表现为价值形成和价值增值的过程。成本与管理会计以企业生产经营活动中的价值形成和价值增值过程为对象，通过对使用价值的生产和交换过程的优化，提供信息并参与决策，以实现价值最大增值的目的。

从实践角度讲，成本与管理会计的对象具有复合性的特点。一方面，成本与管理会计致力于使用价值生产和交换过程的优化，通过强调加强作业管理和流程管理，提高生产和工作效率。在这个过程中，强调有用作业和无用作业的区分，按生产经营各环节的内在联系设计作业环节和作业链，为作业管理和成本与管理会计的实施奠定基础。另一方面，在价值形成和价值增值的过程中，成本与管理会计通过强调资源耗费（一般表现为成本或费用）对价值的贡献，提高经济效益，实现价值的最大增值。价值管理必然强调价值转移、价值损耗与价值增值之间的关系：价值转移是价值增值的前提，减少价值损耗是增加价值增值的手段。在这个基础上，必须按照价值转移和价值增值的环节，设计价值环节和价值链。

因此，成本与管理会计的对象是作业管理和价值管理的统一。一方面，价值增值各环节的价值链与作业环节和作业链形成对应的关系，密切联系；另一方面，在整条纵向价值链优化的基础上，价值增值取决于作业环节的减少和无用作业的消除，通过这一环节实现资源耗费的减少，在整条纵向价值链的价值增值额不变的情况下，实现企业价值的增加。

1.2.2　成本与管理会计的任务

1.2.2.1　成本核算与反映

成本核算与反映是成本会计的基础工作，包括对产品生产过程中的各项费用进行归集和分配，确保成本核算的准确性和完整性，从价值补偿的角度反映企业生产经营过程中各种费用的支出以及各项经营成本和期间费用的形成，为经营管理提供成本信息。

1.2.2.2　经营预测和决策

基于历史成本数据和其他相关信息，对未来的经营活动相关水平和发展趋势进行预测。同时，通过对不同方案的成本效益分析，为管理层提供决策依据，帮助企业在资源有限的情况下做出最优选择。

1.2.2.3　业绩评价和参与战略规划

通过对比实际与标准、预算等指标，对企业的生产经营成果进行定量评价。助于企业了解自身的成本控制水平和经营效率，为改进管理、提高效益提供依据。同时，成本与管理会计还通过提供财务分析和管理建议，帮助企业制定合理的发展目标、经营策略和财务计划，并对规划的实施过程进行监控和评估，以确保企业能够按照既定的方向稳步发展。

扫码获取本章习题

扫码获取本章知识拓展

第2章　成本的内涵和分类

思维导图

本章思维导图如图 2-1 所示。

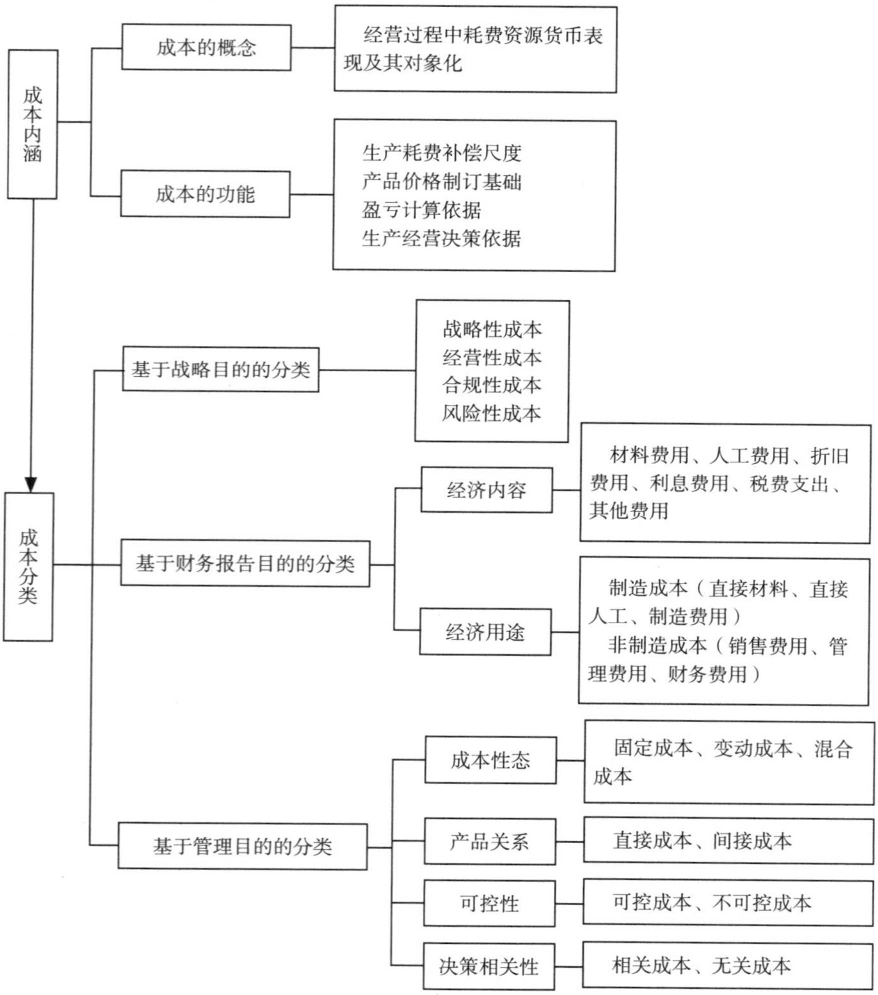

- 成本内涵
  - 成本的概念
    - 经营过程中耗费资源货币表现及其对象化
  - 成本的功能
    - 生产耗费补偿尺度
    - 产品价格制订基础
    - 盈亏计算依据
    - 生产经营决策依据
- 成本分类
  - 基于战略目的的分类
    - 战略性成本
    - 经营性成本
    - 合规性成本
    - 风险性成本
  - 基于财务报告目的的分类
    - 经济内容
      - 材料费用、人工费用、折旧费用、利息费用、税费支出、其他费用
    - 经济用途
      - 制造成本（直接材料、直接人工、制造费用）
      - 非制造成本（销售费用、管理费用、财务费用）
  - 基于管理目的的分类
    - 成本性态
      - 固定成本、变动成本、混合成本
    - 产品关系
      - 直接成本、间接成本
    - 可控性
      - 可控成本、不可控成本
    - 决策相关性
      - 相关成本、无关成本

图 2-1　成本的内涵与分类思维导图

2.1　成本内涵

2.1.1　成本的概念

成本是一个多层次、多维度的概念，在不同领域和应用背景下有不同的定义和解释。一般来说，成本可以被理解为达到某个目的或完成某项任务所需付出的代价或资源消耗。这些代价或资源消耗可以以货币形式来衡量，也可以以其他形式来表述。

在经济领域中，成本通常指企业在生产和销售一定种类与数量的产品过程中，所耗费的各种资源的货币表现及其对象化。这些资源包括生产资料、劳动力等，它们的消耗在成本中用货币计量，表现为材料费用、折旧费用、工资费用等。企业的经营活动不仅包括生产，也包括销售活动，因此在销售活动中所发生的费用，也应计入成本。同时，管理生产所发生的费用，也应计入成本。

此外，成本还可以被理解为为取得物质资源所需付出的经济价值。当企业进行生产经营活动时，需要购置各种生产资料或采购商品，而支付的价款和费用就是购置成本或采购成本。这些成本随着生产经营活动的不断进行而转化为生产成本和销售成本。

更广义地说，成本是为达到一定目的而付出或应付出资源的价值牺牲，它可用货币单位加以计量。这种价值牺牲可以是直接的经济支出，也可以是间接的资源消耗或机会成本。例如，在决策分析中，决策者可能需要权衡不同方案的成本与收益，这里的成本就包括了实施各方案所需付出的各种资源和代价。

总之，成本是一个复杂且多维度的概念，它涉及资源消耗、价值牺牲和经济效益等多个方面。在不同情境下，成本的具体含义和计量方式也会有所不同。

2.1.2　成本的功能

2.1.2.1　生产耗费补偿尺度

成本是生产过程中所消耗的物化劳动和活劳动的货币表现。在商品生产中，企业的物化劳动和活劳动耗费只有以价值形式表现出来，用货币进行计量，才能在商品销售中以等价交换的形式得到补偿，商品生产才能不断进行。因此，成本是补偿生产耗费的尺度。

2.1.2.2　产品价格制定基础

产品价格是产品价值的货币表现。但在现实经济生活中，商品生产价格受市场供求关系的影响，使一些商品的市场价格同价值并不一致。因此，商品生产要以成本为基础，加上适当的盈利，才能作为产品价格。

2.1.2.3 盈亏计算依据

企业生产经营过程中所发生的各项耗费，通过成本计算可以全面反映出来，并通过企业产品销售收入与产品销售成本进行对比，计算企业一定时期的盈亏。

2.1.2.4 生产经营决策依据

提高经济效益是企业生产经营的出发点和落脚点。企业在进行生产经营决策时，离不开成本信息。比如，产品品种的选择、生产批量的确定、工艺方案的选择、新产品开发、技术改造，都有成本因素参与其中。

综合反映企业工作业绩的重要指标包括：企业在生产经营活动中，各方面工作的业绩如何，如产品产量、质量、消耗、品种、资金周转、技术进步、生产安全、经营管理等，都会直接或间接地在成本中反映出来。

2.2 成本分类

2.2.1 基于战略目的的分类

基于战略目的的分类从战略高度审视和管理成本，确保关键资源被投入到对企业长期发展最有益的领域，同时也提醒企业在追求经济效益时不忘履行社会责任和遵守法律法规。

2.2.1.1 战略性成本

战略性成本直接关系到企业的核心竞争力和长期战略目标的实现。战略性成本通常包括那些用于支持企业创新、品牌建设、市场拓展、人才培养以及技术研发等关键活动的费用。这些成本虽然可能在短期内看起来较高，但对于企业的长期发展和竞争优势至关重要。

2.2.1.2 经营性成本

经营性成本是企业日常运营活动中所产生的，包括生产过程中的直接材料、直接人工、制造费用等，以及销售和行政等支持性活动产生的费用。经营性成本是企业维持正常运营所必需的，但其管理效率和优化水平会直接影响企业的盈利能力。

2.2.1.3 合规性成本

合规性成本涉及企业为满足法律法规、行业标准和社会责任等要求而产生的费用。例如，环境保护投入、安全健康保障支出、税收，以及为满足特定质量标准而进行的额外投入等。合规性成本对于企业的声誉和持续运营至关重要。

2.2.1.4　风险性成本

风险性成本与企业面临的不确定性和潜在风险相关，包括因市场风险、供应链风险、财务风险等而产生的预防和应对成本。例如，为防止供应链中断而进行的多元化采购所产生的额外成本，或者为应对潜在法律纠纷而设立的法律准备金等。

需要注意的是，这种分类方式较为抽象和宏观，企业在实际应用时可能需要结合自身情况进行细化和调整。

2.2.2　基于财务报告目的的分类

2.2.2.1　按经济内容分类

按经济内容分类是根据企业经营过程中实际发生的各项经济内容来划分成本。这种分类方法有助于企业详细了解和掌握各项经济内容的成本情况，为企业的决策提供准确的数据支持。按经济内容对成本进行分类，可以分为材料费用、人工费用、折旧费用、利息费用、税费支出及其他支出等。

（1）材料费用

材料费用是指企业在生产过程中消耗的原材料、辅助材料、外购半成品、燃料、动力等直接材料费用，以及与材料采购、运输、储存等相关的间接费用。

（2）人工费用

人工费用包括企业支付给员工的工资、奖金、津贴、补贴、社会保险费、住房公积金等直接人工费用，以及与员工招聘、培训、福利等相关的间接人工费用。

（3）折旧费用

折旧费用指企业固定资产在使用过程中由于磨损和老化而转移到产品成本中的价值部分，即固定资产折旧。这包括房屋、机器设备、运输工具等各类固定资产的折旧费用。

（4）利息费用

利息费用指企业为筹集资金而发生的利息支出，包括长期借款利息、短期借款利息、应付票据利息等。这些费用反映了企业资金成本的一部分。

（5）税费支出

税费支出包括企业应缴纳的各种税金和附加费用，如增值税、企业所得税、城市维护建设税、教育费附加等。这些税费是企业生产经营活动中必须承担的法定支出。

（6）其他费用

其他费用指除上述几类费用外，其他杂项费用，如办公费、差旅费、业务招待费、咨询费、诉讼费、保险费、租赁费等。这些费用虽然单项金额可能不大，但累计起来也是一笔不小的开支。

通过对成本按经济内容进行分类，企业可以更加清晰地了解各项费用的构成和变动情况，从而有针对性地进行成本控制和管理。同时，这种分类也有助于企业评估不同产品或服务的成本结构，为定价策略和市场定位提供重要参考依据。

2.2.2.2 按经济用途分类

按经济用途分类是指将物品、资产或费用等按照其在经济活动中所起的作用或用途进行分类。这种分类方法有助于更好地理解和分析物品或资源的经济价值和使用效益。按经济用途对成本进行分类，可以分为应计入产品成本（制造成本）和不应计入产品成本（非制造成本）两大类。

（1）制造成本

制造成本，也称为生产成本，是指企业在生产产品或提供劳务过程中所发生的各项支出和耗费，应计入产品成本的费用与产品制造直接相关。这些成本通常包括直接材料、直接人工和制造费用。

直接材料是指在生产过程中直接用于产品制造并构成产品实体的原材料、半成品和辅助材料的成本。

直接人工是指直接参与产品制造的生产工人的工资、奖金、津贴、补贴及职工福利费等。

制造费用则涵盖了企业为组织和管理生产所发生的各项费用，包括间接用于产品生产的各项费用，以及虽直接用于产品生产，但不便于直接计入产品成本，因而没有专设成本项目的费用（如机器设备的折旧费用）。制造费用包括企业内部生产单位（分厂、车间）的管理人员薪酬费用、固定资产折旧费、租赁费（不包括融资租赁费）、机物料消耗、低值易耗品摊销、取暖费、水电费、办公费、运输费、保险费、设计制图费、试验检验费、劳动保护费、季节性或修理期间的停工损失以及其他制造费用。

企业可根据生产特点和管理要求对上述成本项目做适当调整。对于管理上需要单独反映、控制和考核的费用，以及产品成本中所占比重较大的费用，应专设成本项目；否则，为了简化核算，不必专设成本项目。例如，如果废品损失在产品成本中所占比重较大，在管理上需要对其进行重点控制和考核，则应单设“废品损失”成本项目。又如，如果工艺上耗用的直接燃料和动力不多，为了简化核算，可将其中的工艺用燃料费用并入“直接材料”成本项目，将其中的工艺用动力费用并入“制造费用”成本项目。

制造成本是衡量企业技术和管理水平的重要指标，因为通过分析和控制制造成本，企业可以更有效地管理其生产过程，提高生产效率，并降低浪费。制造成本的计算和核算对于企业的决策和规划也至关重要，因为它可以帮助企业确定产品的定价策略、评估生产效率和盈利能力，以及制定未来的生产和投资策略。

（2）非制造成本

非制造成本，也称为非生产成本，是指企业在销售和管理过程中发生的各项费用，是与企业的销售、经营和管理任务相关的成本。这些成本不包括与产品的直接生产和制造过程直接相关的成本，通常包括销售费用、管理费用、财务费用。

销售费用是企业在产品销售过程中发生的费用，以及为销售本企业产品而专设的销售机构的各项经费。包括运输费、装卸费、包装费、保险费、展览费和广告费，以及为销售本企业商品而专设的销售机构（含销售网点、售后服务网点等）的职工薪酬费用、类似职工薪酬性质的费用、业务费等。

管理费用是企业为组织和管理企业生产经营所发生的各项费用，包括企业的董事会和行政管理部门在企业的经营管理中发生的，或者应由企业统一负担的公司经费（包括行政管理部门职工薪酬费用、修理费、机物料消耗、低值易耗品摊销、办公费和差旅费等）、工会经费、社会保险费、劳动保险费、董事会费（包括董事会成员津贴、会议费和差旅费等）、聘请中介机构费咨询费（含顾问费）、诉讼费、业务招待费、技术转让费、矿产资源补偿费、无形资产摊销、职工教育经费、研究与开发费用、排污费、存货盘亏或盘盈（不包括应计入营业外支出的存货损失）等。

财务费用是企业为筹集生产经营所需资金而发生的各项费用，包括利息支出（减利息收入）、汇兑损失（减汇兑收益）及相关的手续费等。

制造成本主要与产品的生产和制造直接相关，而非制造成本则更多地与企业的销售、管理和行政活动相关。这两类成本在企业的成本管理和财务决策中都具有重要地位，需要得到妥善管理和控制。

2.2.3　基于管理目的的分类

2.2.3.1　按成本性态分类

按成本性态，成本可以被划分为固定成本、变动成本和混合成本。

（1）固定成本

固定成本是指在特定的业务量范围内不受业务量变动影响，一定期间的总额能保持相对稳定的成本。例如，企业的房租、管理人员的固定工资等，这些费用在相关范围内不会随业务量的变动而变动。固定成本还可以进一步细分为约束性固定成本和酌量性固定成本。

①约束性固定成本是指那些不受企业管理层短期决策行为影响的固定成本，也被称为“经营能力成本”或“承担固定成本”。这些成本通常是由企业过去的决策所产生的，如厂房、机器设备的折旧费、保险费、管理人员工资等。由于这类成本与企业的生产经营规模和质量相关，因此具有很大的约束性，企业不能轻易改变其数额。要降低约束性固定成本，企业需要通过合理利用经营能力、提高生产效率、增加产量等方式来降低单位固定成本。

②酌量性固定成本是指那些受企业管理层短期决策行为影响的固定成本，也被称为“自定性固定成本”或“可调整固定成本”。这些成本通常是由企业管理层在会计年度开始前，根据经营、财力等情况确定的计划期间的预算额而形成的，如新产品开发费、广告费、职工培训费等。由于这类成本的预算数只在预算期内有效，企业领导可以根据具体情况的变化，在不同预算期内确定不同的预算数。因此，酌量性固定成本的数额不具有约束性，可以斟酌不同的情况加以确定。要降低酌量性固定成本，企业需要厉行节约、精打细算、编制出积极可行的费用预算并严格执行，防止浪费和过度投资等。

总的来说，约束性固定成本和酌量性固定成本的主要区别在于企业管理层对其数额的可控程度不同。这种分类有助于企业更准确地掌握不同类型的固定成本，并制定相应的成本控制策略。

固定成本的特殊性。

①固定成本总额的固定性。在一定时期和一定业务量范围内，固定成本总额是保持不变的。这意味着，无论企业在此期间内生产或销售多少产品，固定成本总额都不会发生变动。

②单位固定成本的反比例变动性。当业务量发生增减变动时，单位固定成本会随之发生反比例的变动。具体来说，如果业务量增加，单位固定成本会降低；反之，如果业务量减少，单位固定成本则会增加。这是因为固定成本总额是固定的，而业务量的变动会导致每个单位产品所分担的固定成本发生变化。

③固定成本与业务量的不相关性。在一定范围内，固定成本总额不受业务量变动的影响。这意味着固定成本的增减并不会直接由业务量的变动来决定，而是与企业的长期决策和投入有关。

④固定成本的约束性。固定成本通常是由企业过去的决策所产生的，如厂房、机器设备的折旧费等。这些成本一旦形成，往往难以在短期内改变，因此具有很强的约束性。

企业在进行短期决策时，通常需要考虑如何在现有的固定成本基础上进行优化和调整。要注意的是，固定成本的特殊性是在一定条件下成立的，即存在一定的适用区间或相关范围。超出这个范围，固定成本可能会发生变动，如当企业需要扩大生产规模或更新设备时，可能会导致固定成本的增加。因此，在理解和应用固定成本的特殊性时，需要注意其适用条件和限制。

（2）变动成本

变动成本则是指在特定的业务量范围内，其总额会随业务量的变动而成正比例变动的成本。例如，直接材料、直接人工等，这些费用会随产量的增减而成正比例增减。变动成本同样可以细分为约束性变动成本和酌量性变动成本。

①约束性变动成本，也称为技术性变动成本，是指在其单位成本受客观因素决定，

消耗量由技术因素决定的那部分变动成本。这类成本的特点是只要生产就会必然发生，如果不生产则不会发生。例如，生产产品所需要的直接材料就属于这类成本。由于这类成本与企业的生产技术和产品设计直接相关，因此企业管理层的决策无法改变其支出数额，故被称为“约束性”变动成本。

②酌量性变动成本则是指通过企业管理当局的决策行动可以改变其支出数额的变动成本。这类成本的特点是其支出数额是由企业管理层的决策所决定的，如按销售收入的一定百分比支付的销售佣金、新产品研制费、技术转让费等。这些费用对于企业的竞争力和形象可能有重要影响，但其支出数额并不与产量成正比例关系，因此被称为“酌量性”变动成本。

总的来说，约束性变动成本和酌量性变动成本的主要区别在于前者是技术或设计因素决定的，而后者则是由企业管理层的决策所决定的。这种分类有助于企业更准确地掌握不同类型的变动成本，并制定相应的成本控制和决策策略。

变动成本的特殊性。

①单位变动成本的不变性。在一定范围内，变动成本总额虽然随业务量的增减而变动，但单位变动成本却保持不变。这意味着无论生产或销售多少产品，每个单位产品所承担的变动成本是固定的。

②变动成本总额的正比例变动性。变动成本总额随业务量的增减而成正比例变动。当业务量增加时，变动成本总额也会相应增加；反之，当业务量减少时，变动成本总额也会相应减少。

③与业务量之间的线性依存关系。变动成本与业务量之间的依存关系通常可以用一条直线来描述。在相关范围内，变动成本总额与业务量之间保持着严格的线性关系。然而，超出这个范围，变动成本总额与业务量之间的关系可能会变得非线性。

④受企业管理层决策的影响。酌量性变动成本是企业管理层决策可以改变的那部分变动成本。例如，企业可以通过调整销售策略改变销售佣金的支出数额，从而影响变动成本总额。

需要注意的是，变动成本的特殊性是在一定条件下成立的，即存在一定的适用区间或相关范围。超出这个范围，变动成本的发生额可能不再保持线性变动，而是呈现出非线性变动的趋势。因此，在理解和应用变动成本的特殊性时，需要注意其适用条件和限制。

（3）混合成本

混合成本则是“混合”了固定成本和变动成本两种不同性质的成本。它们既随业务量的变化而变化，但其变化又不能与业务量的变化保持着纯粹的正比例关系。混合成本包括半变动成本、半固定成本、延期变动成本和曲线变动成本。

半变动成本是一种同时包含固定成本和变动成本因素的混合成本。它有一个初始量，类似于固定成本，不随产量的变化而变化。但在这个初始量的基础上，半变动成本会随着产量的增长而正比例增长，这又类似于变动成本。这种成本通常有一个基数，即初始量，它不受业务量影响，是固定的。而在基数成本的基础上，随着业务量的增长，成本会成正比例增长。例如，企业的电话费、水费、电费、煤气费、机器设备维修保养费等就属于这类成本。在这些费用中，一部分是固定的，无论产量如何变化都会发生，如设备的基础保养费用；另一部分则会随着产量的变化而变化，如设备因使用频率增加而增加的维修费用。半变动成本的存在使成本性态的分析变得更为复杂。在管理会计中，准确地识别和分解混合成本，特别是半变动成本，对于成本控制和决策制定具有重要意义。通过合理的成本性态分析，企业可以更准确地预测未来的成本，制定更有效的成本控制策略，从而优化资源配置，提高经济效益。

半固定成本，也称为阶梯式成本、步增变动成本或混合成本，是一种特殊类型的成本，它在某一时期内只有当业务量（如产量或销售量）超过一定范围时才会发生变动。这种成本在业务量的一定范围内是保持不变的，类似于固定成本，但当业务量超过该范围时，成本会突然跳跃到一个新的水平，然后在这个新的水平上再次保持不变，直到业务量再次超过另一个范围。如此，半固定成本呈阶梯式上升。典型的半固定成本包括维护维修成本、人员成本、材料损耗成本、制造费用以及其他各类费用。例如，企业的化验员、保养工、质检员、运货员等人员的工资可能属于这类成本，因为他们的工资在一定产量范围内是固定的，但当产量超过一定范围时，可能需要增加人员，从而导致工资成本跳跃到一个新的水平。半固定成本的特点是它既不是完全固定的，也不是与业务量完全成正比的变动成本。这种成本性态的存在使企业在进行成本预测、决策和控制时需要更加谨慎和精确。通过加强成本控制、做好成本计算、有效管控质量及扩大产品规模等方法，企业可以降低半固定成本，提高经济效益。

延期变动成本是一种特殊的混合成本，它在一定产量范围内总额保持稳定，超过特定产量则开始随产量比例增长。这种成本性态的存在使成本在初始阶段呈现出固定成本的特点，而在超过一定产量后则呈现出变动成本的特点。典型的延期变动成本例子是当企业职工的工资实行计时工资制时，其支付给职工的正常工作时间内的工资总额是固定不变的；但当职工的工作时间超过了正常水平，企业需按规定支付加班工资，且加班工资的大小与加班的长短存在着某种比例关系。在这种情况下，正常工作时间内的工资是固定成本，而加班工资则是变动成本，它们共同构成了延期变动成本。延期变动成本的特点是在一定产量范围内其总额保持固定不变，这为企业提供了在特定产量范围内进行成本预测和决策的基础。然而，当产量超过特定范围时，延期变动成本开始随产量比例增长，这要求企业在制订生产计划时必须考虑这种成本的变化。需要注意的是，延期变动成本与半变动成本在表现形式上有些相似，但它们的主要区别在于延期变动成本在一定产量范围内是完全固定的，而半变动成本则是有一个初始量并随产量增长而逐步增加。因此，在进行成本性态分析时，需要仔细区分这两种成本类型。

曲线变动成本通常有一个初始量，这个量一般是不变的，相当于固定成本。但是，在这个初始量的基础上，随着业务量的增加，成本也会逐渐增加，不过增加的方式并非线性，而是呈现出曲线的形态。换句话说，曲线变动成本与业务量之间的关系是非线性的。这种成本类型可以进一步细分为递增曲线成本和递减曲线成本。

①递增曲线成本。随着业务量的增加，成本逐渐上升，并且上升的速度越来越快。这通常发生在一些需要累进计件工资或存在违约金等情况下。例如，当生产的产品数量增加时，由于需要支付更多的工资或违约金，总成本会加速上升。

②递减曲线成本。与递增曲线成本相反，随着业务量的增加，成本虽然也会上升，但上升的速度逐渐减慢。这通常出现在有价格折扣、优惠条件或消费量达到一定水平后费用封顶等情况下。例如，当企业购买大量原材料时，可能会因为达到一定的购买量而获得折扣，从而降低单位成本。

需要注意的是，曲线变动成本是混合成本的一种，它兼具固定成本和变动成本的特点。在实际的成本管理中，企业需要仔细分析成本性态，以便更准确地预测和控制成本。此外，对于曲线变动成本的分解和分析，也有助于企业制定更合理的定价策略和生产经营决策。

研究成本性态有助于企业从数量上具体掌握成本与业务量之间的规律性联系，为充分挖掘内部潜力、实现最优管理、提高经济效益提供有价值的资料。这种分类方法在成本控制、计划编制及决策制定等方面都具有重要意义。

2.2.3.2　按与产品之间的关系分类

按成本与产品之间的关系，成本可分为直接成本和间接成本。

直接成本是指与某一特定产品之间具有直接联系，能够经济而又方便地直接计入该产品的成本。直接成本通常是可以直接追溯到特定产品上的费用，它们的发生往往与产品的生产或销售直接相关。构成产品实体的原材料成本、生产工人工资等，均属于直接成本。只生产一种产品的企业，所有产品成本都是直接成本。直接成本一般可以根据原始凭证或记录直接计入产品成本中，因此计算相对简单明了。

间接成本是指与某一特定产品之间没有直接联系，或者虽有直接联系但不能用经济合理的方式计入成本对象的成本。车间管理人员工资、厂房的折旧等，都属于间接成本。这些成本的发生通常与多个产品或服务相关，无法直接追溯到特定产品上，因此需要按照某种合理的标准进行分配。对于间接成本的分配，企业可以根据实际情况选择不同的分配标准，如按产品产量、工人工资、机器工时等。无论采用何种分配标准，都应该保持合理性和一贯性，以确保产品成本的准确性和公正性。

这种分类对于企业的成本管理和控制非常重要，它有助于企业更准确地了解每个产品的成本构成，从而制订合理的定价策略、进行成本控制和绩效评估等。同时，通过将

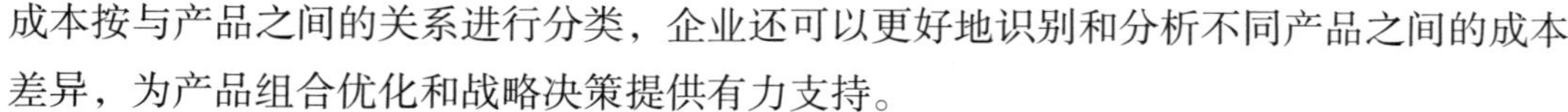

成本按与产品之间的关系进行分类，企业还可以更好地识别和分析不同产品之间的成本差异，为产品组合优化和战略决策提供有力支持。

2.2.3.3 按可控性分类

按成本的可控性，成本可分为可控成本和不可控成本。

可控成本指的是在特定时期内，企业管理人员能够通过直接决策和行为来影响和控制的成本。这些成本通常与企业的日常运营活动直接相关，并且可以通过管理层的努力来降低或优化。例如，直接材料成本、直接人工成本、部分制造费用等都可以是可控成本，因为这些成本的发生和金额可以在很大程度上受到管理层的调控和影响。

不可控成本指的是企业管理人员在特定时期内无法通过直接决策和行为来控制和影响的成本。这些成本往往受到外部因素的影响，如市场价格波动、政策法规变化、自然灾害等。例如，固定资产折旧费、按产量计提的固定资产维修费、利息费用等都可能是不可控成本，因为它们的金额并不完全取决于管理层的决策和行为。

需要注意的是，成本的可控性并非是绝对的，而是相对的。在某些情况下，原本被视为不可控的成本也可能通过管理层的长期决策或策略调整而变得可控。同样地，一些原本可控的成本也可能由于外部环境的急剧变化而变得不可控。

将成本按可控性分类有助于企业更好地理解和分析其成本结构，从而制订更为有效的成本控制策略。通过识别可控成本和不可控成本，企业可以更加明确哪些成本是可以通过自身努力来降低或优化的，哪些成本则需要通过其他方式来应对和管理。这有助于企业提高成本管理的针对性和效率，进而提升企业的整体竞争力和盈利能力。

2.2.3.4 按与决策的相关性分类

按成本与决策的相关性，成本可分为相关成本和无关成本。

相关成本是指与特定决策有关的、在分析评价时必须加以考虑的成本。它通常包括差量成本、机会成本、边际成本、付现成本、重置成本、可避免成本、可延缓成本及专属成本等。这些成本的大小会受到决策的影响，并且在决策过程中需要被重点考虑。例如，在决定是否接受一个特殊订单时，企业需要考虑与这个订单相关的直接材料、直接人工和制造费用等成本。

无关成本则是与特定决策无关的、在分析评价时不必加以考虑的成本。它包括沉没成本、共同成本、不可控成本及不可避免成本等。这些成本不受决策的影响，因此在决策过程中可以被忽略。例如，企业过去已经发生的、无法由现在或未来的决策改变的成本，就是沉没成本，它在当前的决策中不需要被考虑。

将成本按与决策的相关性分类有助于企业在决策过程中更加清晰地识别和考虑相关成本，从而做出更加理性和有效的决策。同时，这种分类也有助于企业避免在决策中考虑无关成本，从而避免不必要的干扰和误导。

思政拓展 1- 珍视资源：通过对成本的细致分类，如直接成本、间接成本、固定成本、变动成本等，了解企业或个人在生产或经营过程中所需投入的各种资源。这些资源是有限和珍贵的，我们应珍惜和合理利用资源。

思政拓展 2- 责任感：不同类型的成本往往与不同的责任主体相关。例如，可控成本与不可控成本的划分，在企业或组织中，每个人或部门都承担着一定的成本控制责任。作为企业的一员，我们应明白自己的行为会对成本产生影响，应该学会在工作中主动承担责任，努力降低成本。

思政拓展 3- 具体问题具体分析：成本的分类体现了经济决策背后的逻辑。例如，在做决策时，应该只考虑与决策相关的成本，而忽略那些与决策无关的成本。我们在实际工作中应根据实际情况，具体问题具体分析，在未来的工作和生活中能够做出更加明智的经济决策。

扫码获取本章习题

扫码获取本章知识拓展

第3章　存货业务规划与控制

思维导图

本章思维导图如图 3-1 所示。

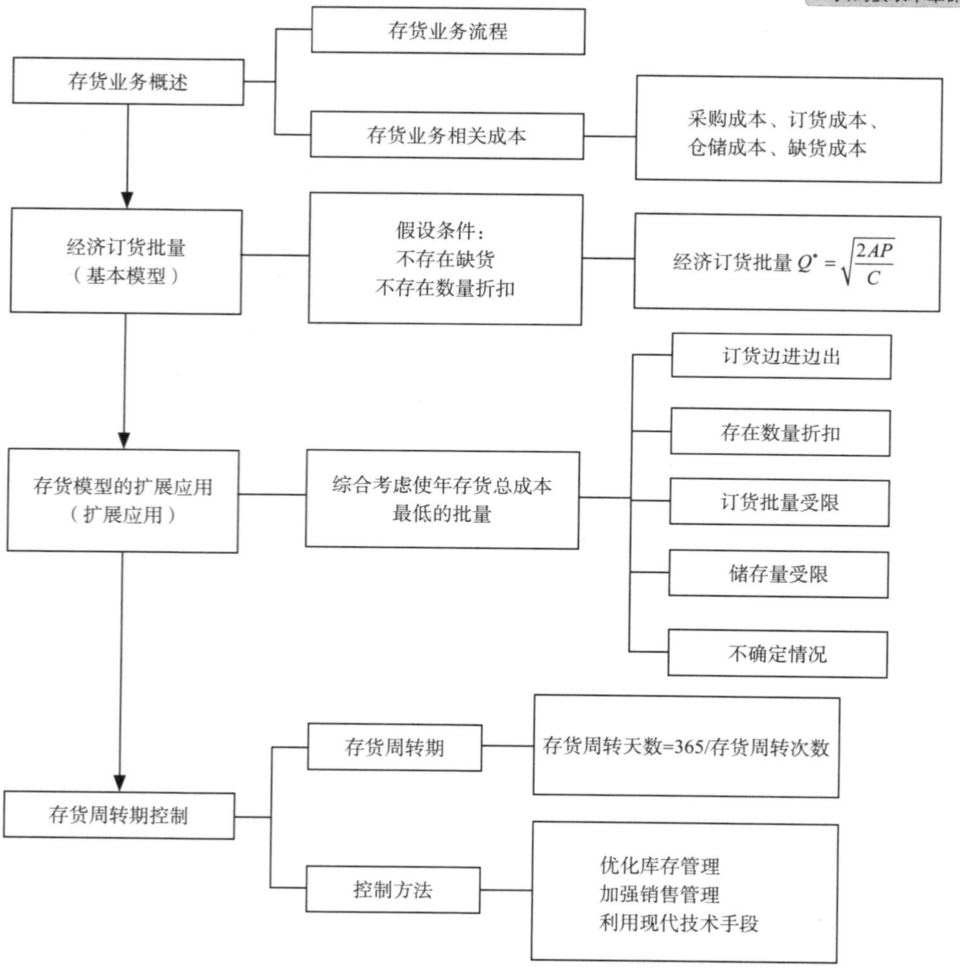

图 3-1　存货业务规划与控制思维导图

3.1　存货业务概述

3.1.1　存货业务流程

存货业务流程是企业管理存货的一系列活动，旨在确保存货的准确性、及时性和经济性。

3.1.1.1　计划和采购

计划和采购环节是企业存货管理中的重要部分，涉及企业供应链的前端操作。企业根据市场需求、销售计划和库存情况，制订采购计划，并与供应商进行谈判和签订采购合同。这个过程中需要确定供应商、产品价格、交货期等信息，并下单付款等待供应商发货。

（1）存货计划

存货计划是存货管理的核心环节，主要目的是对存量进行有效控制，既要保证生产与销售的需要，又要防止存量过剩。存货计划的合理制订对采购、销售及平衡库存量具有强有力的制约作用。在制订存货计划时，企业需要考虑以下因素：

①销售预测。根据历史销售数据、市场趋势和季节性因素等，预测未来一段时间内的销售量。

②生产计划。根据销售预测和现有库存情况，制订生产计划，确定需要采购的原材料和零部件数量。

③库存周转率。库存周转率反映了企业库存管理效率，高周转率意味着库存占用资金少，但也可能导致缺货风险。因此，在制订存货计划时，需要权衡库存周转率和缺货风险。

④供应商交货期。了解供应商的交货期，以便在需要时及时采购，避免影响生产和销售。

（2）采购环节

采购环节是存货管理的另一个重要环节，主要涉及供应商的选择、采购方式的选择、采购合同的签订及采购货物的验收等。

①供应商选择。企业应建立全面的供应商管控体系，对合作的供应商进行资质审核，将通过审核的供应商信息录入系统，形成完整的供应商清单。在选择供应商时，需要考虑价格、质量、交货期、售后服务等多个因素。

②采购方式选择。不同的采购方式对应不同的采购场景。企业在采购时应根据具体

的场景选择合适的采购方式。例如，对于高价值、小批量的物资，企业可以选择招标采购；对商业物资的采购可以选择竞价采购等。

③采购合同签订。采购合同是保障双方权益的重要文件，应详细列明货物质量、价格、数量、交货期、付款方式等条款。合同签订后，双方应严格遵守合同条款，确保采购过程的顺利进行。

④采购货物验收。采购货物到达后，企业应进行严格的验收程序，确保货物的数量和质量与合同要求相符。验收合格的货物方可入库存储，不合格的货物应及时与供应商联系处理。

综上所述，存货业务的计划和采购环节是相辅相成的，企业需要制订合理的存货计划并指导采购活动，确保生产和销售的正常进行。同时，在采购过程中需要选择合适的供应商和采购方式、签订详细的采购合同并进行严格的货物验收程序，以确保采购活动的顺利进行并降低企业风险。

3.1.1.2 入库管理

货物到达企业后需要验收，检查商品的数量和质量是否与订单一致。验收合格后，将货物准确地入库，记录相关信息，如货物的名称、数量、规格型号等。入库时要严格遵守规定的操作流程，确保存货信息的准确性和可追溯性。

（1）物资验收

物资到达后，仓库管理人员需要按照采购合同或者采购计划进行验收，核对物资的名称、规格、数量、质量等信息是否与合同或计划相符。验收合格的物资可以进入下一步操作，不合格的物资需要及时与供应商联系处理。

（2）物资分类与标识

验收合格的物资需要按照其性质、用途、规格等进行分类，并贴上相应的标识，以便于后续的存储、查找和盘点。

（3）物资存储管理

根据物资的分类和性质，仓库管理人员需要将其存放在相应的货位上，并确保存储环境符合物资的要求。同时，需要定期对存储的物资进行检查和维护，确保其质量和数量不受损失。

（4）物资入库记录

每次入库操作都需要详细记录，包括物资的名称、规格、数量、入库时间、存放位置等信息。这些记录可以作为后续查找、盘点和核算的依据。

在入库管理过程中，还需要注意三点：

①准确性，确保入库的物资与采购合同或计划相符，避免错收、漏收等情况发生。

②及时性，物资到达后应及时进行验收和入库操作，避免拖延导致生产或销售受到影响。

③安全性，确保存储环境符合物资的要求，避免物资受潮、受损、丢失等情况发生。同时，需要加强仓库的安全管理，防止火灾、盗窃等意外事件。

综上所述，存货业务的入库管理是保障企业存货质量和数量的重要环节，需要仓库管理人员认真负责地执行各项操作，确保入库的准确性和及时性，并加强安全管理，保障企业的利益不受损失。

3.1.1.3　仓储管理

仓储管理主要涉及对已经入库的存货进行妥善保管、控制和发放，以确保存货数量准确、质量完好，并满足生产和销售的需要。以下是仓储管理的主要内容和步骤。

（1）存货保管

根据存货的性质和特点，仓库管理人员需要将其存放在适当的场所和位置，并采取必要的措施进行保管，如防火、防盗、防潮、防尘等。同时，定期对存货进行检查和维护，确保其质量和数量不受损失。对于不同品种、批次、型号的产品要分类存放，防止混淆。

（2）存货控制

仓储部门需要建立严格的存货控制制度，对存货的收发、领退、转移等操作进行规范和记录。通过采用先进的仓储管理系统，实时掌握存货的动态信息，如库存数量、存储位置、存货状态等，以便于及时进行调整和优化。

（3）存货发出

根据生产计划和销售订单等需求，仓储部门需要按照规定的程序和要求进行存货的发放。在发放过程中，要确保存货的数量准确、质量合格，并与领用部门进行核对和确认。同时，要做好发放记录，以便于后续的跟踪和核算。

在仓储管理过程中，还需要注意三点：

①安全性，确保仓库设施的安全可靠，防止火灾、盗窃等意外事件的发生。同时，要加强对存货的保险投保，降低存货意外损失的风险。

②准确性，建立完善的存货盘点制度，定期对存货进行盘点和抽检，确保存货数量与账面相符。对于盘盈盘亏的情况要及时查明原因并进行处理。

③高效性，通过采用先进的仓储管理系统和自动化设备，提高仓储管理的效率和准确性。同时，要加强对仓储人员的培训和管理，提高其素质和技能水平。

综上所述，存货业务的仓储管理是保障企业存货安全、准确和高效的重要环节。企业需要建立完善的仓储管理制度和流程，并加强对仓储人员的培训和管理，以确保仓储管理的顺利进行并满足生产和销售的需要。

3.1.1.4　出库管理

当企业需要发货时，根据客户的需求和订单信息，准备及时发货，并反馈客户发货状态。出库时要确保货物的准确性和及时性，避免错发、漏发等情况。

（1）出库申请与审批

相关部门或人员需要提出出库申请，并经过审批程序。审批程序可以根据企业的实际情况设置，一般包括申请人、审批人、出库原因、出库数量等信息。审批通过后，方可进行出库操作。

（2）出库单据制备

仓库管理人员根据出库申请和审批结果，制备出库单据。出库单据是出库操作的重要依据，包括存货名称、规格、数量、出库时间、领用人等信息。出库单据需要经过相关人员签字确认，以确保出库操作的准确性和可追溯性。

（3）存货发放与核对

仓库管理人员按照出库单据的要求进行存货的发放。在发放过程中，要仔细核对存货的名称、规格、数量等信息，确保与出库单据相符。同时，要与领用人员进行核对和确认，确保存货的准确发放。

（4）出库记录与报表

每次出库操作都需要详细记录，包括存货的名称、规格、数量、出库时间、领用人等信息。这些记录可以作为后续查找、盘点和核算的依据。此外，仓库管理人员还需要定期编制出库报表，对出库情况进行统计和分析，以便于企业掌握存货的动态信息和优化存货管理。

在出库管理过程中，还需要注意三点：

①准确性，确保出库单据的准确性，避免错发、多发或少发等情况发生。对于发现的问题要及时进行纠正和处理。

②及时性，根据企业的生产和经营需求，及时安排出库操作，确保存货的及时供应。同时，要加强对出库操作的监控和管理，防止拖延或延误。

③安全性，加强对出库操作的安全管理，防止存货被盗或损坏等情况发生。对于贵重或易损的存货，要采取额外的保护措施。

综上所述，存货业务的出库管理是保障企业存货数量准确、质量合格的重要环节。企业需要建立完善的出库管理制度和流程，并加强对出库操作的监控和管理，以确保出库操作的准确性和及时性。

3.1.1.5 库存调整

库存调整是指对现有库存数量、金额或状态进行修改或调整的过程。库存调整可能是由多种因素引起的，例如，库存盘点差异、损坏、过期、退货、供应商调整等。

（1）确定调整原因

明确库存调整的原因有助于确保调整是合理和准确的，并有助于后续的分析和改进。

（2）进行库存盘点

在进行库存调整之前，建议进行一次库存盘点，以确保现有库存数据的准确性。盘点过程中发现的差异可以作为库存调整的依据。

（3）编制库存调整单

根据盘点结果和其他调整原因，编制库存调整单。调整单应包括存货名称、规格、数量、调整原因、调整前后库存数量等信息。对于金额调整，还需要注明调整金额和调整后的存货价值。

（4）审核与批准

库存调整单需要经过相关人员的审核和批准。这有助于确保调整的准确性和合规性，防止未经授权的库存变动。

（5）执行库存调整

经过审核和批准后，可以执行库存调整，包括更新库存记录、移动存货位置（如需要）、处理损坏或过期存货等。

（6）调整财务记录

库存调整完成后，需要相应地调整财务记录，以确保账实相符。包括更新库存账户、成本账户和损益账户等。

（7）分析与改进

定期对库存调整进行分析，以识别常见问题和改进机会。例如，频繁出现库存差异可能意味着需要加强库存管理和控制。

在库存调整过程中，还需要注意三点：

①准确性，确保库存调整的准确性和完整性，避免遗漏或错误调整。

②及时性，尽快处理库存调整，以确保库存数据的实时性和准确性。

③合规性，遵守相关法规和内部政策，确保库存调整的合规性。

综上所述，存货业务的库存调整是确保库存数据准确性和完整性的重要环节。企业需要建立完善的库存调整制度和流程，并加强对库存调整的监控和管理，以确保库存调整的准确性和及时性。

3.1.1.6　库存报表

库存报表是一种非常重要的存货管理工具，用于实时监控和管理企业的库存状况。库存报表可以提供关于库存数量、成本、周转率、呆滞积压情况等多方面的信息，帮助企业做出合理的采购、生产、销售等决策。

库存报表通常包括五方面的内容。

（1）库存数量报表

库存数量报表反映各仓库各存货的实时数量，可以按照仓库、物料等维度进行汇总和分析。这有助于企业了解当前的库存状况，避免库存积压或缺货的情况。

（2）库存成本报表

库存成本报表反映各仓库各存货的成本情况，包括最新成本、平均成本等。这有助于企业准确核算库存成本，为决策提供成本依据。

（3）库存周转率报表

库存周转率报表反映存货的周转情况，即存货从入库到出库的速度。周转率高的存货表明其流动性好，占用资金少；周转率低的存货可能存在积压或滞销的情况，应引起企业关注并做必要处理。

（4）呆滞积压存货报表

呆滞积压存货报表反映呆滞存货和积压存货的情况。呆滞存货是指周转率低于呆滞积压标准且未超过最高库存量（或安全库存量）的存货；积压存货是指周转率低于呆滞积压标准且超过最高库存量（或安全库存量）的存货。这类报表有助于企业及时发现和处理呆滞积压存货，避免库存积压和资金占用。

（5）库龄分析报表

库龄分析报表反映存货在仓库中停留的时间。对于非批次管理的存货，可以按照倒挤法计算货龄，即将蓝字入库单按入库日期倒序排序，将结存数量按照先进先出在入库单中分配。这类报表有助于企业了解存货的流动性，及时发现和处理长期滞留的存货。

在编制库存报表时，企业需要确保数据的准确性和完整性，以便为决策提供可靠依据。同时，企业还需要根据实际需求定制报表内容和格式，以满足不同部门和人员的信息需求。通过对库存报表的定期分析和评估，企业可以不断优化库存管理流程，提高库存管理水平。

在存货业务流程中，为了提高效率和管理水平，企业可以引入先进的物流管理系统和技术，如 ERP 系统和 RFID 技术等。这些系统和技术可以帮助企业实现自动化管理、减少人力成本、提高物流效率，从而更好地满足客户需求和市场变化。

3.1.2 存货业务相关成本

3.1.2.1 采购成本

存货采购成本是指企业在采购存货时所发生的全部费用，这些费用最终会被计入存货的入账价值。具体来说，存货采购成本包括购买价款（扣除商业折扣后）、相关税费（关税、消费税、资源税、不能抵扣的增值税等）、运输费、装卸费、保险费及其他可归属于存货采购成本的费用。

这些费用都是在企业采购存货过程中实际发生的，并且与存货的取得直接相关。其中，购买价款是存货采购成本的主要组成部分，是企业为购买存货而支付的货款。相关税费则是指企业在购买存货时需要缴纳的各种税费，这些税费通常是根据国家法律法规规定的税率和计费基础计算得出的。

除购买价款和相关税费外，运输费、装卸费和保险费也是存货采购成本中常见的费用。这些费用通常是在存货从供应商处运输到企业仓库的过程中发生的，与存货的运输和保险直接相关。此外，其他可归属于存货采购成本的费用还包括在存货采购过程中发生的其他一些费用，如入库前的挑选整理费用、仓储费等。

需要注意的是，在存货采购成本中，有一些费用是可以抵扣的，如增值税等。这些费用在发生时并不会全部计入存货的入账价值，而是会根据税法规定进行抵扣。因此，在计算存货采购成本时，需要将这些可抵扣的费用剔除。

总之，存货采购成本是企业采购存货过程中所发生的全部费用，包括多个方面，并且与存货的取得直接相关。在进行存货管理和财务核算时，需要对这些费用进行准确的计算和控制。在存货决策中，由于其总额由采购数量和单位采购成本决定，因此，当不存在数量折扣时（即无论购买数量多少，单位采购成本均不变），采购成本为决策无关成本；当存在数量折扣时（即单位采购成本随着采购数量的增加而有所变化），采购成本为决策相关成本。

3.1.2.2　订货成本

存货业务订货成本主要是指取得订单的成本，具体可以分为两部分：固定订货成本和变动订货成本。

固定订货成本是指与订货次数无关的成本，如常设采购机构的基本开支等，属于决策无关成本。而变动订货成本则是指与订货次数直接相关的费用，如差旅费、邮资、电话电报费、运输费、检验费、入库搬运费等，属于决策相关成本。

另外，订货成本也被称为进货费用或订单成本，它还可以包括订单处理成本（如办公成本和文书成本）、运输费、保险费及装卸费等。这些费用都是在发出订单到收到存货整个过程中所付出的成本。

为了有效地管理和控制订货成本，企业需要对其进行细致的分析，并采取相应的策略，如合理安排订货次数、优化供应链管理、提高采购效率等。

3.1.2.3　仓储成本

存货仓储成本是指在存货储存过程中所发生的一切费用，这些费用通常包括仓储设施折旧、设备折旧、仓库租金、仓库工作人员工资及福利费、仓库库房及设备修理维护费、水电费、办公费、保险费、劳动保护费、季节性或修理期间的停工损失等。此外，还包括存货资金占用成本，即存货占用企业流动资金所应付的利息等费用，以及存货保管不善发生的仓储损耗等费用。

这些成本的存在对企业的运营成本和盈利能力有着重要的影响。因此，企业在进行存货管理时，需要对仓储成本进行合理的控制和管理，例如，提高仓库的利用率、优化库存结构、加强仓储管理等措施，以降低仓储成本，提高企业的经济效益。

此外，根据企业的实际情况和存货的特点，仓储成本还可以进一步细分为固定成本和变动成本。固定成本是指与存货数量无关、在一定时期内保持相对稳定的费用，如仓库租金、仓库工作人员工资等，属于决策无关成本；而变动成本则是与存货数量直接相关的费用，如存货资金占用成本、仓储损耗等，属于决策相关成本。这种分类有助于企业更准确地掌握仓储成本的构成和变动情况，为制订更有效的存货管理策略提供依据。

3.1.2.4 缺货成本

存货缺货成本是指由于存货供应中断而造成的损失，包括材料供应中断造成的停工损失、产成品库存缺货造成的拖欠发货损失和丧失销售机会的损失（还应包括商誉损失）；如果生产企业以紧急采购代用材料来解决库存材料中断之急，那么缺货成本表现为紧急额外购入成本（紧急额外购入的开支会大于正常采购的开支）。缺货成本大多属于机会成本，一般情况下，单位缺货成本大于单位储存成本，因此，需要采用一定的方法估算单位缺货成本。在允许缺货的情况下，缺货成本为决策相关成本；在不允许缺货的情况下，缺货成本为决策无关成本。

具体来说，缺货成本涵盖四方面内容。

（1）安全存货的成本

许多企业会考虑保持一定数量的存货来应对市场需求或提前期方面的不确定性。这部分保险存货需要为之支付相应的保管费用。要控制保险存货的成本，就要确定合理的库存量。

（2）延期交货的成本

如果缺货商品延期交货，那么就会发生特殊订单处理和运输费用。这通常比正常情况下的费用要高。

（3）失销成本

当一个供货商没有客户所需的产品时，客户就会从其他供货商处订货，导致缺货企业失销。直接损失是这种产品的利润。此外，还包括当初负责销售人员的精力浪费（机会损失），以及可能对未来销售产生的长远影响。

（4）失去客户的成本

由于缺货而使客户转向另一个供货商，企业会失去未来一系列的收入，并可能对企业的信誉产生不利影响。

综上所述，缺货成本是企业在进行存货管理和决策时需要考虑的重要因素之一。为了降低缺货成本，企业需要制订合理的存货管理策略，确保存货的供应能够满足市场需求，并避免过度库存和库存积压等问题。

此外，还有一些与存货相关的其他成本。如资金占用成本，这包括在一定时期内，企业在物流活动过程中负责融资所发生的利息支出（显性成本）和占用内部资金所发生的机会成本（隐性成本）。还有存货风险成本，主要是在一定时期内，企业在物流活动过程中所发生的物品损耗、毁损、盘亏及跌价损失等。再有就是存货保险成本，是指在一定时期内，企业在物流活动过程中，为预防和减少因物品丢失、损毁造成的损失而向社会保险部门支付的物品财产的保险费用。

以上都是存货业务相关的成本，这些成本的存在会影响企业的运营成本和盈利能力，因此企业在进行存货管理时，需要对这些成本进行合理的控制和管理。

3.2　经济订货批量

订货批量是指每次订购存货的数量。由于存货业务相关成本与存货的储存量、存货订购次数等密切相关，因此在存货年总需求量一定的情况下，每次订购存货的数量不同，会导致存货的年储存成本、年订货成本等有所不同。存货经济订货批量就是在假设不存在缺货（即没有缺货成本），存货采购单价不随采购数量波动（即不存在数量折扣）的情况下，使年订货成本和年储存成本合计数最低时的订货批量，也称为基本存货模型。即：

$$T = \frac{Q}{2} \times C + \frac{A}{Q^*} \times P$$

式中：T——年存货总成本；

Q——订货批量；

Q^*——经济订货批量；

A——存货年需求总量；

C——单位存货年储存成本；

P——每批订货成本。

如此，年订货成本、年储存成本和年存货总成本的关系如图 3-2 所示。

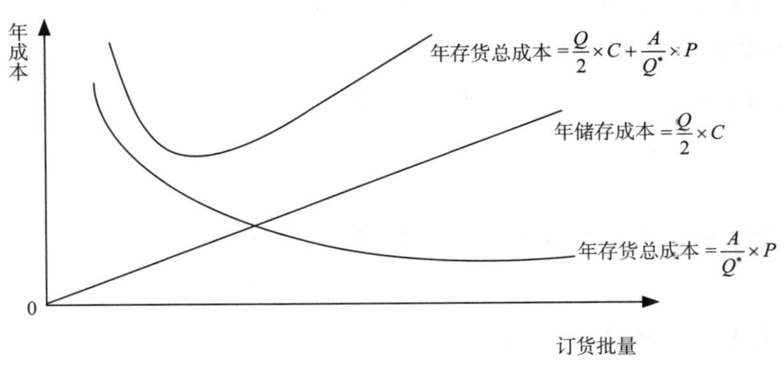

图 3-2　经济订货批量模型图

由图 3-2 可知，年存货总成本（T）为二元曲线，其一阶导数为零时为最低值。因此对其求导后，可得与经济订货批量相关的计算公式如下（推导过程略）：

$$经济订货批量Q^*=\sqrt{\frac{2AP}{C}}$$

$$经济订货批次\frac{A}{Q^*}=\sqrt{\frac{AC}{2P}}$$

$$最低年存货总成本T^*=\sqrt{2APC}$$

例 3-1

W 公司 A 材料每年使用量为 7200 吨，储存成本中的付现成本为每吨 6 元。单位采购成本为 90 元，该公司的资金成本为 20%，订购 A 材料一次的成本为 2400 元，每吨储存成本为 24 元（6+90×20%）。

则 W 公司 A 材料的经济订货批量为：

$$经济订货批量Q^*=\sqrt{\frac{2AP}{C}}=\sqrt{\frac{2\times7200\times2400}{24}}=1200（吨）$$

$$经济订货批次\frac{A}{Q^*}=\sqrt{\frac{AC}{2P}}=\sqrt{\frac{7200\times24}{2\times2400}}=6（次）$$

$$最低年存货总成本T^*=\sqrt{2APC}=\sqrt{2\times7200\times2400\times24}=28800（元）$$

上述计算是基于存货数量控制进行的，也可以基于存货金额控制进行。此时需重新定义相关符号：

A——某种存货的年需求额；

Q^*——经济订货批量金额，即经济订货批额；

C——每一元存货的年储存成本，即储存成本率。

例 3-2

W 公司全年需采购某种商品 360000 元，每次订货成本 5000 元，每年单位储存成本 0.25 元。

则 W 公司存货金额控制相关规划如下：

$$经济订货批额Q^*=\sqrt{\frac{2AP}{C}}=\sqrt{\frac{2\times360000\times5000}{0.25}}=120000（元）$$

经济订货批次 $\frac{A}{Q^*}=\sqrt{\frac{AC}{2P}}=\sqrt{\frac{360000\times 0.25}{2\times 5000}}=3$（次）

最低年存货总成本 $T^*=\sqrt{2APC}=\sqrt{2\times 360000\times 5000\times 0.25}=30000$（元）

经济订货批量模型主要适用于整批间隔进货、不允许缺货的存储问题。具体来说，它适用于某种存货单位时间的需求量为常数，即存储量以单位时间消耗数量的速度逐渐下降，经过一段时间后，存储量下降到零，此时开始订货并随即到货，库存量由零上升为最高库存量，然后开始下一个存储周期，形成多周期存储模型。

经济订货批量模型没有考虑不同订购量的订货成本差异，没有考虑延期交货的问题，不能按成本效益原则优化服务标准。该模型没有考虑需求的不确定性，因此它不能很好地应对库存短缺和过剩的情况。同时，它也没有考虑订货提前期的影响，这可能会导致库存积压或者缺货的情况发生。当市场需求发生变化时，商品可能出现库存积压，这样会大大降低企业的盈利能力，无法实现良好的市场回报。经济订货批量法要求企业安排良好的生产流程，必须有能够满足生产需求的设备，否则将会降低生产效率，最后降低企业的经济收益。

思政拓展 1- 资源的优化配置：经济订货批量模型的核心在于确定最优的订货数量和订货时间，以实现存货成本的最小化。这实际上是一种资源优化配置的思想。通过模型的应用，企业可以避免存货过多造成的资金占用和浪费，也可以防止存货不足导致的生产中断或销售机会丧失。我们应注重培养这种优化配置的思维方式，更加关注资源的合理利用，提高资源的使用效率。

3.3　存货模型的扩展应用

在实际工作中，由于各种因素的影响，往往会出现上面假设中的情况，因此，实际应用中需要对前述基本存货模型进行扩展。

3.3.1　订货陆续到达，边进边出时的决策

基本存货模型假设每次订购的存货一次到达，并且在订购存货到达后陆续耗用。但在实际工作中，也存在不是一次全部到达，而是陆续到达，并且每天都有耗用的情况。在这种情况下，存货的入库速度大于出库速度，因此，存货的平均储存量低于订货批量（基本存货模型中的最高储存量）。存货储存情况如图 3-3 所示。

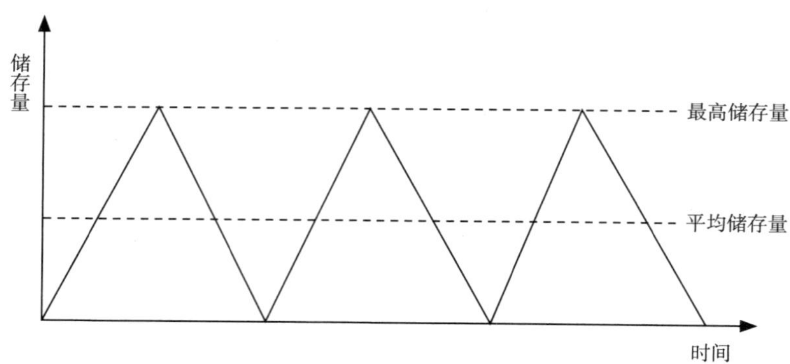

图 3-3 存货储存量示意图

假设存货每天到达量为 M，当存货一次进货、陆续耗用时，每天储存成本为 CM；当存货每天耗用量为 N，则存货每天储存成本为 $C(M-N)$。因此，当订货陆续到达、边进边出时，单位存货的储存成本比基本存货模型的单位储存成本有所降低，应为 $C\dfrac{M-N}{M}$ 即 $C\left(1-\dfrac{N}{M}\right)$，则存货经济订货批量模型为：

$$\text{经济订货批量}\ Q^* = \sqrt{\frac{2AP}{C\left(1-\dfrac{N}{M}\right)}}$$

$$\text{最低年存货总成本}\ T^* = \sqrt{2APC\left(1-\frac{N}{M}\right)}$$

例 3-3

W 公司生产甲产品，全年需用 B 材料 48000 千克，每日送达量 450 千克，每日耗用量 360 千克，每次订货成本 100 元，每千克 B 材料年储存成本为 12 元。则 W 公司 B 材料采购批量情况如下：

$$\text{经济订货批量}\ Q^* = \sqrt{\frac{2AP}{C\left(1-\dfrac{N}{M}\right)}} = \sqrt{\frac{2\times48000\times100}{12\times\left(1-\dfrac{360}{450}\right)}} = 2000\ (\text{千克})$$

$$\text{最低年存货总成本}\ T^* = \sqrt{2APC\left(1-\frac{N}{M}\right)} = \sqrt{2\times48000\times100\times12\times\left(1-\frac{360}{450}\right)} = 4800\ (\text{元})$$

3.3.2　有数量折扣时的订货决策

供应商为了鼓励客户多购买商品，往往会给予数量上的折扣，即规定每次订货批量达到一定数量界限时给予购买者价格优惠。购买者可以利用订货批量的调整，以较低的价格购买商品。在存货订货批量规划中，当存在数量折扣时，存货采购成本与订货批量有关，因此，采购成本变成了决策相关成本。此时需要对基本存货模型进行拓展，年存货总成本中除考虑年储存成本和年订货成本外，还应考虑年采购成本，三种成本总和达到最低批量为存在数量折扣时的经济订货批量。

例 3-4

W 公司全年需用丙零件 25000 件，每次订货成本为 2592 元，每个丙零件年储存成本为 10 元，零售价为 140 元，资金成本为 25%。供应商为扩大销售规定的数量折扣如表 3-1 所示。

表3-1　供应商丙零件销售数量折扣

单位数（件）	单价（元/件）
0 ～ 999	140
1000 ～ 1999	138
2000 ～ 4999	137
5000 ～ 9999	136
10000 以上	135

①计算无数量折扣情况下经济订货批量：

$$经济订货批量\ Q^{*}=\sqrt{\frac{2AP}{C}}=\sqrt{\frac{2\times 25000\times 2592}{10+140\times 25\%}}=1200\text{（件）}$$

所以，W 公司在存在数量折扣时的最优订货批量应为 1200 件、2000 件、5000 件或是 10000 件。

②计算 1200 件时的年订货总成本：

$$储存成本=\frac{1200}{2}\times\left(10+138\times 25\%\right)=26700\text{（元）}$$

$$订货成本=\frac{25000}{1200}\times 2592=54000\text{（元）}$$

采购成本 =25000 × 138=3450000（元）

年存货总成本 =26700+54000+3450000=3530700（元）

③计算 2000 件时的年订货总成本：

储存成本 $=\dfrac{2000}{2}\times(10+137\times25\%)=44250$（元）

订货成本 $=\dfrac{25000}{2000}\times2592=32400$（元）

采购成本 =25000×1137=3425000（元）

年存货总成本 =44250+32400+3425000=3501650（元）

④计算 5000 件时的年订货总成本：

储存成本 $=\dfrac{5000}{2}\times(10+136\times25\%)=110000$（元）

订货成本 $=\dfrac{25000}{5000}\times2592=12960$（元）

采购成本 =25000×136=3400000（元）

年存货总成本 =110000+12960+3400000=3522960（元）

⑤计算 10000 件时的年订货总成本：

储存成本 $=\dfrac{10000}{2}\times(10+135\times25\%)=218750$（元）

订货成本 $=\dfrac{25000}{10000}\times2592=6480$（元）

采购成本 =25000×135=3375000（元）

年存货总成本 =218750+6480+3375000=3600230（元）

由上述计算可知，应以 2000 件为丙零件的最优订货批量，此时年订货总成本最低为 3501650 元。

数量折扣只是订货决策中的一个因素。综合考虑所有相关成本和风险，以及非成本因素，如供应商的可靠性、交货时间、产品质量等。这些因素不直接反映在成本上，但会对订货的订购决策产生影响。

思政拓展 2- 爱岗敬业，严谨细致：如果存货规划未做好，误将 10000 件作为最优订货批量，那么将导致企业费用多支出 98580 元（10000 件的年订货总成本 3600230-2000 件的年订货总成本 3501650）。作为单位成本与管理会计人员，应该爱岗敬业，培养严谨细致的工作作风，为企业实现经营目标在本职岗位上做出自己的贡献。

3.3.3　订货批量受限时的订货决策

实际工作中，往往由于各种原因，例如，供应商的生产能力、运输能力、存储空间或其他合同条款等，造成订货批量受限，例如，供应商只接受百件、吨等整数批量。在这种情况下，经济订货批量模型确定的批量可能不是年存货总成本最低的批量，因此需要综合考虑，确定最优的订货批量以使年存货总成本最低。

例 3-5

W 公司的某供应商销售甲材料时，由于包装运输原因，只接受 2000 件整数批量的订单（如 2000 件、4000 件、6000 件等），不接受有零数的订单（如 5000 件）。W 公司全年需用甲材料 12000 件，每次订货成本为 1200 元，每件年储存成本为 20 元。

①计算不考虑订单限制时的经济订货批量：

经济订货批量 $Q^*=\sqrt{\dfrac{2AP}{C}}=\sqrt{\dfrac{2\times12000\times1200}{20}}=1200$（件）

此时，经济订货批量的 1200 件，不是供应商要求的整数批量，按照前述图 3-2 年订货总成本的图示，最优订货批量应该在 2000 件和 4000 件中选择，需要比较这两个批量的年订货总成本确定。

②订货批量在 2000 件时：

储存成本 $=\dfrac{2000}{2}\times20=20000$（元）

订货成本 $=\dfrac{12000}{2000}\times1200=7200$（元）

年存货总成本 =20000+7200=27200（元）

③订货批量在 4000 件时：

储存成本 $=\dfrac{4000}{2}\times20=40000$（元）

订货成本 $=\dfrac{12000}{4000}\times1200=3600$（元）

年存货总成本 =40000+3600=43600（元）

可见，在订货批量受限时，W 公司的最优订货批量为 2000 件，此时年订货总成本最低。

批量限制对企业订货成本的影响包括采购成本、运输成本、存储成本和缺货成本等，企业需要考虑批量限制可能对客户服务水平、销售和生产计划的影响。如果可能，可以调整经济订货批量模型以反映实际的批量限制；也可以考虑其他替代方案，如寻找其他可靠的供应商，可能没有相同的批量限制，考虑使用第三方物流服务（3PL）来集合小批量订单，以达到更经济的运输批量。采用准时制（JIT）或其他精益库存管理方法，以减少库存持有成本和避免不必要的大量库存。与供应商进行谈判，尝试调整或取消批量限制，或者达成更好的价格和交货条件；探讨是否可以通过签订长期合同或承诺一定的购买量来获得更灵活的批量条款。

在做出相关决策时，重要的是要保持灵活性和响应能力，以便随着市场条件和业务需求的变化及时调整策略。同时，也要确保与供应商保持良好的沟通，共同寻找解决问题的最佳方法。

3.3.4 储存量受限时的订货决策

经济订货批量模型假设订货批量有足够的储存空间，但在实际中，企业的储存能力是有限的，不能无限扩大，就会出现企业没有足够的储存空间储存订货批量产品的情况。在这种情况下，存货的订货决策无法按照经济订货批量模型决策，需考虑约束条件即储存量的限制。

例 3-6

W 公司每年需用丁材料 360000 千克，每次订货成本为 2450 元，每年单位储存成本为 1 元。该公司目前仓库最大储存量为 30000 千克，考虑到业务发展需要，已与其他单位达成意向租用一个可储存 20000 千克丁材料的仓库，租金约为 8000 元。确定 W 公司的最优订货批量。

①计算储存量无限制时的经济订货批量和年存货总成本：

经济订货批量 $Q^*=\sqrt{\frac{2AP}{C}}=\sqrt{\frac{2\times360000\times2450}{1}}=42000$（千克）

年存货总成本 $T^*=\sqrt{2APC}=\sqrt{2\times360000\times2450\times1}=42000$（元）

②如果按照 W 公司现有储存能力一次订购 30000 千克：

储存成本 $=\frac{30000}{2}\times1=15000$（元）

订货成本 $=\frac{360000}{30000}\times2450=29400$（元）

年存货总成本 =15000+29400=44400（元）

③如果 W 公司租用仓库，则应按经济订货批量（42000 千克）订购丁材料：

年存货总成本 =42000+8000=50000（元）

因此，对于 W 公司而言，如按照现有储存能力订购存货，年存货总成本较租用仓库年存货总成本低 5600 元，应按现有储存能力订购存货，不应租赁仓库。

企业应及时对现有储存能力和需求进行评估，准确评估当前的储存能力，包括仓库空间、货架容量、冷藏或特殊存储需求等；对未来的需求进行合理预测，包括季节性需求、促销活动、市场趋势等。在储存空间有限的情况下，可以通过优化库存周转，考虑采用先进的库存管理技术，如实时库存跟踪、ABC 分类法等，以确保高周转率商品的及时补货；制订灵活的补货策略，如根据销售数据动态调整补货频率和数量。尽可能降低储存量受限为企业带来的不利影响。如确需增加储存量，则应分析增加储存量可能带来的成本，如租金、设备购置、人力成本等，对比因储存量不足可能导致的成本，如缺货成本、紧急运输费用、销售损失等。如果无法通过扩大物理储存空间来满足需求，可以考虑其他替代方案，如采用第三方物流（3PL）服务、建立合作储存网络、实施交叉配送等。加强与供应商和分销商之间的协同合作，通过信息共享减少牛鞭效应，提高供应链的响应速度和灵活性。利用现代供应链管理系统（SCM）工具来优化订单处理、库存管理和物流配送。保持一定的安全库存水平以应对突发情况，但同时也要注意避免库存积压和浪费。

3.3.5　不确定情况的订货决策

3.3.5.1　库存耗竭与安全库存量

（1）库存耗竭

库存耗竭是企业的库存量降低至接近零或无法满足正常运营需求的状况。这种情况可能是由多种因素造成的，如供应链管理不善、需求预测不准确、生产计划问题等。库存耗竭会给企业带来一系列的不利影响：

①销售中断与客户满意度下降。企业无法满足客户的需求，可能导致销售中断，损失潜在的销售额；缺货可能导致客户的不满和忠诚度下降，损害企业的声誉和长期客户关系。

②生产能力受限。对于依赖库存的制造业而言，原材料或零部件的库存耗竭可能导致生产线停工，进而影响整体产能；生产能力的下降不仅减少了当前的输出，还可能影响未来的交付能力和市场竞争力。

③紧急采购与成本增加。为了弥补库存短缺，企业可能需要进行紧急采购，这通常

意味着更高的成本、更快的交货要求和可能的供应链风险；紧急采购可能打乱原有的供应商合作关系和采购计划，进一步增加运营的复杂性和成本。

④供应链不稳定性。库存耗竭暴露了供应链管理的薄弱环节，可能导致供应商、分销商和零售商之间的合作关系不稳定，这种不稳定性可能影响供应链的可靠性和响应速度，使企业难以应对市场变化。

⑤市场竞争力下降。库存耗竭可能导致企业无法及时抓住市场机会，如促销活动、季节性需求等，从而降低市场竞争力；缺货还可能导致竞争对手乘虚而入，抢占市场份额。

⑥财务影响。销售额的损失、额外成本的增加及可能的供应链中断都可能对企业的财务状况产生负面影响，这些财务问题可能进一步影响企业的投资决策、研发能力和长期增长潜力。

为了减轻库存耗竭的不利影响，企业需要采取有效的库存管理策略，包括准确的需求预测、合理的库存规划、优化的供应链管理及灵活的补货机制。同时，企业还应注重提高供应链的可视性和协同性，以便更好地应对市场变化和风险。

（2）安全库存量

前述相关情况的决策，以存货耗用速度和采购间隔期稳定为前提，企业可以在存货数量到达再订货点时，按最优订货批量订货及时发出订单，能够保证在库存存货耗尽之时及时补足存货，以满足生产或销售的需要，如图 3-4 所示。

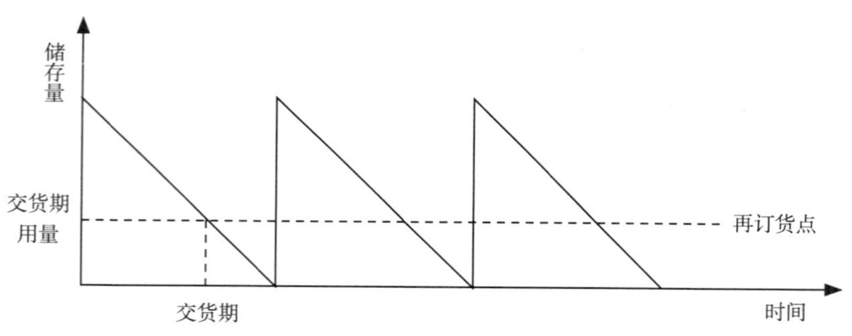

图 3-4　安全库存量示意图

如图 3-4 所示，当存货耗用速度和采购间隔期稳定时，企业的安全库存量为交货期内存货每天耗用量与交货天数的乘积，即：

安全库存量=每天耗用量×交货期天数

安全库存量的设置是基于企业的现状和市场环境，根据客户提货数据、生产周期、其他相关因素来确定。通常，它会随着市场需求、生产结构调整、流程再造及选用更先进的生产方式等因素的变化而相应调整。然而，安全库存量的增加会导致库存持有成本的增加，因此企业需要在缺货造成的库存耗竭成本和储存成本之间进行权衡，以确定合适的安全库存量。

安全库存量的计算可以使用多种公式或方法，具体取决于企业的实际情况和需求。

①经验法。品种繁多、价值较小的存货安全库存量由经验丰富的管理人员在安全库存量上限范围内加以规定的方法，称为经验法。其一般计算公式如下：

安全库存量的上限=最长交货期×最大每日耗用量-交货期正常天数×平均每天耗用量

由上式可见，所谓安全库存量的上限，实际是以交货期最长和每日耗用量最大这两种不正常现象同时发生为基础计算的。

②不连续的概率法。要准确估计可能发生的库存耗竭成本，必须根据历史资料统计库存耗竭的数量和概率。在不连续的概率法下，应按不同档次的相应概率计算不同安全库存量的库存耗竭成本，并进行比较。比较时，可以计算不同安全库存量的预期库存耗竭成本与该安全库存量对应的储存成本之和，选择成本总额最低的安全库存量。

3.3.5.2　再订货点的确定

再订货点是企业存货管理中启动下一次存货订购的一个预设库存水平。当库存量降至再订货点时，企业会启动补货流程，以确保库存能够持续满足未来的需求，同时避免库存积压和缺货风险。

再订货点的确定通常基于三个关键因素：

①存货的需求情况。每天对存货的平均需求量，可以通过历史销售数据、市场预测或其他预测方法来估算。

②交货期天数。从发出订单到收到货物所需的时间，包括供应商处理订单、生产、运输和交付所需的时间。

③安全库存量。为应对需求波动和供应不确定性而额外持有的库存量。

再订货点的计算公式可以表示为：

再订货点 = 交货期天数 × 每天耗用量 + 安全库存量

例如，如果某存货的日均耗用量为 100 单位，交货期为 5 天，且为满足 95% 的需求设置了安全库存量为 600 单位，那么再订货点可以计算为：

再订货点 = 5 天 × 100 单位 / 天 + 600 单位 =1100 单位

思政拓展 3- 全面思考问题，解决问题：存货决策过程中无论批量受限还是仓储量受限及不确定情况，都需要全面思考问题，这些约束条件是暂时的还是由于存货管理过程中的漏洞造成的非临时问题，作为企业的成本与管理会计人员需要结合实际情况，提出战略性的解决问题的建议，以期较好地解决问题，实现企业的高效运营，而非“头痛医头，脚痛医脚”。

3.4 存货周转期控制

3.4.1 存货周转期

存货周转期，也称存货周转天数，是企业从取得存货开始，到消耗、销售为止所经历的天数。它是反映企业存货管理水平和效率的重要指标，也是影响企业流动资金占用和运作效率的关键因素。

存货周转期的计算公式通常为：

存货周转天数 =365/ 存货周转次数

或者：

存货周转次数 = 销货成本 / 存货平均余额

其中，存货周转次数表示一年内企业存货的周转次数，销货成本是企业在一定时期内销售商品或提供劳务所发生的成本，存货平均余额则表示企业在一定时期内存货的平均占用额。

存货周转期的长短直接反映了企业存货的管理效率和变现能力。如果存货周转期过长，说明企业的存货管理存在问题，如采购过多、库存积压、销售不畅等，这会导致企业流动资金占用过多，影响企业的偿债能力和盈利能力。相反，如果存货周转期较短，则说明企业的存货管理效率较高，能够快速地将存货转化为销售收入，有利于企业的资金运作和盈利能力提升。

因此，企业需要加强对存货周转期的管理和控制，缩短存货周转期，以提高存货管理效率和企业的经济效益。

3.4.2 存货周转期控制的基本方法

存货周转期控制是企业库存管理中的重要环节，它涉及优化库存管理、加强销售管理和利用现代技术手段等多个方面。

3.4.2.1 优化库存管理

企业应利用市场调研和历史销售数据进行准确的存货需求预测。根据预测结果，及时调整采购和生产计划，避免过多的滞销库存和缺货情况。制订科学合理的采购计划，避免过高或过低的采购量。确保采购订单与实际需求相匹配，减少库存积压。与供应商协商，采用合适的采购方式，如批量采购、JIT 采购等，以控制库存水平。合理制订生产计划，减少生产周期，提高生产效率。引入先进的生产技术，实现生产过程的自动化和柔性化，以快速响应市场需求变化。建立库存警报机制，根据企业实际情况，设定合理的库存阈值。当库存超过或低于阈值时，及时采取相应措施，如调整采购和生产计划。

控制高额物资，及时处理接近有效期的物资，合理确定进货批量和削减滞销库存。应用 ABC 分析法对物资进行分类管理，针对不同类别的物资采取不同的管理策略。加强企业内部各部门之间的信息共享和沟通，确保库存信息的准确性和一致性。引入先进的库存管理系统，实现库存信息的实时更新和共享。通过系统自动化功能，减少人为操作错误，提高库存管理效率。通过定期会议、报告等方式，及时传递库存信息和市场需求变化，以便各部门协同应对。定期对库存管理流程进行审查和优化，以适应市场变化和企业发展需求。设立专门的库存管理团队或委员会，负责监控库存状况、分析库存数据并提出改进建议。

3.4.2.2　加强销售管理

通过加强销售管理可以实现存货周转期的有效控制。这不仅可以提高销售业绩和市场占有率，还可以优化库存结构、降低库存成本并提高企业整体运营效率。

收集和分析销售数据，包括销售额、销售渠道、客户购买行为等，以评估销售绩效和市场趋势。利用历史销售数据和市场趋势进行销售预测，为生产计划和库存管理提供准确的需求信息，实现库存与销售需求的匹配。制订详细的销售计划，包括销售目标、销售渠道、促销活动、预算等，以指导销售团队的工作。根据市场需求和消费者行为调整销售策略，包括定价、促销、产品组合等，以刺激销售和提高存货周转率。灵活运用折扣、赠品、满减等促销策略，吸引消费者购买，加快存货流动。

开拓新的销售渠道，如线上平台、合作伙伴、分销商等，增加销售触点，提高产品曝光度和市场覆盖率。加强与渠道合作伙伴的合作关系，以确保销售渠道的畅通和高效。建立完善的客户关系管理系统，了解客户需求和偏好，提供个性化的产品和服务。加强与客户的沟通和互动，及时获取市场反馈和客户需求变化，以便调整销售策略和库存计划。加强与供应链上游供应商和下游客户的协同合作，实现信息共享和协同计划。通过供应链协同，减少库存积压和缺货风险，提高存货周转效率。

3.4.2.3　利用现代技术手段

利用现代技术手段实现存货周转期控制可以显著提升企业的库存管理效率和准确性。

（1）引入先进的库存管理系统

采用 ERP（企业资源规划）或 WMS（仓库管理系统）等集成化管理系统，实现库存数据的实时更新和监控。这些系统通常具备自动化、智能化的功能，能够大大减少人为错误，提高库存管理效率。

（2）应用物联网（IoT）技术

使用 RFID（无线射频识别）标签、传感器等技术跟踪库存物品的位置和状态。这样可以实时了解存货的流动情况，避免丢失或错放，从而确保库存的准确性。通过 IoT 设备监控库存环境的温度、湿度等条件，确保存货的储存环境符合要求，防止因环境因素导致的库存损失。

（3）建立供应链协同平台

通过供应链协同平台与供应商、分销商、物流服务商等合作伙伴实现信息共享和协同工作。这有助于减少供应链中的牛鞭效应，降低库存波动，提高整体供应链的响应速度和灵活性。利用云计算服务实现库存管理数据的集中存储和远程访问。这有助于企业可以在任何地点、任何时间获取库存信息，支持更灵活的决策和响应。通过移动应用或移动设备提供实时的库存查询、订单处理等功能，增强销售团队的移动工作能力和客户服务水平。

此外，企业应根据实际情况推行合理的库存管理策略，如先进先出（FIFO）原则，确保库存的新鲜度和有效利用。定期进行库存盘点和清理工作，及时处理积压库存和废品，减少资金占用。加强与供应商的合作和沟通，确保采购计划的准确性和及时性，降低采购成本和库存风险，增强市场竞争力。

思政拓展 4- 社会责任：企业在控制存货周转期时，需要考虑其对供应链上下游企业及整个社会的影响。例如，过度压缩存货周转期可能会导致供应商面临过大的交货压力，从而影响产品质量和供应链稳定性。因此，企业需要在追求自身利益的同时承担起相应的社会责任，实现与供应链伙伴的共赢。

思政拓展 5- 诚信经营：在存货周转期控制过程中，企业需要坚守诚信原则。例如，在与供应商协商交货期时，企业应提供准确的需求预测和库存信息，避免因信息不对称而导致的供应链风险。同时，企业也应按照合同约定的付款周期及时支付货款，维护良好的商业信誉。

扫码获取本章习题

扫码获取本章知识拓展

第4章　固定资产业务决策

思维导图

本章思维导图如图 4-1 所示。

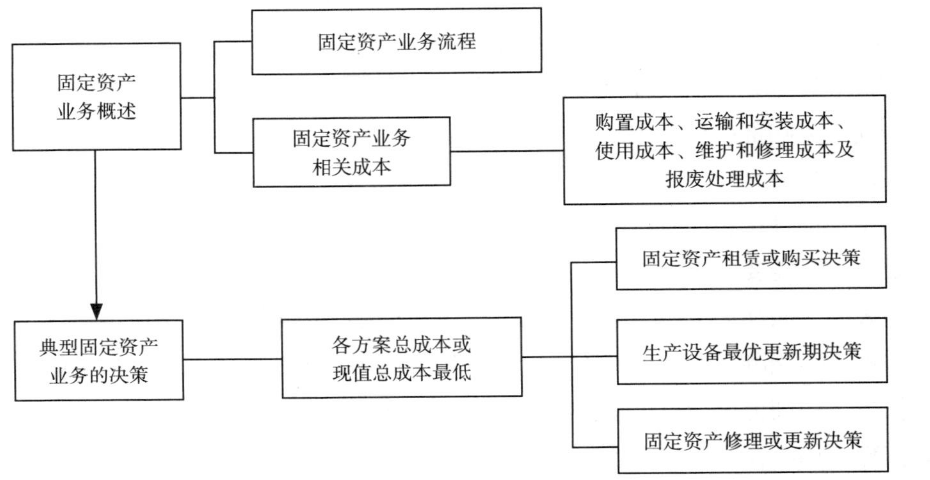

图 4-1　固定资产业务决策思维导图

4.1　固定资产业务概述

4.1.1　固定资产业务流程

4.1.1.1　固定资产购置计划

企业购置固定资产需要明确购置固定资产是为了满足生产扩张、技术更新、提高效率还是其他需求。根据企业的长远规划和战略目标来确定需要购置哪些类型的固定资产。

所属各部门根据业务发展和工作需要，对需求进行详细分析，包括所需资产的数量、规格、性能要求等，提出具体的资产购置需求。财务部门根据企业的财务状况和预算限制，为购置计划分配相应的资金，确保购置计划不会对企业的现金流产生过大的压力。采购部门对市场上的相关固定资产进行调研，了解价格、性能、品牌等信息，选择信誉良好、服务优质的供应商进行合作。采购计划部门根据需求分析和市场调研结果，编制详细的购置计划，包括资产清单、预算明细、采购时间表等。购置计划需经管理层审批，确保与企业整体战略和预算保持一致。

4.1.1.2 固定资产采购与验收

固定资产的采购与验收是企业资产管理中的重要环节。企业应建立严格的内部控制制度，确保采购活动的合规性和验收结果的准确性。同时，加强与供应商的沟通与合作，确保采购活动的顺利进行和固定资产的高质量交付。

（1）采购环节

各部门根据实际需求提出固定资产购置申请，明确所需资产的类型、数量、规格、预算等信息。采购部门根据市场调研结果和供应商资质、信誉等因素，选择合适的供应商进行询价和比价，与供应商就价格、交货期、付款方式等条款进行谈判，并签订正式的采购合同。采购部门负责跟踪订单的执行情况，确保供应商按时交货。

（2）验收环节

当固定资产送达企业时，验收部门需对货物进行初步检查，确认数量、外包装等是否符合要求。对需要开箱的固定资产进行详细检查，包括核对型号、规格、数量、质量等是否与采购合同和订单一致。对于需要安装或调试的固定资产，如机械设备、电子设备等，需进行性能测试以确保其正常运转并符合使用要求。验收部门需根据验收结果编写验收报告，详细记录验收过程、结果及存在的问题。如验收合格，则进入下一步的资产管理流程；如存在问题，则需与供应商协商解决。

4.1.1.3 固定资产登记与入账

固定资产登记与入账是企业资产管理中的关键环节，涉及将购置的固定资产信息记录到企业的资产台账和财务账簿中。固定资产登记与入账的准确性和及时性对于企业的财务管理和决策具有重要意义，可以确保固定资产信息的完整性和准确性，为后续的资产管理、核算和决策提供有力支持。

（1）固定资产登记

验收合格的固定资产需要进行详细登记，包括资产编号、名称、规格型号、数量、购置日期、使用部门、存放地点等信息。这些信息有助于企业准确掌握固定资产的数量、状态和使用情况。根据登记的固定资产信息，建立资产台账或资产卡片，作为后续管理和核算的依据。台账应定期更新，以反映资产的变动情况。

（2）固定资产入账

财务部门根据采购合同、验收单和发票等原始凭证，对固定资产进行会计处理。包括借记“固定资产”科目，贷记相关科目（如银行存款、应付账款等），以反映固定资产的增加和资金的减少。固定资产在使用过程中会逐渐磨损和老化，因此需要按照一定的方法和比例折旧计提。折旧计提应按月进行，并根据资产的预计使用寿命和残值率来确定折旧额。折旧计提有助于反映固定资产的实际价值和损耗情况。将固定资产的入账信息和折旧计提情况记录到企业的财务账簿中，以便进行后续的会计核算和报表编制。账簿记录应准确无误，遵循相关会计准则和法规的要求。

4.1.1.4　固定资产使用与维护

固定资产使用与维护是企业资产管理中的重要环节，涉及资产的日常使用、保养、维修及报废等方面。

（1）固定资产的使用

企业应制定固定资产使用规范，明确各类资产的使用方法和注意事项。员工在使用固定资产时，应遵循规范操作，确保资产的安全和正常运转。使用部门或使用人应对固定资产的合理使用和保管负责，对于因使用不当或保管不善造成的资产损坏或丢失，应承担相应的责任。企业应建立固定资产使用记录制度，记录资产的使用情况、使用人、使用时间等信息。这有助于追踪资产的使用历史和责任人。

（2）固定资产的维护

企业应制定固定资产保养制度，明确各类资产的保养周期、保养方法和保养责任人。定期对资产进行保养可以延长其使用寿命并减少故障率。当固定资产出现故障或损坏时，应及时进行维修。企业应建立维修管理制度，明确维修流程、维修责任人和维修费用承担方式。对于重大维修项目，应进行审批和验收。对于无法修复或无使用价值的固定资产，企业应进行报废处理。报废处理应遵循相关法规和企业内部制度，确保报废过程的合规性和环保性。报废资产应进行登记和清理，残值收入应及时入账。

在固定资产使用与维护过程中，企业应加强对员工的培训和教育，提高员工对资产管理的认识和重视程度。同时，企业应定期对固定资产进行清查和盘点，确保账实相符并及时发现和处理存在的问题。

此外，随着科技的发展和应用，企业可以引入信息化管理系统来辅助固定资产的使用与维护工作。通过信息化手段可以实现对资产的实时监控、远程管理和数据分析等功能，提高资产管理的效率和准确性。

4.1.1.5　固定资产调拨与处置

固定资产调拨与处置是企业资产管理中的重要环节，涉及资产的内部转移、外部调拨及报废、出售等处理方式。

（1）固定资产调拨

内部调拨指固定资产在企业内部不同部门或地点之间的转移，内部调拨需要确保资产的完整性和准确性，并及时更新资产管理系统中的相关信息，内部调拨可能涉及资产的重新配置、使用权的变更等，应遵循企业内部的审批和管理流程；外部调拨指固定资产从一个企业转移到另一个企业。外部调拨可能涉及资产的出售、捐赠、投资等，应遵循相关法律法规和企业内部的决策程序，在外部调拨过程中，需要确保资产的合理估值和交易的公平性，并办理相关的过户手续。

（2）固定资产处置

①报废处理。对于无法修复或无使用价值的固定资产，企业应进行报废处理。报废处理应遵循相关法规和企业内部制度，确保报废过程的合规性和环保性。报废资产应进行登记和清理，残值收入应及时入账。企业需要评估资产是否达到报废标准，并获得相关部门的审批。报废后的资产应按照环保要求进行处理。

②出售处理。企业可以将不需要的固定资产出售给其他企业或个人。出售处理应遵循市场原则和公平交易原则，确保出售价格的合理性和交易的透明性。企业需要评估资产的市场价值，选择合适的销售渠道和买家，并签订销售合同。出售收入应及时入账，并按照相关法规缴纳税款。

③其他处置方式。除了报废和出售，企业还可以选择其他处置方式，如捐赠、置换等。不同的处置方式可能涉及不同的审批流程、估值方法和税务处理，企业应根据实际情况进行选择。在固定资产调拨与处置过程中，企业应加强对流程的管理和控制，确保调拨和处置活动的合规性和准确性。同时，企业应定期对固定资产进行清查和盘点，及时发现和处理存在的问题，以确保资产的安全和完整。

4.1.1.6 固定资产盘点与清查

固定资产盘点与清查是企业资产管理中的关键环节，旨在确保企业固定资产的账实相符，及时发现和处理资产管理中的问题。

（1）固定资产盘点

固定资产盘点是指对企业实际拥有的固定资产进行全面、详细的清点和核实。盘点的目的主要是确认资产的存在性、完整性和使用状况。具体步骤如下：

①制订盘点计划：明确盘点的时间、范围、方法和参与人员，确保盘点的全面性和准确性。

②准备盘点工具：如盘点表、标签、扫描设备等，以便高效、准确地记录资产信息。

③实施盘点：按照计划对固定资产进行逐一清点和核查，包括资产的编号、名称、规格型号、数量、使用部门、存放地点等。

④对比和分析：将盘点结果与资产台账或财务记录进行对比，分析差异原因，并提出处理建议。

（2）固定资产清查

固定资产清查是在盘点的基础上，对固定资产的详细信息和使用状况进行进一步的审查和核实。清查的目的主要是发现资产管理中的问题，完善资产管理制度，提高资产管理水平。具体步骤如下：

①对盘点结果进行复核：确认盘点结果的准确性和完整性，对存在差异的资产进行

深入调查和分析。

②审查资产管理制度：检查企业资产管理制度的完善性和执行情况，发现制度漏洞和管理不足。

③核实资产使用状况：对固定资产的使用状况进行核实，包括是否存在闲置、浪费、损坏等问题，并提出合理利用和保护的建议。

④处理清查结果：根据清查结果，对存在的问题进行整改和处理，完善资产管理制度，提高资产管理效率。

在固定资产盘点与清查过程中，企业应着重注重四点：

①加强组织领导：成立专门的盘点清查小组，明确职责分工，确保工作的顺利进行。

②强化培训宣传：对参与盘点清查的人员进行培训，提高其对资产管理工作的认识和重视程度。

③引入信息化手段：借助信息化管理系统等工具，提高盘点清查的效率和准确性。

④建立长效机制：将固定资产盘点与清查纳入企业的日常管理工作中，定期开展，确保资产的安全和完整。

总之，固定资产盘点与清查是企业资产管理中的重要环节，通过全面的清点和核实，可以确保企业固定资产的账实相符，及时发现和处理问题，提高资产管理水平。

4.1.1.7　固定资产档案管理

固定资产档案管理是企业资产管理中的重要环节，涉及固定资产档案的建立、维护、更新和利用等方面。

（1）建立固定资产档案

企业应对每项固定资产建立详细的档案，包括资产的基本信息（如名称、规格型号、生产厂家、购置日期、价值等）、使用信息（如使用部门、使用人、使用状态等）、维护信息（如维修记录、保养记录等），以及处置信息（如报废日期、处置方式等）。档案建立时应确保信息的准确性和完整性，为后续的管理和利用奠定基础。

（2）维护固定资产档案

企业应定期对固定资产档案进行维护和更新，确保档案信息的实时性和准确性。维护内容包括补充新购置资产的信息、更新资产使用状态和维护记录等。此外，企业还应定期对档案进行审查和整理，剔除无效和过期信息，提高档案的质量和利用率。

（3）利用固定资产档案

固定资产档案是企业进行资产管理决策的重要依据，企业应充分利用档案信息来优化资产配置、提高资产使用效率、降低维护成本等。例如，企业可以根据档案中的使用信息来评估各部门对资产的需求情况，从而进行合理调配；根据维护信息制订针对性的保养和维修计划，延长资产使用寿命等。

（4）固定资产档案管理注意事项

①企业应制定详细的固定资产档案管理制度，明确档案的建立、维护、利用和保密等方面的要求，确保档案管理工作的规范化和标准化。

②企业应定期对档案管理人员进行培训，提高其档案管理意识和技能水平，确保档案管理工作的顺利进行。

③借助信息化管理系统等工具，企业可以实现固定资产档案的电子化、网络化管理，提高管理效率和便捷性。同时，还可以利用数据分析功能来挖掘档案信息的潜在价值，为企业决策提供更多支持。

④企业应建立严格的档案保密制度，采取物理和电子双重保护措施来确保档案信息的安全性和保密性。对于涉及敏感信息的档案，应进行特殊处理和加密存储。

总之，固定资产档案管理是企业资产管理中的重要环节，通过建立详细的档案、定期维护和更新、充分利用档案信息，以及加强管理制度建设和人员培训等措施，提高企业资产管理水平，并为企业决策提供更多支持。

4.1.2 固定资产业务相关成本

固定资产业务相关的成本主要包括购置成本、运输和安装成本、使用成本、维护和修理成本及报废处理成本等。

4.1.2.1 购置成本

购置成本是企业购买固定资产时所支付的费用，包括购买价款、相关税费（如增值税、关税等），以及使固定资产达到预定可使用状态前所发生的可归属于该项资产的运输费、装卸费、安装费和专业人员服务费等。

4.1.2.2 运输和安装成本

固定资产在购买后通常需要运输到企业或生产车间，这些运输费用需要计入固定资产的成本中。此外，安装固定资产时产生的安装费，包括专业人员的服务费、装卸费等，也是固定资产成本的一部分。

4.1.2.3 使用成本

使用成本主要包括固定资产在使用过程中的折旧费用。折旧是由固定资产在使用过程中因磨损、老化等因素导致的价值逐渐减少，企业会按照确定的方法对应计折旧额进行系统分摊。

4.1.2.4 维护和修理成本

固定资产在使用过程中可能需要进行维护和修理，这些费用也是固定资产成本的一部分。维护和修理费用旨在保持固定资产的正常运行和延长其使用寿命。

4.1.2.5　报废处理成本

当固定资产无法继续使用或达到报废标准时，企业需要对其进行报废处理。报废处理过程中产生的费用，如清理费用、环保处理费用等，也是固定资产成本的一部分。

这些成本在固定资产的使用年限内逐渐摊销，并通过企业的会计处理反映在财务报表中。正确计算和管理固定资产成本对于企业的财务健康和决策具有重要意义。

思政拓展 1- 长远规划：固定资产的购置和使用往往涉及大量的资金投入，并且固定资产使用期限较长，因此需要进行长远规划。我们在以后的工作生活中应意识到长远规划的重要性，为自身的发展做好规划；在考虑固定资产业务时，要从企业或组织的整体利益和长期发展出发，进行合理配置和规划。

4.2　典型固定资产业务的决策

4.2.1　固定资产租赁或购买决策

在不考虑其他因素的情况下，租赁固定资产和购买固定资产相比，每年需多支付一定的租赁费用。另外，由于租赁费用是在成本中列支的，因此企业还可以减少缴纳的所得税，即得到减税利益。购买固定资产是一种投资行为，企业将支出一笔可观的设备款，但同时每年可计提折旧费进行补偿，折旧费作为一项成本也能使企业得到减税利益，并且企业在项目结束或设备使用寿命到期时，还能得到设备的残值变现收入。在进行固定资产租赁或购买决策时，应考虑两种方案的成本。

例 4-1

某企业的生产需要一台机床，若购买，需支付机床买入价 400000 元，该使用寿命为 10 年，预计残值率为 5%；若租赁，每年将支付 80000 元的租赁费用，租赁期为 10 年。假设贴现率为 10%，所得税税率为 25%。

①若购买机床，支出现值情况如下：

购买机床支出 =400000（元）

机床残值 =400000 × 5%=20000（元）

机床残值现值 =20000 ×（*P*/*F*，10%，10）=7720（元）

年折旧额 =（400000−20000）/10=38000（元）

折旧费抵税现值 =38000 × 25% ×（*P*/*A*，10%，10）=58368（元）

支出合计 =400000-7720-58368=333912（元）

②若租赁机床，支出现值情况如下：

租赁费支出现值 =80000×（P/A，10%，10）=491520（元）

租赁费抵税现值 =80000×25%×（P/A，10%，10）=122880（元）

支出合计 =491520-122880=368640（元）

因此，购买机床支出小于租赁机床支出，在考虑现金流的情况下，应选择购买机床。

在企业实际决策过程中，应综合考虑多方面因素，包括经济、财务、税务和运营等方面。

①经济方面。租赁固定资产通常不需要支付大额的首付款，而购买则需要一次性或分期投入较多资金。因此，对于资金流较为紧张的企业来说，租赁可能是一个更合适的选择。然而，长期来看，如果企业有足够的资金购买固定资产，并在其使用寿命内充分利用，那么购买可能更为经济划算。

②财务方面。购买固定资产会增加企业的资产和负债，而租赁则不会。这对于企业的资产负债表和财务状况有不同的影响。此外，购买固定资产的折旧费用可以作为企业的税前扣除项，有助于降低企业的税负。而租赁费用则可以在税后列支，对企业的现金流产生影响。

③税务方面。不同的国家和地区对于固定资产租赁和购买的税务处理可能存在差异。企业需要了解并遵守相关税法规定，以确保决策的合规性并最大化税务效益。

④运营方面。购买固定资产意味着企业拥有对资产的控制权和使用权，可以根据自身需要进行灵活配置和调整。而租赁则可能受到租赁期限、租金调整等条款的限制。此外，对于某些特定行业或项目来说，可能存在特定的法规或政策要求，如必须使用自有固定资产等。

综上所述，固定资产租赁或购买决策需要综合考虑多个因素，并根据企业的具体情况进行权衡和选择。在实际操作中，企业可以寻求专业咨询机构或财务顾问的帮助，以确保决策的科学性和合理性。

4.2.2 生产设备最优更新期决策

生产设备的使用年限由物理使用年限或经济使用年限决定，大多数生产设备的使用年限是由经济使用年限决定的。生产设备最优更新期决策就是在经济上选择最佳的淘汰旧设备时间，此时生产设备的年平均成本最低。

生产设备的总成本在更新前包括两大部分：一是运行维护费用，包括生产设备的能源消耗及维护修理费用等，这部分费用不仅会随使用年限的增加而增多，而且将随生产设备的不断老化而上升。二是在使用年限内，生产设备运行磨损的价值（折旧），从数量上看，它是生产设备的购入价值与更新时的变现价值之差。因此，生产设备在更新前的现值总成本为：

$$现值总成本 = C - \frac{S_n}{(1+i)^n} + \sum_{n=1}^{n} \frac{C_t}{(1+i)^t}$$

式中：C——设备原值；

S_n——设备第 n 年（生产设备更新时）的折余价值；

C_t——设备第 t 年的运行成本；

n——设备更新的年份；

i——设定的投资报酬率。

考虑货币时间价值，生产设备的年平均成本（UAC）为：

$$UAC = \left[C - \frac{S_n}{(1+i)^n} + \sum_{n=1}^{n} \frac{C_t}{(1+i)^t} \right] / (P/A,i,n)$$

生产设备最优更新期决策就是选择最佳的淘汰旧设备的时间，即使上式年平均成本（UAC）最低的年数 n，通常通过计算不同更新期的年平均成本比较得出最低的年平均成本及年限。

例 4-2

W 公司某生产设备购买价格 140000 元，预计使用寿命 10 年，无残值。资金成本为 10%。各年的折旧额、折余价值及运行费用如表 4-1 所示。

表4-1　生产设备相关资料　　　　单位：元

更新年限	1	2	3	4	5	6	7	8	9	10
年折旧额	14000	14000	14000	14000	14000	14000	14000	14000	14000	14000
折余价值	126000	112000	98000	84000	70000	56000	42000	28000	14000	0
运行费用	20000	20000	20000	22000	22000	24000	26000	28000	30000	32000

确定该设备最优更新期时，计算不同年份更新的年平均成本计算表如表 4-2 所示。

表4-2 不同年份更新的年平均成本计算表 单位：元

更新年限	1	2	3	4	5	6	7	8	9	10
折旧额	14000	14000	14000	14000	14000	14000	14000	14000	14000	14000
$(1+10\%)^{-n}$	0.9091	0.8264	0.7513	0.683	0.6209	0.5645	0.5132	0.4665	0.4241	0.3855
S_n	126000	112000	98000	84000	70000	56000	42000	28000	14000	0
$S_n(1+10\%)^{-n}$	114546.6	92556.8	73627.4	57372	43463	31612	21554.4	13062	5937.4	0
C_n	20000	20000	20000	22000	22000	24000	26000	28000	30000	32000
$C_n(1+10\%)^{-n}$	18182	16528	15026	15026	13659.8	13548	13343.2	13062	12723	12336
$\sum C_n(1+10\%)^{-n}$	18182	34710	49736	64762	78421.8	91969.8	105313	118375	131098	143434
$(P/A,10\%,n)$	0.9091	1.7355	2.4869	3.1699	3.7908	4.3553	4.8684	5.3449	5.759	6.1446
现值总成本	43635.4	82153.2	116108.6	147390	174958.8	200357.8	223758.6	245313	265160.6	283434
年平均成本	47998.46	47336.91	46688.09	46496.73	46153.53	46003.21	45961.42	45896.65	46042.82	46127.33

比较年平均成本可知，生产设备运行到第 8 年时年平均成本最低，因此，该设备应在使用 8 年后进行更新。

当进行生产设备更新期决策时，还应考虑市场变化。企业需要密切关注市场动态，了解技术发展趋势、设备更新换代的速度及竞争对手的设备状况等。如果市场上出现了更高效、更节能、更环保的新设备，那么企业可能需要考虑提前更新设备以保持竞争优势。另外，企业的战略目标也是决策的重要考虑因素。企业需要根据自身的战略目标和发展规划，确定生产设备的更新策略。例如，如果企业计划扩大生产规模、提高生产效率或者进入新的市场领域，可能需要投资购买更先进的生产设备。

综上所述，生产设备最优更新期决策需要综合考虑多个因素，包括设备的技术状况、经济寿命、市场变化及企业的战略目标等。企业需要进行全面评估和科学计算，以确定最佳的更新时机和方案。

4.2.3 固定资产修理或更新决策

固定资产修理或更新决策涉及企业在面临设备损坏、老化或技术落后时，选择进行修理以恢复其性能，还是直接更新设备以获取更好的性能和效率。这一决策对企业的生产运营和成本控制具有重要影响。

假设现有生产能力水平不变，对企业而言，销售收入没有增加，只是设备的运行成本发生了变化。此时，只需要考虑新旧设备的使用寿命及运行成本。新旧设备的使用寿命往往不同，因此固定资产修理和更新决策实际上是比较两种方案的年平均成本。新旧设备的总成本包括两部分：设备的资金成本和运行成本。

例 4-3

W 公司有一台旧设备，重置成本为 12000 元，年运行成本 4500 元，4 年后报废无残值，需大修 2 次，每次大修理费为 12000 元。如果购买一台新设备，需要 60000 元购置成本，年运行成本 9000 元，使用寿命 8 年，不需要大修，8 年后残值 3000 元。新旧设备的产量及产品销售价格均相同。企业采用直线法计提折旧，资金成本为 10%，所得税税率为 25%。W 公司是继续使用旧设备，还是更新设备？

①继续使用旧设备：

设备重置成本 =12000（元）

大修费现值 =12000+12000×（P/F,10%,2）=12000+12000×0.826=21912（元）

$$\text{大修费及折旧费抵税现值}=\frac{12000+12000+12000}{4}\times 25\%\times\left(P/A,10\%,4\right)=7130.25\text{（元）}$$

总运行成本现值 =4500×（1−25）×（P/A,10%,4）=10695.38（元）

$$\text{年平均成本}=\frac{\text{总成本}}{P/A,10\%,4}=\left(12000+21912-7130.25+10695.38\right)/3.169=11826.17\text{（元）}$$

②更新设备：

新设备采购成本 =60000（元）

残值收回现值 =3000×（P/F,10%,8）=1401（元）

折旧费抵税现值 =[（60000−3000）/8]×25%×（P/A,10%,8）=9501.19（元）

运行成本现值 =9000×（1−25%）×（P/A,10%,8）=36004.5（元）

$$\text{年平均运行成本}=\frac{\text{总成本}}{\left(P/A,10\%,8\right)}=\left(60000-1401-9501.19+36004.5\right)/5.334=15954.69\text{（元）}$$

上述计算结果表明，维修后继续使用旧设备的年平均成本低于更新设备的年平均成本，因此 W 公司不应更新设备，应继续使用旧设备。

在进行固定资产修理或更新决策时，企业还需要综合考虑以下四个方面：

①设备性能和生产效率。修理旧设备可能无法完全恢复其原始性能，而更新设备通常能提供更高的生产效率和更先进的技术。企业应考虑设备性能对生产流程、产品质量和市场竞争力的影响。

②设备寿命和维护需求。旧设备可能接近其设计寿命，需要更频繁的维护和修理。更新设备可能具有更长的使用寿命和较低的维护需求，从而降低长期运营成本。

③技术进步和市场趋势。如果市场上出现了新技术或设备，更新设备可能使企业保持技术领先地位并满足市场需求。企业应密切关注行业发展趋势和市场需求变化。

④风险和可靠性。修理旧设备可能存在风险，如无法完全解决问题或设备再次出现故障。更新设备通常具有更高的可靠性和保修服务，降低运营风险。

思政拓展 2- 责任意识：在固定资产业务决策中，每一项决策都可能对企业或组织的运营产生深远影响。因此，成本与管理会计人员需要以高度的责任心为决策者提供准确的基础数据及方案，确保决策的科学性和合理性。

扫码获取本章习题

扫码获取本章知识拓展

第5章　生产业务组织决策

思维导图

本章思维导图如图 5-1 所示。

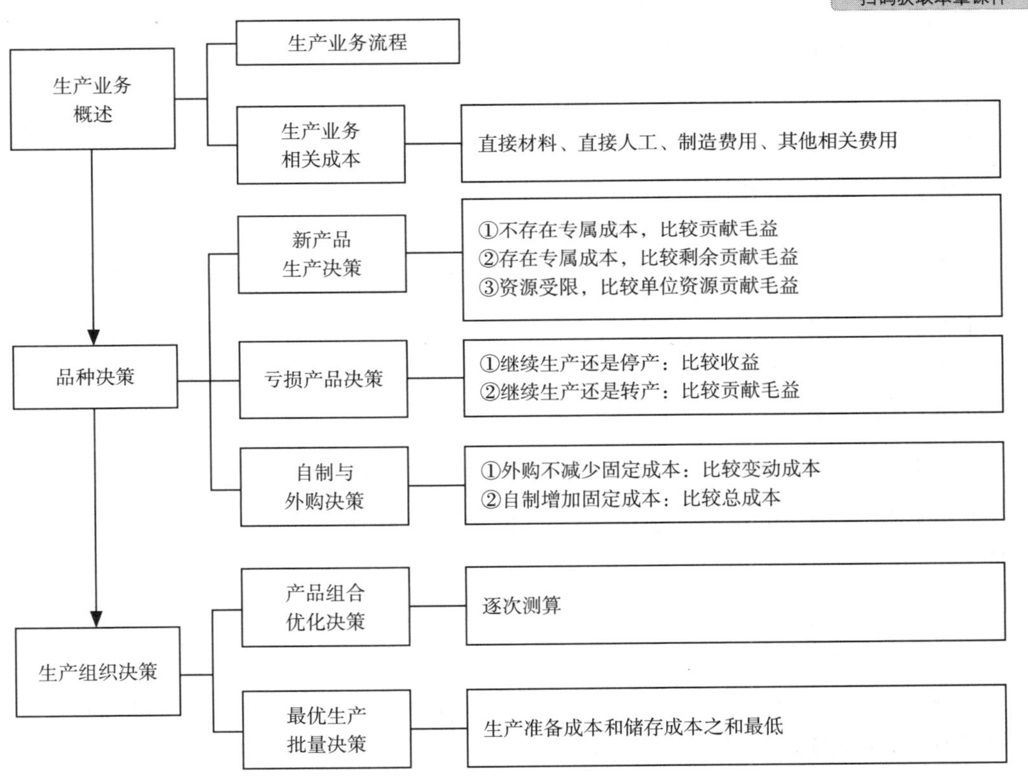

图 5-1　生产业务组织决策思维导图

5.1 生产业务概述

5.1.1 生产业务流程

5.1.1.1 编制生产计划

编制生产计划是企业管理中的一项重要工作，它涉及生产资源的合理配置、生产任务的安排和生产进度的控制等方面。

①需求预测和产能评估。根据市场趋势、历史销售数据、客户订单等预测未来一段时间内的产品需求。评估现有生产线的产能，包括设备状况、人员配置、工艺能力等，了解原材料的库存状况、采购周期和供应商的交货能力。

②制定生产目标。根据需求预测和产能评估，确定生产目标，如产量、品种、交货期等。

③安排生产任务。根据产品特性、工艺要求和设备状况，确定生产顺序；根据产品需求和设备能力，合理划分生产批次；将生产任务具体分配到各个生产线、班组和个人。

④制订生产进度计划。为每个生产任务设定开始和结束时间，确保按时交货；识别影响生产进度的关键因素和瓶颈环节，优先安排。

⑤配置生产资源。根据生产任务，合理安排生产人员，包括数量、技能和班次；确保设备按时维护、调试和更换，以满足生产需要；根据生产计划，提前准备原材料和辅助材料，确保供应。

⑥制订应急预案。预测可能出现的生产中断、设备故障、原材料短缺等风险，并制订相应的应急措施。

⑦审批和调整。将生产计划提交给相关部门和领导审批，并根据反馈进行调整。在生产过程中，根据实际情况对生产计划进行动态调整。

5.1.1.2 生产通知与组织生产

生产通知是企业生产计划部门向各生产车间下达的制造产品等生产任务的书面文件。这份文件明确了生产车间在一定周期内所需生产的产品数量、规格、质量要求等。生产通知的主要作用有三点：

①通知生产车间组织产品制造，明确生产任务和目标。

②为供应部门提供信息，以便及时组织原材料、零部件等物资的采购和供应。

③为会计部门提供成本计算的依据，有助于企业进行成本控制和核算。

生产排程是在考虑生产能力、设备状况、原材料供应等因素的基础上，对生产任务进行合理的安排和排序。它的目标是优化生产顺序，选择最佳的生产设备，减少等待时间，平衡各机器和工人的生产负荷，从而提高生产效率，降低生产成本。生产排程的主要依据和原则：

①根据客户需求和市场预测，确定生产任务的优先级和顺序。

②不同产品可能有不同的生产工艺和设备需求，排程时需要考虑这些因素。

③评估企业的生产能力和设备状况，确保生产任务能够在规定的时间内完成。

④确保原材料能够及时供应，避免生产中断。

生产加工过程是将原材料转化为成品的关键环节，车间班组按照生产工艺和作业指导书进行产品的加工和组装。监控生产过程，确保产品质量和生产效率。不同行业和产品的生产加工过程可能有所不同。因此，在实际操作中，应根据具体情况灵活调整上述步骤和操作。

5.1.1.3　产成品检验与入库

质检部门对生产出的成品进行质量检验，确保符合客户要求和产品标准。产成品的检验与入库是生产流程中的重要环节，只有经过检验合格的产品才能入库。入库前，应确保产品标识清晰、正确，并按照规定的存放区域进行摆放。仓库管理员应详细记录入库产品的名称、数量、批次等信息，并更新库存记录。对于检验不合格的产品，应进行隔离和标识，并按照不合格品处理程序进行处理。这可能包括返工、报废、让步接收等。通过严格的检验和入库管理，确保产品的质量和可追溯性，同时提高生产效率和客户满意度。

5.1.2　生产业务相关成本

生产业务相关成本主要涉及企业在生产过程中所发生的各种耗费和支出。这些成本可以分为直接成本和间接成本两大类。

5.1.2.1　直接成本

直接成本是与产品生产直接相关的成本，可以直接追溯到具体的产品上。主要包括：

直接材料，指在生产过程中直接用于产品制造的原材料、半成品等物料的成本。这些材料成本通常是根据产品的物料清单和原材料的采购成本计算得出的。

直接人工，指直接参与产品制造的生产工人的工资、福利等费用。这些成本可以根据工人的工时记录和工资率计算得出。

5.1.2.2　间接成本

间接成本则是与产品生产间接相关的成本，无法直接追溯到具体的产品上，而是按照一定的分配方法分摊到各个产品上。主要包括：

制造费用，指生产车间为组织和管理生产所发生的各项费用，如车间管理人员的工资、车间设备的折旧费、维修费、水电费等。这些费用通常是根据一定的分配标准（如人工工时、机器工时等）分摊到各个产品上。

其他相关费用，如质量检验费、生产事故处理费等与产品制造直接相关的其他费用。这些费用也可以根据一定的分配方法分摊到各个产品上。

需要注意的是，以上所述生产业务相关成本是针对工业企业而言的。对于商品流通企业，由于其不涉及产品的生产过程，因此不存在直接材料和直接人工等生产成本，但其销售过程中的相关成本（如销售费用、运输费用等）也需要进行相应的管理和控制。

另外，从成本性态的角度来看，生产业务相关成本中既包括固定成本（如厂房折旧、管理人员工资等），也包括变动成本（如直接材料、直接人工等），以及混合成本（如一些半变动成本或曲线变动成本）。因此，在进行成本管理和控制时，需要综合考虑各种成本性态的特点和影响因素，制定合理的成本控制策略和管理措施。

5.2 品种决策

品种决策是企业在利用现有生产能力的基础上，根据市场需求、竞争状况、企业实力等因素，选择生产什么产品、不生产什么产品，以及各种产品之间如何组合的决策过程。这种决策对于企业的生存和发展具有重要意义，因为它直接影响企业的销售收入、市场份额和盈利能力。

品种决策需要考虑的主要因素包括：

①市场需求。企业需要了解各种产品的市场需求情况，包括需求量、需求趋势、消费者偏好等。这些信息可以通过市场调研、销售数据分析等方式获得。

②竞争状况。企业需要分析竞争对手的产品策略、价格策略、销售渠道等，以确定自己的竞争优势和劣势。这有助于企业选择具有竞争力的产品品种和生产策略。

③企业实力。企业需要考虑自身的生产能力、技术水平、资金状况等因素，以确定能够生产哪些产品及生产规模。同时，企业还需要评估自身在品牌建设、渠道拓展等方面的能力，以支持产品品种决策的实施。

此外，生产品种决策还需要考虑产品的生命周期。对于处于不同生命周期阶段的产品，企业需要采取不同的策略。例如，对于处于引入期和成长期的产品，企业可能需要加大投入，扩大生产规模，提高市场占有率；而对于处于成熟期和衰退期的产品，企业可能需要关注成本控制、产品创新等方面的问题。

在进行品种决策时，企业可以采用多种分析方法，如边际贡献分析法、本量利分析法、差量分析法等。这些方法可以帮助企业评估不同产品品种的盈利能力、市场份额、风险等因素，从而做出有利于企业的决策。

5.2.1　新产品生产决策

新产品生产决策是企业在面对新产品开发时，根据市场需求、竞争态势、自身资源和技术能力等条件，进行综合分析、评价和选择的过程。这一决策涉及产品的设计、生产、市场推广及后续的服务与支持，对企业的长期发展具有重要影响。

当有几种新产品可供选择时，可以采用贡献毛益法进行决策。贡献毛益法以成本性态分类为基础，是通过比较各备选方案贡献毛益的大小来确定最优方案的方法。贡献毛益是销售收入减去变动成本后的余额。换句话说，它代表了每销售一个单位产品所贡献的金额，用于覆盖固定成本和为企业创造利润。贡献毛益法强调，固定成本在短期内是相对稳定的，决策时应重点考虑不同产品或方案对变动成本和贡献毛益（也称为边际贡献）的影响，在评估不同方案时，应优先选择那些能产生较高贡献毛益的方案。

5.2.1.1　备选方案的生产使用同样设备，不存在专属成本

例 5-1

W 公司原来生产 A、B 两种产品，现有 C、D 两种新产品可以投入生产，由于机器设备生产能力有限，只能投产一种新产品。W 公司固定成本为 3600 元，并且新产品投产不会增加固定成本。各种产品的相关资料如表 5-1 所示。

表5-1　产品相关资料表

项目	A产品	B产品	C产品	D产品
销售量（件）	600	400	360	480
销售价格（元）	10	8	6	9
单位变动成本	4	5	3	5

此时，决定生产哪种新产品，需比较 C、D 产品的贡献毛益额，具体计算如表 5-2 所示。

表5-2　新产品贡献毛益计算表

项目	C产品	D产品
预计销售量（件）	360	480
销售价格（元）	6	9
单位变动成本（元）	3	5
单位贡献毛益（元）	3	4
贡献毛益总额（元）	1080	1920

从上述计算可知，D 产品的贡献毛益总额比 C 产品的贡献贸易总额多，因此生产 D 产品能给 W 公司带来更大的利润，应生产 D 产品。具体决策过程中，可根据实际情况，通过比较两个方案的利润进行选择。

5.2.1.2 备选方案的生产使用同样设备，个别产品需额外发生专属成本

对于有专属成本发生的产品而言，其销售价格在扣除单位变动成本后，需要弥补专属成本，剩余贡献毛益才会为企业整体利润的实现作出贡献，因此，此时需要比较不同方案的剩余贡献毛益进行决策。

例 5-2

沿用例 5-1 资料，假设 C、D 产品在基本生产完成后，各需利用专属设备进行进一步加工，此时存在专属成本（专属设备的折旧费）C 产品为 360 元，D 产品为 1300 元，在进行生产哪种新产品决策时，计算剩余贡献毛益如表 5-3 所示。

表5-3　新产品剩余贡献毛益计算表　　单位：元

项目	C产品	D产品
贡献毛益总额	1080	1920
专属固定成本	360	1300
剩余贡献毛益总额	720	620

由上表计算可知，在存在专属成本的情况下，C 产品的剩余贡献毛益总额比 D 产品的剩余贡献毛益总额多，因此应生产 C 产品。

5.2.1.3 备选方案生产中某项资源受限

如果在备选方案生产过程中，企业的某项资源（如原材料、人工工时、机器工时等）受到限制，此时应该比较各备选方案使用单位资源的贡献毛益。

例 5-3

W 公司生产设备的现有生产能力是 60000 个机器工时，生产能力的利用程度为 80%，剩余机器工时为 12000 小时，公司为了提高生产效率，准备用剩余生产能力开发新产品 E、F 或 G，新产品有关资料如表 5-4 所示。

表5-4　新产品相关资料表

项目	E产品	F产品	G产品
单位产品定额工时（小时）	3	5	6
销售价格（元）	45	60	75
单位变动成本（元）	30	39	45

由于现有设备加工精度不足，生产 G 产品时需要增加专用设备 7500 元。在 E、F、G 三种新产品市场销售不受限制的情况下，做出决策该生产哪种新产品，通过计算三种新产品的贡献毛益进行决策，如表 5-5 所示。

表5-5　新产品贡献毛益计算表

项目	E产品	F产品	G产品
最大产量（件）	4000	2400	2000
销售价格（元）	45	60	75
单位变动成本（元）	30	39	45
单位贡献毛益（元）	15	21	30
专属成本（元）	—	—	7500
贡献毛益总额（元）	60000	50400	60000
剩余贡献毛益总额（元）	—	—	52500
单位产品定额工时（小时）	3	5	6
单位工时贡献毛益（元）	5	4.2	4.375

由上表计算可知，E 产品的贡献毛益总额 60000 元，比 F 产品贡献毛益总额 50400 元高，也比 G 产品剩余贡献毛益总额 52500 元高；同时，E 产品单位工时贡献毛益 5 元，也分别比 F 产品单位工时贡献毛益 4.2 元和 G 产品单位工时贡献毛益 4.375 元高，因此，无论比较贡献毛益总额（剩余贡献毛益额）还是单位工时贡献毛益，生产 E 产品都是最优方案。此时，E 产品的单位贡献毛益 15 元在三种新产品中最低，但由于产量的影响，其贡献毛益总额仍然最大。因此，单位贡献毛益的大小不是择优决策的唯一标准。

当进行新产品生产决策时，企业需要关注五个方面：

①市场调研与需求分析。通过市场调研，了解目标市场的需求和消费者偏好，以及竞争对手的产品特点和市场策略。这有助于企业确定新产品的市场定位、潜在市场规模和竞争优势。

②技术可行性与资源评估。评估企业的技术能力和资源状况，包括生产设备、技术水平、研发能力、原材料供应等。确保企业具备生产新产品所需的技术条件和资源支持。

③成本与收益预测。对新产品的生产成本、销售价格、销售量等进行预测和分析，计算产品的预期利润和投资回报率。这有助于企业评估新产品的盈利能力和风险水平。

④风险评估与应对策略。识别新产品生产过程中可能面临的风险和挑战，如技术风险、市场风险、供应链风险等。制定相应的应对策略和措施，降低风险对新产品生产的影响。

⑤组织实施与监控调整。制订详细的新产品生产计划和实施方案，明确各部门的职责和协作方式。在实施过程中，密切关注市场动态和产品反馈，及时调整生产策略和销售策略，确保新产品生产的顺利进行。

5.2.2 亏损产品决策

亏损产品决策是指企业在组织多品种生产经营的条件下，当其中一种产品为亏损产品（即其收入低于按完全成本法计算的销货成本）时，所作出的决策是按照原有规模继续生产，还是停产该产品。

5.2.2.1 亏损产品是继续生产还是停产的决策

亏损产品的决策其实就是比较亏损产品继续生产和停产两个备选方案的过程，在其中选择收益最大的方案。

例 5-4

W 公司生产 A、B、C 三种产品，其中 A 产品是亏损产品，有关盈亏相关资料如表 5-6 所示。

表5-6 产品盈亏计算表 单位：元

项目	A产品	B 产品	C 产品	合计
销售收入	3600	5800	14000	23400
销售成本	4200	4900	9800	18900
营业利润	−600	900	4200	4500

从表 5-6 可知，应用完全成本法计算，A 产品亏损 600 元，应停止生产 A 产品。但实际停产 A 产品是否有利，需结合相关资料进一步确定。三种产品的成本明细资料如表 5-7 所示。

表5-7 产品成本明细资料表 单位：元

项目	A产品	B产品	C产品
直接材料	1600	1200	5000
直接人工	800	400	800
制造费用	400	800	1400
管理费用	384	750	720
财务费用	440	790	840
销售费用	576	960	1040
合计	4200	4900	9800

由表 5-7 可知，完全成本法计算的 A 产品成本 4200 元中，分摊了期间费用 1400 元（384+440+576）。在变动成本法计算中，这部分费用应在本期扣除，不应分摊至产品。因此，在变动成本法下，A 产品的成本为 2800 元，还能提供 800 元（3600-2800）的贡献毛益，由此可得，停产 A 产品，不仅不能使利润增加，还会减少利润 800 元。

当两个备选方案具有不同的预期收入和预期成本时，可以根据这两个备选方案的差量损益进行最优方案选择的方法，这种方法称为差量分析法。差量分析法的差量是指两个备选方案同类指标之间的数量差异，差量收入是指两个备选方案预期收入之间的数量差异，差量成本是指两个备选方案预期成本之间的数量差异，差量损益是指差量收入与差量成本之间的数量差异。当差量收入大于差量成本时，其数量差异为差量收益；当差量收入小于差量成本时，其数量差异为差量损失。差量损益实际是两个备选方案预期收益之间的数量差异。例 5-4 应用差量分析如表 5-8 所示。

表5-8　产品差量分析表　　单位：元

项目	继续生产A产品	停止生产A产品	差量
销售收入	23400	19800	3600
成本			
直接材料	7800	6200	1600
直接人工	2000	1200	800
制造费用	2600	2200	400
费用			
管理费用	1854	1854	0
财务费用	2070	2070	0
销售费用	2576	2576	0
利润	4500	3700	800

当进行亏损产品决策时，企业需要考虑多个因素：

①产品的贡献度。评估亏损产品对整体业务的贡献度，包括销售额、利润贡献和市场份额等。如果亏损产品的贡献度较低，停产可能是一个合理的选择。

②产品的市场需求。分析市场对该产品的需求情况，包括竞争对手的存在、市场份额和潜在增长机会等。如果市场需求不足或者存在更具竞争力的替代产品，停产可能是一个明智的决策。

③产品的生命周期。评估产品的生命周期阶段，包括成长期、成熟期和衰退期等。如果产品处于衰退期，并且没有明显的复苏迹象，停产可能是一个合理的选择。

④产品的成本结构。分析产品的生产成本和销售成本，包括直接材料、直接人工、制造费用和销售费用等。如果亏损产品的成本高于销售收入，停产可能是一个必要的决策。

⑤公司的战略定位。考虑公司的整体战略定位和业务重点，判断亏损产品是否符合公司的长期发展目标。

在决策过程中，企业还需要综合考虑其他因素，如企业的财务状况、流动资金情况、营收支出情况、偿债能力及现金流量状况等。这些因素将影响企业是否能够承担继续生产亏损产品所带来的财务负担。

然而，对于亏损产品，绝不能简单地予以停产，而必须综合考虑企业各种产品的经营状况、生产能力利用率及有关因素的影响，在变动成本法的基础上采用差量分析法进行分析，做出停产、继续生产、转产或出租等最优选择。

5.2.2.2　**亏损产品是继续生产还是转产（或出租固定资产）的决策**

亏损产品能够提供贡献毛益并不意味着一定要继续生产，如果存在其他能够为企业提供更多贡献毛益的机会（如转产其他产品或将停止生产亏损产品腾出的固定资产出租等），那么亏损产品应停产。

例 5-5

沿用例 5-4 的资料，假设 W 公司 A 产品停产后，生产能力可转至生产 D 产品，D 产品销售单价为 300 元，单位变动成本（单位直接材料、单位直接人工与单位制造费用之和）为 220 元，D 产品一年预计销售 500 件。转产 D 产品需追加机器投资 48000 元。W 公司是否应停止生产 A 产品而转产 D 产品？

进行是否停止生产 A 产品而转产 D 产品的决策，只需考虑转产的 D 产品提供的剩余贡献毛益总额（D 产品需追加机器设备，即有专属固定成本发生）是否大于亏损的 A 产品提供的贡献毛益总额。D 产品剩余贡献毛益总额的计算如下：

D 产品销售收入 =700×300=210000（元）

D 产品变动成本 =700×220=154000（元）

D 产品贡献毛益总额 =210000−154000=56000（元）

D 产品专属固定成本 =48000（元）

D 产品剩余贡献毛益总额 =56000−48000=8000（元）

由上述计算可知，D 产品的剩余贡献毛益总额 8000 元，比 A 产品的贡献毛益总额 800 元多 7200 元，此时应该转产 D 产品，停止生产 A 产品，企业会增加利润 7200 元，如表 5-9 所示。

表5-9　产品差量分析表　　单位：元

项目	生产A产品	转产D产品	差量
销售收入	23400	229800	−206400
变动成本	12400	163600	−151200
贡献毛益总额	11000	66200	−55200
固定成本	6500	6500	0
专属固定成本		48000	−48000
利润	4500	11700	−7200

在生产条件允许并且能够实现销售的情况下，发展能提供贡献毛益的亏损产品，也会使企业扭亏为盈，实现利润的增长。

例 5-6

沿用例 5-5 的资料，假设 W 公司 A 产品的销售收入由 3600 元提高到 7200 元，固定成本分摊额不变，则企业利润的相关情况如表 5-10 所示。

表5-10　产品盈亏计算表　　单位：元

项目	A产品	B产品	C产品	合计
销售收入	7200	5800	14000	27000
减：变动成本	5600	2400	7200	15200
贡献毛益总额	1600	3400	6800	11800
减：固定成本	1400	2500	2600	6500
利润	200	900	4200	5300

由表 5-10 计算可知，A 产品虽然在销售收入为 3600 元时是亏损状态，但由于其能够为企业提供贡献毛益，当其分摊固定成本不变时，提高其销售收入（提至 7200 元），A 产品实现了扭亏为盈，为企业的利润增长做出了贡献。

对于不能提供贡献毛益的亏损产品，也不能一概而论全部停产，应结合实际情况，在降低成本上做文章，以期实现扭亏为盈；在市场条件允许的情况下，可考虑通过适当提高销售价格扭亏为盈；还应结合企业的产品结构和社会效益综合考虑。

5.2.3　自制与外购决策

自制与外购决策是企业在面对既可以自行生产又可以外部购买的产品或零部件时，需要做出的重要选择。这一决策涉及多个因素，包括成本、质量、供应可靠性、专利、技能和材料等。成本是自制与外购决策中最重要的考虑因素之一，企业需要对自制成本和外购成本进行详细的分析和比较，包括直接材料成本、直接人工成本、制造费用及可能的外部供应商报价等。如果自制的成本高于外购，那么外购可能是更经济的选择。然而，如果自制的成本较低，且企业有足够的生产能力和资源，那么自制可能更为有利。

5.2.3.1 外购不减少固定成本的决策

企业需要对外购和自制的成本进行详细的分析和比较。尽管外购不会减少固定成本，但如果外购的变动成本（包括购买价格、运输费用、关税等）低于自制的变动成本，那么外购可能在经济上更为有利。同时，企业还需要考虑外购对现金流量的影响，以及自制与外购在税务方面的差异。

例 5-7

W 公司生产 A 产品每年需要Ⅰ型零件 5800 个，如果自制，每个零件的成本为 78 元，其中，单位变动成本为 60 元，单位固定成本为 18 元。市场销售该零件价格为 65 元，能够保证质量，并且按时送货上门。W 公司Ⅰ型零件应该自制还是外购？

此时，需比较自制单位变动成本与外购单位价格，因此应选择自制该零件。此时每个Ⅰ型零件的成本可降低 5 元，共降低 29000 元。

在自制还是外购决策中，除考虑成本因素外，企业还需要考虑其他非成本因素。例如，自制零部件可能涉及企业的核心技术或专利，自制可以保护这些技术不被泄露或滥用。此外，自制还可以提供更好的质量控制和供应保障，降低外部供应链中断的风险。同时，外购可能会带来更大的灵活性和快速响应市场变化的能力。在决策过程中，企业还需要考虑长期和短期的影响。从长期来看，自制与外购决策可能会对企业的战略定位、竞争力和盈利能力产生深远影响。因此，企业需要综合考虑当前的市场环境、竞争状况、技术趋势等因素，以及未来的发展方向和目标，做出更为全面和长远的决策。

5.2.3.2 自制增加固定成本的决策

当自制产品或零配件需要增加专属固定成本（如需购置专门设备而增加的固定成本）或外购会减少一部分固定成本的情况下，自制方案的单位增量成本除包括单位变动成本，还包括单位专属固定成本。而单位专属固定成本随产量的增加而减少，所以，当产量的变化超过一定范围时，自制方案单位增量成本与外购方案单位增量成本会出现不同结果，即产量超过某一限度时自制有利，产量低于该限度时外购有利。

在成本按性态分类的基础上，方案的总成本可以表述为：

$$y=a+bx$$

式中：y——总成本；

x——业务量；

a——固定成本总额；

b——单位变动成本。

成本无差别点，也被称为成本等值点或成本均衡点，是在进行两个或多个替代方案决策时，各方案的总成本恰好相等的那个点。这个点上的任一方案的选择都不会在成本上带来优势或劣势。

在自制与外购决策中，成本无差别点是这样一个生产量，在这个生产量上，自制和外购的总成本是相同的。也就是说，无论企业选择自制还是外购，它所面临的成本负担是一样的。为了找到这个无差别点，企业通常需要对两个方案的固定成本和变动成本进行详细的分析和比较。自制和外购方案的成本无差别点计算如下：

自制方案：总成本 $y_1=a_1+b_1x$

外购方案：总成本 $y_2=a_2+b_2x$

则成本无差别点 $x_0=(a_1-a_2)/(b_2-b_1)$

具体如图 5-2 所示。

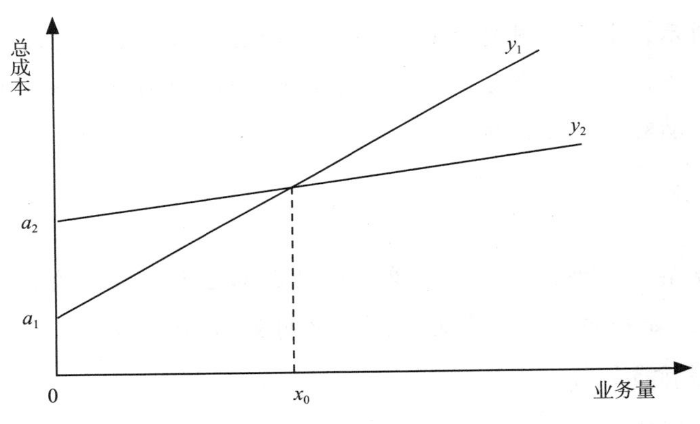

图 5-2　成本无差别点示意图

如图 5-2 所示，在成本无差别点 x_0 上，自制方案和外购方案的总成本相等，即两个方案均可取。当业务量小于 x_0 时，外购方案的总成本 y_2 大于自制方案的总成本 y_1，此时自制方案的成本更低，应选择自制方案。反之，则应选择外购方案。

例 5-8

W 公司每年需用甲零件 1720 件，一直以每件 8.4 元价格外购。现 W 公司多余生产能力可以用来生产甲零件，但每年需增加专属固定成本 2400 元，自制单位变动成本为 6 元。

设 x 为甲零件年需求量，则外购方案与自制方案如下：

外购方案成本 $y=8.4x$

自制方案成本 $y=2400+6x$

成本无差别点 =2400/（8.4−6）=1000（件）

为便于了解两个方案的产量取舍范围，可将上述资料绘入直角坐标系内，如图 5-3 所示。

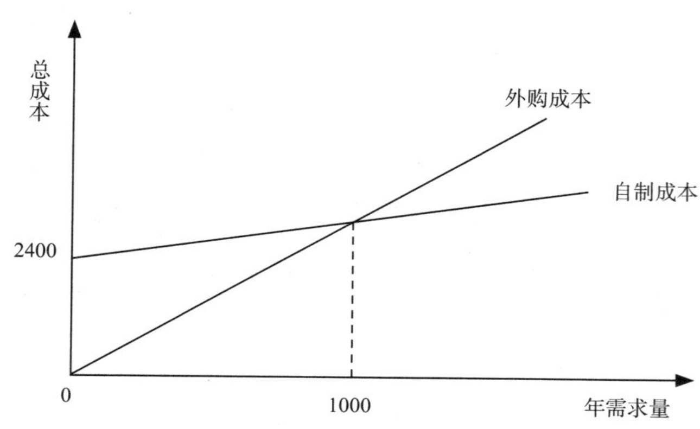

图 5-3　自制或外购决策成本示意图

如图 5-3 所示，当年需用量为 1720 件时，外购成本大于自制成本，自制应更有利。

在实际工作中，供应商会存在为了扩大销售，而给予折扣或折让的情况。此时，需考虑外购价格变动对成本的影响。

例 5-9

Y 公司需要某种零件，如自制，单位变动成本 2 元，另需购置专用设备一台，年折旧额 4400 元；如外购，供应商规定，一次购买 3000 件以下，单位售价 4 元，超过 3000 件，单位售价 3.1 元。

依据上述资料可得：

自制方案成本 y=4400+2x

①当外购一次购买 3000 件以下时：

外购方案 y=4x

此时，成本无差别点 =4400/（4−2）=2200（件）

②当外购一次购买 3000 件以上时：

外购方案 y=3.1x

此时，成本无差别点 =4400/（3.1−2）=4000（件）

成本无差别点及各区间成本情况如图 5-4 所示。该零件的需求量被划分为四个区间：2200 件以下，外购有利；2200 件至 3000 件，自制有利；3000 件至 4000 件，外购有利；4000 件以上，自制有利。方案的具体确定可依据图示，也可依据具体需求量代入公式计算。

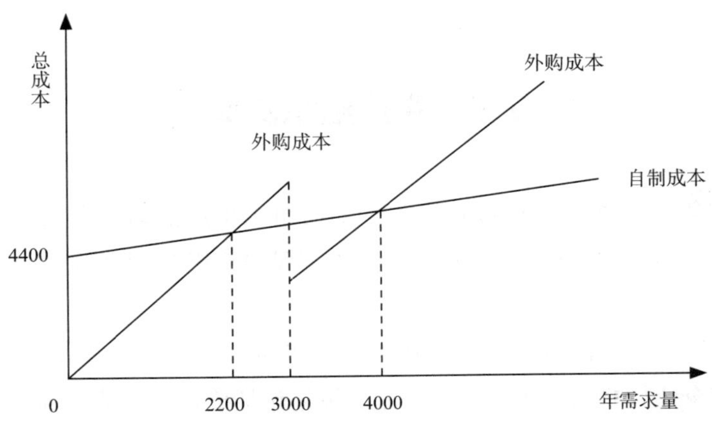

图 5-4　有数量折扣的自制或外购决策成本示意图

企业是自制还是外购的决策除考虑成本因素外，还应考虑：

①产能利用。自制零部件或产品可能会增加企业的固定成本，但也提高了企业的产能。如果企业能够充分利用这些新增产能，通过生产更多的产品来分摊固定成本，那么自制可能成为一个更有吸引力的选择。

②质量控制与供应保障。自制零部件或产品可以使企业更好地控制质量和供应。对于关键零部件或涉及企业核心技术的产品，自制可能更为合适，以确保产品质量和供应的稳定性。

③灵活性与响应速度。外购通常具有更高的灵活性和快速响应市场变化的能力。如果市场需求波动较大，或者产品更新换代速度较快，外购可能更为合适。

④长期战略。在做自制与外购决策时，企业还需要考虑其长期发展战略。如果自制有助于提升企业的核心竞争力、掌握关键技术或实现垂直整合，那么即使短期内增加固定成本，自制仍是一个值得考虑的选择。

思政拓展 1- 社会责任感：当进行产品品种决策时，企业需要考虑其产品对社会、环境和消费者的影响。选择生产环保、节能或对社会有益的产品体现了企业的社会责任感。这种责任感不仅有助于提升企业的品牌形象，还能促进企业可持续发展。

思政拓展 2- 市场诚信：产品品种的选择应基于市场需求和消费者偏好，而不是盲目跟风或制造噱头。企业应通过市场调研了解消费者的真实需求，并以此为基础进行产品决策，这体现了企业对市场和消费者的诚信态度。

思政拓展 3- 创新精神：在不断变化的市场环境中，企业需要具备创新精神，不断探索和尝试新的产品品种。这种创新精神不仅有助于企业在竞争中保持领先地位，还能推动整个行业的进步和发展。

5.3 生产组织决策

生产组织决策是企业在生产过程中关于如何组织生产活动所做出的决策。这些决策涉及生产什么、如何生产、生产多少及生产过程的组织和管理等方面。具体包括五方面：

①产品决策。企业首先需要决定生产什么产品。这通常基于市场调研、客户需求、竞争状况和企业战略目标等因素。产品决策还包括确定产品的品种、规格和质量标准等。

②生产过程决策。企业需要确定如何生产产品，包括选择生产工艺、生产流程和设备。这些决策受到产品特性、技术要求、生产效率和成本控制等因素的影响。

③生产数量决策。企业需要根据市场需求、销售预测和生产能力等因素，决定生产多少产品。生产数量的决策涉及库存管理、生产计划和销售策略等方面。

④生产布局决策。企业需要确定生产设施的布局和配置，包括工厂位置、生产线布局和设备布局等。这些决策受到物流成本、生产协作和资源配置等因素的影响。

⑤生产组织和管理决策。企业需要建立有效的生产组织和管理体系，包括生产计划、生产调度、生产控制和质量管理等。

这些决策旨在确保生产过程的顺畅运行，提高生产效率和产品质量。

当进行生产组织决策时，企业需要综合考虑多个因素，包括市场需求、技术条件、生产能力、成本控制和竞争状况等。此外，随着市场环境和企业内部条件的变化，生产组织决策也需要不断调整和优化。因此，企业需要建立灵活的生产组织和管理机制，以适应不断变化的市场需求和竞争环境。具体的决策内容因企业类型、行业特点和市场环境等因素而有所不同。在实际操作中，企业需要根据自身情况制定具体的生产组织决策方案。

5.3.1 产品组合优化决策

产品组合优化决策主要适用于多品种产品生产的企业。这类企业在生产过程中需要面对多个产品线和产品种类，需要通过优化产品组合来提高经济效益和市场竞争力。通过选择适当的产品线深度和宽度，调整不同产品之间的比例和关系，企业可以更好地满足市场需求，提高销售额和利润。同时，优化产品组合也有助于企业合理配置资源，降低生产成本和市场风险。因此，对于多品种产品生产的企业来说，产品组合优化决策是一项重要的管理任务，有助于企业在激烈的市场竞争中取得优势地位。

各种产品的生产都离不开一些必要的条件或因素，如机器设备、人工、原材料等，其中有些因素可以用于不同产品的生产。如果各种产品共用一种或几种因素，而这些因素又是有限的，就应使各种产品的生产组合达到最优结构，以便有效、合理地使用这些限制因素。产品组合优化决策就是通过计算、分析做出各种产品应生产多少才能使各个因素得到合理、充分的利用，并能获得最大利润的决策。

产品组合优化决策一般采用逐次测算法，即根据企业的各项生产条件、各种产品的情况及各项限制因素等，分别计算单位限制因素所提供的贡献毛益并加以比较，在此基础上逐步测试，使各种产品达到最优组合。

例 5-10

H 企业生产甲、乙两种产品，两种产品共用设备工时总数为 36000 小时，共用人工工时总数为 48000 小时，甲产品单位产品所需设备工时为 3 小时，人工工时为 5 小时，单位贡献毛益为 42 元；乙产品单位产品所需设备工时为 5 小时，人工工时为 6 小时，单位贡献毛益为 60 元。预计销量：甲产品为 6000 件，乙产品为 4000 件。

①计算并比较两种产品单位限制因素所提供的贡献毛益，如表 5-11 所示。

表5-11　甲、乙两种产品贡献毛益

项目	甲产品（元）	乙产品（元）
单位设备工时贡献毛益	14	12
单位人工工时贡献毛益	8.4	10

由表 5-11 可知，两种产品单位贡献毛益，甲产品的单位设备工时贡献毛益较乙产品高，而乙产品的单位人工工时贡献毛益较甲产品高。因此，在设备工时和人工工时受限的情况下，需逐次测试两种产品的组合情况。

②首先安排甲产品生产，剩余生产能力再安排乙产品，甲产品按照最大销量 6000 件安排生产。测试结果如表 5-12 所示。

表5-12　产品组合测试表一

项目	产量（件）	设备工时（小时）		人工工时（小时）		贡献毛益（元）	
		单位工时	总工时	单位工时	总工时	单位产量	总产量
甲产品	6000	3	18000	5	30000	42	252000
乙产品	3000	5	15000	6	18000	60	180000
合计	—	—	33000	—	48000	—	432000
限制因素	—	—	36000	—	48000	—	—
剩余因素	—	—	3000	—	0	—	—

由表 5-12 可知，按照优先生产甲产品 6000 件，剩余生产能力还可以生产乙产品 3000 件，在这种组合方式下，可获贡献毛益 432000 元，设备工时剩余 3000 小时。考虑到生产乙产品需用设备工时多于甲产品设备工时，可考虑充分利用设备工时，优先安排生产乙产品，剩余生产能力再安排甲产品进行测试。测试结果如表 5-13 所示。

表5-13　产品组合测试表二

项目	产量（件）	设备工时（小时）		人工工时（小时）		贡献毛益（元）	
		单位工时	总工时	单位工时	总工时	单位产量	总产量
乙产品	4000	5	20000	6	24000	60	240000
甲产品	4800	3	14400	5	24000	42	201600
合计	—	—	34400	—	48000	—	441600
限制因素	—	—	36000	—	48000	—	—
剩余因素	—	—	1600	—	0	—	—

比较测试一和测试二的结果可知，第二次测试（即优先安排乙产品，再安排甲产品）的组合方式比第一次测试（即优先安排甲产品，再安排乙产品）的组合方式，贡献毛益多 9600 元（441600-432000），并且设备利用率达到了 100%。因此，第二次测试的产品组合，即生产 4800 件甲产品、4000 件乙产品是最优产品组合。

在实际工作中，最优产品组合的确定，应综合考虑以下关键点：

①明确优化目标。企业在进行产品组合优化决策时，需要首先明确优化目标，如提高销售额、增加市场份额、提升利润等。这些目标将指导企业在优化过程中的决策方向。

②分析市场需求。企业需要深入了解市场需求的变化趋势，包括消费者偏好、竞争对手状况、行业发展趋势等。这些信息将有助于企业判断哪些产品具有市场潜力，哪些产品可能面临淘汰。

③评估产品性能。企业需要对现有产品的性能进行全面评估，包括产品质量、价格、销售渠道、客户满意度等方面。这将有助于企业识别出优势产品和劣势产品，为优化决策提供依据。

④制订优化策略。根据市场需求和产品性能评估结果，企业需要制订具体的优化策略。例如，对于优势产品，企业可以通过加大宣传力度、拓展销售渠道等方式提升市场份额；对于劣势产品，企业可以考虑进行改进或淘汰。

⑤平衡产品组合。当优化产品组合时，企业需要平衡不同产品之间的关系，确保产品组合具有多样性和互补性。多样性可以降低市场风险，互补性可以提升整体竞争力。

⑥考虑资源约束。企业在优化产品组合时，还需要考虑自身的资源约束，如资金、

技术、人力等。企业应根据自身实力和发展战略，合理分配资源，确保优化决策的可行性。

⑦持续改进和调整。市场环境和企业内部条件的变化可能导致产品组合的优化需求发生变化。因此，企业需要建立持续改进和调整的机制，定期对产品组合进行评估和调整，以适应市场变化和企业发展的需要。

以上只是产品组合优化决策的一些基本方面，具体的决策内容可能因企业类型、行业特点和市场环境等因素而有所不同，企业需要根据自身情况制订具体的产品组合优化决策方案。

5.3.2　最优生产批量决策

最优生产批量决策是指在一定时期内，企业组织生产时，通过合理确定生产批量，使与生产批量相关的总成本达到最低的生产决策。这种决策涉及生产过程中的各种成本，如生产准备成本、储存成本、直接材料成本、直接人工成本等。然而，在确定最优生产批量时，主要考虑的是生产准备成本和储存成本。

生产准备成本是指每批产品投产前为做好准备工作而发生的成本，如调整机器、准备工具模具、清理现场、布置生产线等。这类成本与生产数量没有直接联系，而与批次成正比，批次越多，生产准备成本就越高。储存成本则是指为保存产品而发生的成本，如仓库租金、保险费、存货占用资金应计的利息、存货损坏和变质损失等。这类成本与生产批量成正比，批量越大，储存成本就越高。由于生产准备成本与储存成本是性质相反的两类成本，因此存在最佳生产批量的决策问题。最佳生产批量是指与生产批量有关的全年生产准备成本和全年储存成本之和最低时的生产批量。

在决策过程中，企业可以采用数学模型或图解法等方法来确定最优生产批量。其中，经济订货批量模型是一种常用的数学模型，公式如下：

$$每批生产最高储存量=Q\left(1-\frac{N}{M}\right)$$

$$年储存成本=\frac{1}{2}Q\left(1-\frac{N}{M}\right)C$$

$$年生产准备成本=\frac{AS}{Q}$$

$$年成本合计T=\frac{1}{2}Q\left(1-\frac{N}{M}\right)C+\frac{AS}{Q}$$

$$最优生产批量Q^{*}=\sqrt{\frac{2AP}{C\left(1-\frac{N}{M}\right)}}$$

式中：A——年产量；

Q——生产批量；

S——每次生产准备成本；

M——每日产量；

N——每日耗用量（或销售量）；

C——年单位储存成本；

T——年储存成本和年生产准备成本之和（年成本合计）。

例 5-11

W 公司生产甲产品每年需用 A 零件 14400 件，W 公司自行生产 A 零件，专用设备每日能生产 80 件，每日因组装甲产品耗用 A 零件 20 件，每批生产准备成本为 2400 元。每件 A 零件年储存成本为 16 元。最优生产批量的计算如表 5-14 所示。

表5-14　最优生产批量计算表

项目	8	7	6	5	4	3
批量（件）	1800	2058	2400	2880	3600	4800
平均储存量（件）	675	772	900	1080	1350	1800
年生产准备成本（元）	19200	16800	14400	12000	9600	7200
年储存成本（元）	10800	12343	14400	17280	21600	28800
年成本合计（元）	30000	29143	28800	29280	31200	36000

由表 5-14 计算可知，当生产批量为 2400 件、批次为 6 次时，年成本合计最低 28800 元，因此，可得最优生产批量为年成本最低的 2400 件。

也可由最优生产批量模型计算：

$$最优生产批量Q^{*}=\sqrt{\frac{2AP}{C\left(1-\frac{N}{M}\right)}}=\sqrt{\frac{2\times1440\times2400}{16\times\left(1-\frac{20}{80}\right)}}=2400\text{（件）}$$

$$最优生产批次=\frac{14400}{2400}=6\text{（次）}$$

$$年成本合计T=\frac{1}{2}Q\left(1-\frac{N}{M}\right)C+\frac{AS}{Q}=\frac{1}{2}\times2400\times\left(1-\frac{20}{80}\right)\times16+\frac{14400\times2400}{2400}=28800\text{（元）}$$

与存货经济订货批量模型相似，最优生产批量模型的应用也是建立在一定的假设基础之上，如假设每日的产量与消耗量（销售量）是稳定的。在实际应用中，这些假设往往会有所改变，因此企业可能需要根据具体情况对模型进行调整和优化。

除数学模型外，图解法也是一种直观易懂的方法来确定最优生产批量。通过绘制生产准备成本和储存成本随生产批量变化的曲线图，企业可以找到使两者之和最低的生产批量。具体如图 5-5 所示。

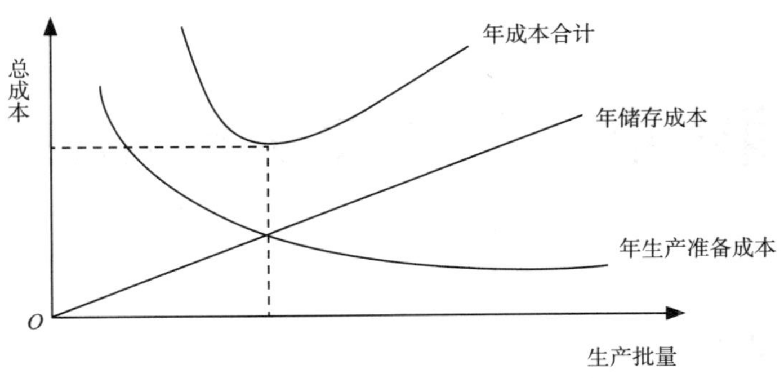

图 5-5　最优生产批量示意图

如图 5-5 所示，年成本合计表现为一条凹形曲线，当其变动率（一阶导数）为零时达到最低值。年生产准备成本线与年储存成本线交点（此时年生产准备成本等于年储存成本）在年成本合计曲线最低点向下引出的虚线上，即当年储存成本与年生产准备成本相等时，年成本合计达到最低，此时的生产批量即为最优生产批量。

思政拓展 4- 优化资源配置：在生产组织决策中，优化资源配置是一个重要的思政点。决策者需要根据生产任务的实际需求，合理分配人力、物力、财力等资源，确保生产的高效进行，同时避免资源的浪费。

思政拓展 5- 创新与改进意识：随着市场环境的变化和生产技术的进步，生产组织方式也需要不断创新和改进。决策者需要具备创新意识和改进思维，不断探索更加高效、灵活的生产组织形式，以适应不断变化的市场需求。

扫码获取本章习题

扫码获取本章知识拓展

第6章 生产业务成本核算

思维导图

扫码获取本章课件

本章思维导图如图 6-1 所示。

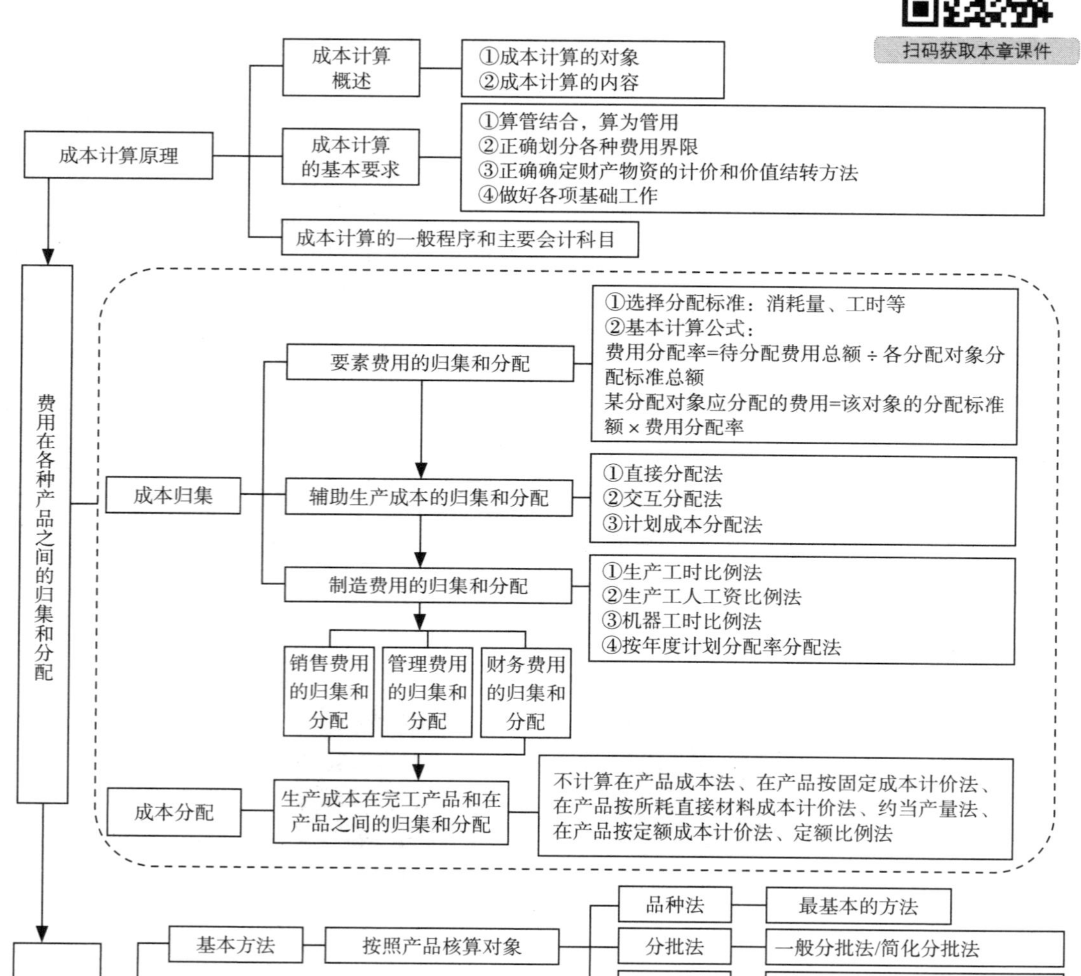

图 6-1 生产业务成本核算思维导图

6.1　成本计算原理

成本计算是指在企业的生产经营过程中，按照一定对象归集和分配发生的各项费用，以确定各个成本计算对象的总成本和单位成本的方法。它可以用来进行采购业务、生产业务和销售业务的成本计算，即进行采购成本、产品生产成本、产品销售成本三个方面的成本计算。

成本计算的正确与否，直接关系到企业供应、生产、销售业务核算的正确性，进而影响企业经营损益计算的准确性及会计信息的质量。因此，成本计算在企业的生产经营管理中具有重要的作用。

具体来说，成本计算的作用包括：

考核企业成本计划的完成情况：通过成本计算，可以取得企业的实际成本资料，并据以确定实际成本同计划成本的差异，考核成本计划的执行和完成情况，分析成本升降的原因，可以进一步挖掘降低成本的潜力，提高企业的经济效益。

反映和监督企业各项费用的支出水平：成本计算可以反映和监督企业生产经营过程中各项费用的支出情况，确保企业按照预算和计划进行费用支出，避免浪费和损失。

在现代会计学中，成本计算有狭义和广义两种解释。狭义的成本计算是指一般意义上的成本核算，即归集和分配实际成本费用的过程；而广义的成本计算则是指现代意义上的成本管理系统，这个系统是由成本核算子系统、成本计划子系统、成本控制子系统和成本考核子系统有机结合而成的。在管理会计中，通常使用的是广义的成本计算概念。

总的来说，成本计算是企业进行生产经营决策的重要依据之一，它可以帮助企业了解自身的成本构成和费用支出情况，为企业的决策提供有力的支持。

6.1.1　成本计算概述

6.1.1.1　成本计算的对象

成本计算的对象是指为计算产品成本而确定的归集生产费用的各个对象，也就是成本的承担者。确定成本计算对象是设置产品成本明细账、分配生产费用和计算产品成本的前提。在不同的生产特点和成本管理要求下，成本计算的对象可能会有所不同。

一般来说，成本计算的对象可以根据生产特点和管理要求来确定，主要有以下几种情况：

①产品的品种：对于单件、小批生产的企业，通常按照产品品种作为成本核算

对象。

②产品的批别或订单：对于多步骤连续加工且产品品种较多的企业，或者按照客户订单组织生产的企业，可以按照产品的批别或订单作为成本核算对象。

③产品的生产步骤：对于大量大批生产且管理上要求提供有关生产步骤成本信息的企业，可以按照产品的生产步骤（如产品的工序、车间等）作为成本核算对象。

除以上几种情况外，还有一些特殊的情况需要单独确定成本计算对象，例如，对于新产品试制或研发项目，可以将整个项目作为成本计算对象；对于提供劳务的企业，可以将劳务类型或提供劳务的客户作为成本计算对象；对于作业成本法下的企业，可以将作业或作业中心作为成本计算对象。

在确定成本计算对象时，需要考虑生产费用的归集和分配是否方便、合理，以及成本计算的结果是否能够满足企业管理的需要。同时，成本计算对象的确定也应该与企业的生产组织和管理体制相适应，以便更好地为企业的决策提供有用的成本信息。

6.1.1.2　成本计算的内容

成本计算的内容是指成本计算的范围。从理论上讲，成本是企业在生产经营过程中为获得未来经济利益所耗费的、用货币表现的生产资料的价值和劳动者为自己所创造的价值。

（1）生产成本

成本计算的核心内容，包括直接材料成本、直接人工成本和制造费用。直接材料成本是指在生产过程中直接消耗的原材料、辅助材料等成本；直接人工成本是指直接参与产品生产的工人工资及相关福利费用；制造费用则是指为组织和管理生产所发生的各项间接费用，如设备折旧、维修费用、车间管理人员的工资等。

（2）期间费用

企业管理部门在组织和管理企业过程中所发生的费用，包括管理费用、销售费用和财务费用。这些费用不直接归属于某一成本计算对象，而是在发生的当期计入损益。

管理费用是企业行政管理部门为组织和管理生产经营活动而发生的各种费用，属于期间费用，在发生的当期就计入当期的损失或利益。具体来说，管理费用包括公司经费、职工教育经费、业务招待费、税金、技术转让费、无形资产摊销、咨询费、诉讼费、开办费摊销、上缴上级管理费、劳动保险费、待业保险费、董事会会费、财务报告审计费、筹建期间发生的开办费及其他管理费用。

销售费用是指企业在销售商品和材料、提供劳务过程中发生的各项费用，包括保险费、包装费、展览费和广告费、商品维修费、预计产品质量保证损失、运输费、装卸费等，以及为销售本企业商品而专设的销售机构（含销售网点、售后服务网点等）的职工薪酬、业务费、折旧费等经营费用。企业发生的与专设销售机构相关的固定资产修理费用等后续支出也属于销售费用。此外，销售费用还包括销售人员的薪酬、销售推广费用、销售服务费用、销售管理费用等。

财务费用是指企业为筹集生产经营所需资金等而发生的费用，包括利息支出（减利息收入）、汇兑损益，以及相关的手续费、商业汇票贴现发生的贴现利息、企业发生或收到的现金折扣等。这些费用是企业在日常经营活动中与资金运作相关的成本，通常会影响企业的盈利能力和财务状况。

（3）各种专项成本

根据企业管理的需要，还可以对各种专项成本进行计算和分析，如质量成本、环境成本、安全成本等。这些专项成本有助于企业了解和控制特定领域的成本，提高管理效率。

在成本计算过程中，还需要考虑成本计算的对象、成本计算期，以及生产费用在产成品和半成品之间的分配情况等因素。成本计算的对象可以是产品品种、产品批别或订单、产品生产步骤等；成本计算期可以根据企业生产特点和管理要求来确定，如按月、按季或按年等；生产费用的分配则需要根据实际情况进行合理的分摊和归集。

总之，成本计算的内容非常丰富，涉及企业生产经营的各个方面。通过准确地进行成本计算和分析，企业可以更好地了解和控制成本，为决策提供有力的支持。

6.1.2　成本计算的基本要求

6.1.2.1　算管结合，算为管用

成本核算应当与加强企业经营管理相结合，所提供的成本信息应当满足企业经营管理和决策的需要。要求企业在进行成本核算时，不仅要注重核算结果的准确性，还要关注核算过程对企业管理决策的支持作用。

算管结合强调成本核算是企业管理的重要组成部分，它提供了有关产品成本、期间费用等方面的信息，这些信息对于企业的经营管理至关重要。因此，在进行成本核算时，必须考虑企业的实际情况和管理需求，确保核算结果能够真实、准确地反映企业的成本状况。

算为管用强调了成本核算的目的性和实用性。成本核算不仅是为了得到一个数字，更重要的是要为企业的经营管理提供有用的信息。这些信息可以帮助企业制订更加合理、有效的经营策略，提高企业的竞争力和盈利能力。因此，在进行成本核算时，必须注重核算结果的实用性和可操作性，确保这些信息能够真正为企业的经营管理所用。

总之，“算管结合，算为管用”要求企业在进行成本核算时，既要注重核算过程的准确性和科学性，又要关注核算结果对企业经营管理的支持和指导作用。只有这样，才能确保成本核算真正发挥其在企业管理中的重要作用。

6.1.2.2 正确划分各种费用界限

为了正确地进行成本核算，必须正确划分应计入和不应计入产品成本的费用界限，以及各个月份的费用界限。包括正确划分生产费用与期间费用的界限，以及各个月份的生产费用和期间费用界限等。

（1）正确划分资本性支出和收益性支出的界限

资本性支出是指为了取得长期资产而发生的支出，如购置固定资产、无形资产等；资本性支出的效益则涉及多个会计期间，如果将其全部计入当期损益，会导致当前期间的费用过高，进而影响损益的准确性。资本性支出通常用于购置或改善长期资产，如固定资产、无形资产等。这些资产的价值应在多个会计期间内逐步消耗或摊销。通过划分资本性支出，可以正确地将这些支出资本转化为相关资产，并在其使用寿命内逐步确认为费用，从而准确反映资产的价值。

收益性支出则是指为了日常经营活动而发生的支出，如原材料费用、人工费用等。收益性支出仅与当前会计期间的收益相关，因此应直接计入当期损益。例如，用于产品生产和销售、用于组织和管理生产经营活动，以及为筹集生产经营资金所发生的各种支出，即企业日常生产经营管理活动中的各种耗费，则应计入产品成本或期间费用。

因此，划分资本性支出和收益性支出的界限有助于企业提供更可靠、更有用的财务信息，凡不属于企业日常生产经营方面的支出，均不应计入产品成本或期间费用，即不得多计成本；凡属于企业日常生产经营方面的支出，均应全部计入产品成本或期间费用，不得遗漏。多计成本，会减少企业利润和国家财政收入少计成本，则会虚增利润，使企业成本得不到应有的补偿。

（2）正确划分产品制造成本与期间费用的界限

产品制造成本是指与产品生产直接相关的成本，如原材料费用、直接人工费用、制造费用等；期间费用则是指与产品生产无直接关联，但在一定期间内发生的费用，如销售费用、管理费用、财务费用等。

企业日常生产经营中所发生的各项耗费，其用途和计入损益的时间是有所不同的。用于产品生产的费用形成产品成本，并在产品销售后作为产品销售成本计入企业损益；由于当月投产的产品不一定当月完工，当月完工的产品也不定当月销售，因而当月的生产费用往往并不是应计当月损益的产品销售成本。而当月发生的销售费用、管理费用和财务费用，则是作为期间费用，直接计入当月损益。因此，为了正确计算产品成本和期间费用，正确计算企业各月份的损益必须正确地划分产品生产费用和各项期间费用的界限。应当防止混淆产品生产费用与期间费用的界限，借以调节各月产品成本和各月损益的错误做法。正确划分这两类费用，有助于准确计算产品成本，以及合理确定产品销售价格和企业利润。

（3）正确划分各月份的费用界限

企业应按照权责发生制的原则，合理确定费用的归属期间。对于已经发生但应由本期和以后各期产品成本共同负担的费用，应采取适当的方法在各期之间进行分配。这有助于准确反映各期产品的实际成本，避免成本在不同期间之间的混淆和误导。

本月发生的费用应在本月全部入账，不能其一部分延至下月入账。更重要的是，应该贯彻权责发生制原则，正确地核算跨期摊提费用。本月支付，但属于本月及以后各月受益的费用，应在各月间合理分摊计入成本（受益期限超过一年的费用，应记作长期待摊费用，在费用项目的受益期限内分月摊入成本）。本月虽未支付，但本月已经受益，应由本月负担的费用，应计入本月的成本。为了简化核算工作，对于数额较小的应跨期摊销和预提的费用，也可以将其全部计入支付月份的成本，而不再作为跨期摊提费用处理。正确划分各月份的费用界限，是保证成本核算正确的重要环节，应当防止利用待摊和预提的办法人为地调节各月成本、人为地调节各月损益的错误做法。

（4）正确划分不同产品成本的界限

对于同时生产多种产品的企业，应按照合理的方法将生产成本在各种产品之间进行分配。这有助于准确计算每种产品的成本，为企业的产品定价、销售策略和利润分析提供有力支持。

如果企业生产的产品不止一种，那么，为了正确计算各种产品的成本，正确分析和考核各种产品成本计划或定额成本的执行情况，必须将应计入本月产品成本的生产费用在各种产品之间正确地进行划分。凡属于某种产品单独发生，能够直接计入该种产品的费用，均应直接计入该种产品成本；凡属于多种产品共同发生，不能直接计入某一种产品的费用，则应采用适当的分配方法，分配计入这几种产品的成本。应该防止在盈利产品与亏损产品之间、可比产品与不可比产品之间任意转移生产费用，借以掩盖成本超支或以盈补亏的错。

（5）正确划分完工产品和在产品成本的界限

对于生产过程中尚未完工的产品，应合理划分完工产品和在产品的成本。这有助于准确计算完工产品的实际成本，以及在产品盘存和估价时的准确性。

月末计算产品成本时，如果某种产品已全部完工，这种产品的各项生产费用之和就是这种产品的完工产品成本；如果某种产品均未完工，这种产品的各项生产费用之和就是这种产品的月末在产品成本；如果某种产品既有完工产品，又有在产品，则应将这种产品的各项生产费用，采用适当的分配方法在完工产品与月末在产品之间进行分配，分别计算完工产品成本和月末在产品成本。应该防止任意提高或降低月末在产品成本，人为地调节完工产品成本的错误做法。

6.1.2.3　正确确定财产物资的计价和价值结转方法

企业的生产经营过程，也是各种劳动的耗费过程。在各种劳动耗费中，财产物资的耗费（即生产资料价值的转移）占有相当比重。因此，这些财产物资计价和价值结转方法是否恰当，会对成本计算的正确性产生重要的影响。企业财产物资计价和价值结转方法主要包括：固定资产原值的计算方法，折旧的计提方法、折旧率的选择；固定资产修理费用是否采用待摊或预提方法及摊提期限的长短；固定资产与低值易耗品的划分标准；材料成本的组成内容、材料按实际成本进行核算时发出材料成本的计算方法、材料按计划成本进行核算时材料成本差异率的种类（个别差异率、分类差异率还是综合差异率，本月差异率还是上月差异率）、采用分类差异率时材料类距的大小等；低值易耗品和包装物价值的摊销方法、摊销率的高低及摊销期限的长短等。为了正确地计算成本，对于各种财产物资的计价和价值的结转，都应采用既合理又简便的方法；国家有统一规定的，应采用国家统一规定的方法。各种方法一经确定，应保持相对稳定，不能随意改变，以保证成本信息的可比性。

6.1.2.4 做好各项基础工作

（1）做好定额的制定和修订工作

产品的各项消耗定额，既是编制成本计划、分析和考核成本水平的依据，也是审核和控制成本的标准；而且在计算产品成本时，往往要用产品的原材料和工时的定额消耗量或定额费用作为分配实际费用的标准。因此，为了加强生产管理和成本管理，企业必须建立和健全定额管理制度，凡是能够制定定额的各种消耗，都应该制定先进、合理、切实可行的消耗定额，并随着生产的发展、技术的进步、劳动生产率的提高不断修订消耗定额，以充分发挥其应有的作用。

（2）建立健全材料物资的计量、收发、领退和盘点制度

成本核算是以价值形式来核算企业生产经营管理中的各项费用的，但价值形式的核算是以实物计量为基础的。因此，为了进行成本管理，正确地计算成本必须建立健全材料物资的计量、收发、领退和盘点制度。凡是材料物资的收发领退，在产品、半成品的内部转移，以及产成品的入库等，均应填制相应的凭证，办理审批手续，并严格进行计量和验收。库存的各种材料物资、车间的在产品、产成品均应按规定进行盘点。只有这样，才能保证账实相符，保证成本计算的正确性。

（3）建立健全原始记录工作

原始记录是反映生产经营活动的原始资料，是进行成本预测、编制成本计划、进行成本核算、分析消耗定额和成本计划执行情况的依据。因此，工业企业对生产过程中材料的领用、动力与工时的耗费、费用的开支、废品的产生、在产品及半成品的内部转移、产品质量检验及产成品入库等，都要有真实的原始记录。成本核算人员要会同企业的计划统计、生产技术、劳动工资、产品物资供销等。

6.1.3　成本计算的一般程序和主要会计科目

6.1.3.1　成本计算的一般程序

（1）成本归集

成本归集是指通过一定的企业会计准则规定，以有序的方式进行成本数据的收集和汇总。这个过程涉及将各种费用按照其性质和用途进行分类，并归集到相应的成本对象中。例如，在制造业中，直接材料、直接人工等费用可以直接归集到特定的产品上，而间接费用如制造费用则需要按照一定的方法进行分摊。成本的归集有助于企业了解各成本对象的成本构成和成本水平，为后续的决策提供有力支持。

（2）成本分配

成本分配是指将归集的间接成本分配给成本对象的过程，也叫间接成本的分摊或分派。这个过程需要遵循一定的原则和方法，如受益原则、公平原则等，并选择合适的分配基础进行分配。例如，企业可以按照产品的产量、直接人工工时或机器工时等作为分配基础，将间接费用分摊到各个产品上。成本的分配有助于确保各成本对象承担其应分担的间接费用，从而实现成本的合理化和准确化。

在成本归集和分配过程中，企业需要遵循一定的原则和要求，如正确划分各种费用界限、合理选择分配方法等，以确保成本计算的准确性和可靠性。同时，企业还需要建立完善的成本管理和核算体系，加强成本控制和分析，为企业的经营管理提供有力支持。

6.1.3.2　主要会计科目

（1）生产成本科目

生产成本是用于归集直接材料、直接人工等直接费用以及间接费用的科目。生产成本科目可以按照基本生产成本和辅助生产成本进行明细核算。

基本生产成本应当分别按照基本生产车间和成本核算对象（如产品的品种、类别、订单、批别、生产阶段等）设置明细账（或成本计算单），并按照规定的成本项目设置专栏。企业发生的各项直接生产成本，如直接材料、直接人工等，以及各生产车间应负担的制造费用，可以通过“生产成本—基本生产成本”科目进行核算。

辅助生产成本则是为基本生产车间、企业管理部门和其他部门提供的劳务和产品而发生的生产成本。企业可以根据实际情况，设置“生产成本—辅助生产成本”科目进行核算。辅助生产车间为基本生产车间、企业管理部门和其他部门提供的劳务和产品，期（月）末按照一定的分配标准分配给各受益对象，计入本科目的借方；同时，将辅助生产车间发生的制造费用，先通过“制造费用”科目进行归集，然后再转入“生产成本—辅助生产成本”科目进行分配。

（2）制造费用科目

制造费用是用于核算制造业企业为生产产品而发生的各项间接生产费用的科目。制造费用包括车间管理人员的工资、折旧费、维修费、办公费、水电费等。这些费用在发生时先归集到制造费用科目中，然后在期末按照一定的分配标准分配到各个产品上。

（3）原材料科目

原材料是用于核算企业库存的各种材料的科目，包括原料及主要材料、辅助材料、外购半成品（外购件）、修理用备件（备品备件）、包装材料、燃料等的计划成本或实际成本。企业收到来料加工装配业务的原料、零件等，应当设置备查簿进行登记。

（4）应付职工薪酬科目

虽然应付职工薪酬不是直接用于成本归集的科目，但在计算人工成本时是一个重要的参考科目。它用于核算企业根据有关规定应付给职工的各种薪酬，包括工资、奖金、津贴、补贴、职工福利等。

（5）其他相关科目

根据企业的实际情况和需要，还可能设置其他与成本归集和分配相关的会计科目，如劳务成本、研发支出等。

在进行成本归集和分配时，企业应遵循会计准则和会计制度的规定，合理设置和使用会计科目，确保成本计算的准确性和可靠性。

思政拓展 1- 实践应用："算为管用"强调成本核算的目的是为企业经营管理服务，强调学生应将所学知识应用于实际，服务于社会，培养实践能力和问题解决能力。

思政拓展 2- 诚信与准确性：正确划分费用界限要求财务人员或管理人员具备严谨的工作态度和对信息的准确把握，体现了对诚信和准确性的高度重视，对待工作和数据要认真负责，确保信息的真实性和准确性。

6.2 费用在各种产品之间的归集和分配

6.2.1 要素费用的归集和分配

要素费用包括生产过程中消耗的各种资源，如原材料、燃料、动力、人工等。这些费用在发生时可分为直接费用和间接费用，需要按照其性质和用途进行分类，然后归集到相应的成本对象中。直接费用是指能够直接计入某一成本对象的费用，如直接材料、直接人工等，通常可以根据领料凭证、工资单等直接计入成本对象。间接费用则是指不能直接计入某一成本对象，而需要按照一定标准分配计入多个成本对象的费用，如制造费用等。在归集要素费用的过程中，需要遵循一定的原则和要求。例如，正确划分各种费用界限，确保费用归集的准确性和合理性；合理选择归集方法，确保费用归集的简便易行和符合生产特点；及时归集费用，确保成本计算的及时性和准确性。

对于间接费用，需要选择适当的分配标准进行分配。常规的分配标准包括人工工时、机器工时、产量等。分配标准的选择应根据生产特点和实际情况进行，确保分配的合理性和准确性。分配过程中，需要编制相应的分配表，将归集的间接费用按照一定的分配率和分配标准分配到各个成本对象中。

6.2.1.1　材料费用的归集和分配

材料费用的归集和分配涉及将企业在生产过程中耗用的材料按照其用途和性质进行分类、归集，并按照一定的方法分配到各个成本对象中。

材料费用包括企业在生产过程中耗用的各种原材料、辅助材料、燃料、动力等。这些费用在发生时，需要按照其性质和用途进行分类，如直接材料、间接材料等。直接材料是指能够直接计入某一成本对象的材料费用，如构成产品实体的主要材料。间接材料则是指不能直接计入某一成本对象，而需要按照一定标准分配计入多个成本对象的材料费用，如车间一般消耗性材料。

在归集材料费用的过程中，企业可以根据领料凭证、材料耗用表等原始记录，将各种材料的耗用量和费用进行汇总，然后按照材料的类别和用途进行归集。对于直接材料，可以直接计入相应的成本对象；对于间接材料，则需要先归集到制造费用等科目中，然后再按照一定的分配标准分配到各个成本对象中。

在分配材料费用的过程中，企业需要选择适当的分配标准。常见的分配标准包括产品的产量、重量、体积、定额消耗量等。企业可以根据自身的生产特点和实际情况，选择最合理、最简便的分配方法进行分配。在分配过程中，需要编制材料费用分配表，将归集的材料费用按照一定的分配率和分配标准分配到各个成本对象中。按原材料定额消耗量比例分配原材料费用公式如下：

某种产品原材料定额消耗量 = 该种产品实际产量 × 单位产品原材料定额消耗量

原材料消耗量分配率 = 原材料实际消耗总量 / 某种产品原材料定额消耗量之和

某种产品应分配的原材料实际消耗量 = 该种产品的原材料定额消耗量 × 分配率

某种产品应分配的实际原材料费用 = 该种产品应分配的实际消耗量 × 材料单价

例 6-1

W 公司生产甲、乙两种产品，共同耗用原材料 60000 千克，每千克 10 元，共计 600000 元。生产甲产品 1200 件，单件甲产品原材料消耗定额为 30 千克，生产乙产品 800 件，单件乙产品原材料消耗定额为 15 千克。

以原材料定额消耗量为标准进行分配：

甲产品原材料定额消耗量 =1200×30=36000（千克）

乙产品原材料定额消耗量 =800×15=12000（千克）

原材料消耗量分配率 =60000÷（36000+12000）=1.25

甲产品应分配的原材料实际消耗量 =36000×1.25=45000（千克）

乙产品应分配的原材料实际消耗量 =12000×1.25=15000（千克）

甲产品应分配的实际原材料费用 =45000×10=450000（元）

乙产品应分配的实际原材料费用 =15000×10=150000（元）

W 公司甲、乙两种产品原材料费用 分配表如表 6-1 所示。

表6-1　材料费用分配表

应借科目		直接计入金额（元）定额消耗量（千克）	分配计入		材料费用合计（元）
			定额消耗量（千克）	分配金额（元）（分配率12.5）	
基本生产成本	甲产品	15200	36000	450000	465200
	乙产品	117400	12000	150000	267400
	小计	132600	48000	600000	732600
辅助生产成本	供水车间	42000	—	—	42000
	运输车间	22000	—	—	22000
	小计	64000	—	—	64000
制造费用	基本生产车间	5000	—	—	5000
	供水车间	2000	—	—	2000
	运输车间	1500	—	—	1500
	小计	8500	—	—	8500
管理费用		2000	—	—	2000
销售费用		1800	—	—	1800
合计		208900	—	600000	808900

根据材料费用分配表编制分录如下：

借：基本生产成本——甲产品　　465200

　　　　　　　——乙产品　　267400

　　辅助生产成本——供水　　42000

　　　　　　　——运输　　22000

　　制造费用——基本生产成本　　5000

　　　　　——供水车间　　2000

——运输车间　　1500
管理费用　　2000
销售费用　　1800
贷：原材料　　808900

上述计算公式适用于几种产品共同消耗一种原材料，此时可以按照定额消耗量分配。但是当几种产品共同消耗几种材料时，定额消耗量公式将不再适用，此时应采用定额消耗费用进行分配。按原材料定额费用比例分配原材料费用公式如下：

某种产品原材料定额费用 = 该种产品实际产量 × 单位产品原材料费用定额

原材料费用分配率 = 原材料实际费用总额 ÷ 各种产品原材料定额费用总额

某种产品应分配的实际原材料费用 = 该种产品原材料定额费用 × 原材料费用分配率

例 6-2

W 公司生产甲、乙两种产品，共同领用 A、B 两种主要材料，共计 37620 元。本月投产甲产品 150 件，乙产品 120 件。甲产品材料消耗定额：A 材料 6 千克，B 材料 8 千克；乙产品材料消耗定额：A 材料 9 千克，B 材料 5 千克。A 材料单价 10 元，B 材料单价 8 元。则甲、乙产品应分担的材料费用各是多少？

①甲、乙产品材料定额费用：

甲产品：A 材料定额费用 =150×6×10=9000（元）

B 材料定额费用 =150×8×8=9600（元）

甲产品材料定额费用合计 =9000+9600=18600（元）

乙产品：A 材料定额费用 =120×9×10=10800（元）

B 材料定额费用 =120×5×8=4800（元）

乙产品材料定额费用合计 =10800+4800=15600（元）

②材料费用分配率：

材料费用分配率 =37620÷（18600+15600）=1.1

③甲、乙产品应分配材料实际费用

甲产品应分配材料实际费用 =18600×1.1=20460（元）

乙产品应分配材料实际费用 =15600×1.1=17160（元）

材料费用的分配还可以采用其他标准，如重量、数量、体积等，分配思路与上述相同，不再赘述。

此外，还需要注意一些特殊情况的处理。例如，对于退回的材料和废料回收的价值，需要从当月的材料费用中扣除；对于月末车间结存的材料，虽然下月生产仍需使用，但不得计入本月的费用。

6.2.1.2 人工费用的归集和分配

人工费用的归集和分配是企业财务管理和成本核算的重要环节。人工费用是指企业在生产经营过程中，支付给职工的工资、奖金、津贴、补贴、社会保险费、住房公积金等费用。正确地归集和分配人工费用，有助于企业准确核算产品成本，合理确定产品价格，以及进行经营决策和业绩评价。

人工费用的归集是指将企业在一定时期内发生的人工费用按照一定的方法进行分类、汇总和记录的过程。人工费用的归集应遵循以下原则：

①正确划分职工的工作性质和服务对象，将不同工作性质和服务对象的人工费用分别归集到相应的成本或费用项目中。

②根据企业的实际情况，选择合理的人工费用归集方法。常见的人工费用归集方法包括按产品产量、按定额工时、按实际工时等。

③建立健全的人工费用归集记录制度，确保人工费用的真实、完整和准确。

人工费用的分配是指将归集的人工费用按照一定的方法和标准分配到各个成本计算对象中的过程。人工费用分配的方法包括直接计入法和间接分配法。对于能够直接确定归属对象的人工费用，如生产工人的工资等，可以直接计入该对象的成本中。对于无法直接确定归属对象的人工费用，如车间管理人员的工资等，需要采用一定的分配标准进行间接分配。常见的间接分配法包括按实际工时分配、按定额工时分配、按机器工时分配等。

计算公式：

人工费用分配率 = 人工费用总额 ÷ 各种产品适用工时之和

某种产品应分配的工资费用 = 该种产品适用工时 × 分配率

例 6-3

W 公司生产甲、乙两种产品，生产工人计件工资分别为：甲产品 15000 元，乙产品 10000 元；甲、乙产品计时工资共计 160000 元。甲、乙产品生产工时分别为 25000 小时和 15000 小时。

人工费用分配率 =160000÷（25000+15000）=4（元 / 小时）

甲产品分配工资费用 =25000×4=100000（元）

乙产品分配工资费用 =15000×4=60000（元）

W 公司生产甲、乙两种产品的人工费用分配表如表 6-2 所示。

表6-2　人工费用分配表　　　　　　　　**单位：元**

应借科目		成本或费用项目	直接计入	分配计入			工资费用合计
				生产工时（小时）	分配率	分配金额	
基本生产成本	甲产品	直接人工		25000	4	100000	100000
	乙产品	直接人工		15000	4	60000	60000
	小计			40000		160000	160000
辅助生产成本	供水	直接人工	24000				24000
	运输	直接人工	16000				16000
	小计		40000				40000
制造费用	基本生产车间	职工薪酬	10000				10000
	供水车间	职工薪酬	5000				5000
	运输车间	职工薪酬	5000				5000
	小计		20000				20000
管理费用		职工薪酬	30000				30000
销售费用		职工薪酬	15000				15000
合计			105000			160000	265000

根据人工费用分配表编制分录如下；

借：基本生产成本——甲产品　　100000

　　　　　　　　——乙产品　　60000

　　辅助生产成本——供水　　24000

　　　　　　　　——运输　　16000

　　制造费用——基本生产成本　　10000

　　　　　　——供水车间　　5000

　　　　　　——运输车间　　5000

　　管理费用　　30000

　　销售费用　　15000

　贷：应付职工薪酬　　265000

6.2.2　辅助生产成本的归集和分配

辅助生产是指为基本生产车间、企业行政管理部门等单位服务而进行的产品生产和劳务供应。其中有的只生产一种产品或提供一种劳务，如供电、供水、供气、供风、运输等辅助生产；有的则生产多种产品或提供多种劳务，如从事工具、模具、修理用备件的制造，以及机器设备的修理等辅助生产。辅助生产提供的产品和劳务，有时也对外销售，但主要是为本企业服务。辅助生产产品和劳务成本的高低，会影响企业产品成本和期间费用的水平，因此，正确、及时地组织辅助生产费用的核算，加强对辅助生产费用的监督，对于正确计算产品成本和各项期间费用，以及节约支出、降低成本有着重要的意义。

辅助生产费用的归集主要是将辅助生产车间发生的各项成本进行收集、分类和记录。这些成本包括直接材料、直接人工和间接费用（如制造费用）。辅助生产车间应设立“辅助生产成本”科目核算辅助生产成本。“辅助生产成本”科目一般应按车间及产品或劳务的种类设置明细账，账内按成本项目设置专栏，进行明细核算。进行辅助生产发生的各项费用应记入该科目的借方。辅助生产车间的制造费用，一般应先通过“制造费用”科目进行归集，然后从该科目直接转入或分配转入“辅助生产成本”科目及所属相关明细账的“制造费用”成本项目。辅助生产完工产品或劳务的成本，经过分配后从“辅助生产成本”科目的贷方转出，期末如有借方余额则为辅助生产的在产品成本。

辅助生产费用的分配是指将归集到的辅助生产成本按照一定的方法和标准分配到各受益单位（如基本生产车间、管理部门等）的过程。辅助生产车间提供的工具、模具和修理用备件等产品成本，在产品完工时从“辅助生产成本”科目的贷方转入“低值易耗品”“原材料”科目的借方；提供供水、供电、供气、修理和运输等劳务所发生的费用，在各受益单位之间进行分配，从“辅助生产成本”科目的贷方转入“基本生产成本”“制造费用”“管理费用”“销售费用”等科目的借方。

辅助生产费用的分配，常见的分配方法有直接分配法、交互分配法、计划成本分配法、顺序分配法和代数分配法等。企业应根据自身的实际情况选择合理的分配方法。

6.2.2.1　直接分配法

直接分配法是各辅助生产车间发生的成本直接分配给除辅助生产车间以外的各受益产品、单位，而不考虑各辅助生产车间之间相互提供的劳务或产品的情况。具体来说，直接分配法将各种辅助生产成本按受益比例直接分配于各辅助生产之外的各受益对象，而对各辅助生产之间的相互服务则不进行交互分配。在确定单位分配率时，应当将各辅助生产之间相互提供的服务量予以剔除，按对外的受益对象之间的受益比例进行计算分配。

$$\text{单位成本（分配率）}=\frac{\text{各辅助生产车间待分配辅助生产费用}}{\text{辅助生产劳务（产品）总量}-\text{其他辅助生产劳务（产品）耗用量}}$$

例 6-4

W 公司有供水和供电两个辅助生产车间，主要为本企业基本生产车间和行政管理部门等服务，根据“辅助生产成本”明细账汇总的资料，供电车间本月发生费用 27720 元，供水车间本月发生费用 14850 元。采用直接分配法分配辅助生产费用。

各辅助生产车间供应产品或劳务数量如表 6-3 所示。

表6-3　辅助生产车间产品或劳务用量明细表

受益单位		耗水（立方米）	耗电（度）
基本生产——A 产品			24000
基本生产车间		12000	4000
辅助生产车间	供水		6000
	供电	1500	
行政管理部门		1000	2000
专设销售机构		500	800
合计		15000	36800

供水车间单位成本（分配率）$=\dfrac{14850}{15000-1500}=1.1$（元 / 立方米）

供电车间单位成本（分配率）$=\dfrac{27720}{36800-6000}=0.9$（元 / 度）

则直接分配法的辅助生产费用分配详如表 6-4 所示。

表6-4　辅助生产费用分配表（直接分配法）　　　　单位：元

项目		供水车间	供电车间	合计
待分配辅助生产费用		14850	27720	42570
供应辅助生产以外的劳务（产品）数量		13500	30800	
单位成本（分配率）		1.1	0.9	
基本生产——A 产品	耗用数量		24000	24000
	分配金额		21600	21600
基本生产车间	耗用数量	12000	4000	16000
	分配金额	13200	3600	16800
行政管理部门	耗用数量	1000	2000	3000
	分配金额	1100	1800	2900
专设销售机构	耗用数量	500	800	1300
	分配数额	550	720	1270
合计		14850	27720	42570

根据表 6-4 辅助生产费用分配表（直接分配法）编制会计分录如下：

借：基本生产成本——A 产品　　　　21600

　　制造费用　　　　16800

管理费用　　2900
销售费用　　1270
贷：辅助生产成本——供水　　14850
——供电　　27720

直接分配法分配辅助生产费用，只对外分配一次，计算简便。但由于不考虑辅助生产车间之间相互用量，当辅助生产车间相互提供产品或劳务量差异较大时，分配结果往往与实际不符。因此，直接分配法适用于辅助生产车间内部相互提供产品或劳务不多的情况。

6.2.2.2　交互分配法

交互分配法考虑了辅助生产车间之间相互提供劳务或产品的情况，首先，根据各辅助生产车间相互提供劳务的数量和交互分配前的单位成本（费用分配率），在各辅助生产车间之间进行一次交互分配；然后，将各辅助生产车间交互分配后的实际费用（交互分配前的费用加上交互分配转入的费用，减去交互分配转出的费用），再按提供劳务或产品的数量，在辅助生产车间以外的各受益单位之间进行分配。

$$交互分配单位成本（分配率）=\frac{辅助生产车间交互分配前待分配辅助生产费用}{辅助生产劳务（产品）总量}$$

交互分配后实际成本 = 交互分配前待分配辅助生产费用 + 交互分配转入费用 - 交互分配转出费用

$$对外分配单位成本（分配率）=\frac{交互分配后实际费用}{辅助生产劳务（产品）总量-辅助生产车间之间相互用量}$$

例 6-5

W 公司设有修理和运输两个辅助生产车间、部门，辅助生产车间不设置“制造费用”账户。本月发生辅助生产费用、提供劳务数量，以及各受益单位、部门耗用劳务数量如表 6-5 所示。

表6-5　辅助生产车间劳务用量表

辅助生产车间名称		机修车间	运输车间
辅助生产费用（待分配费用）		35000 元	46000 元
劳务供应数量		10000 小时	23000 千米
耗用劳务数量	机修车间		3000 千米
	运输部门	2000 小时	
	基本生产车间	6240 小时	15800 千米
	企业管理部门	1760 小时	4200 千米

①交互分配：

机修车间交互分配单位成本（分配率）$=\dfrac{35000}{10000}=3.5$（元 / 小时）

运输车间交互分配单位成本（分配率）$=\dfrac{46000}{23000}=2$（元 / 千米）

机修车间应负担运输费用 =3000×2=6000（元）

运输车间应负担机修费用 =2000×3.5=7000（元）

②交互分配后实际费用：

机修车间实际费用 =35000+6000−7000=34000（元）

运输车间实际费用 =46000+7000−6000=47000（元）

③对外分配：

机修对外分配单位成本（分配率）$=\dfrac{34000}{10000-2000}=4.25$（元 / 小时）

运输对外分配单位成本（分配率）$=\dfrac{47000}{23000-3000}=2.35$（元 / 千米）

交互分配法分配辅助生产费用具体结果如表 6-6 所示。

表6-6　辅助生产费用分配表（交互分配法）　　　　单位：元

分配方向			交互分配			对外分配		
辅助生产车间名称			机修	运输	合计	机修	运输	合计
待分配费用			35000	46000	81000	34000	47000	81000
劳务供应数量			10000	23000		8000	20000	—
分配率（单位成本）			3.5	2		4.25	2.35	—
辅助生产车间	机修	耗用数量		3000				
		分配金额		6000				
	运输	耗用数量	2000					
		分配金额	7000					
基本生产车间 分配金额		耗用数量				6240	15800	—
					26520	37130	63650	
企业管理部门 分配金额		耗用数量				1760	4200	—
					7480	9870	17350	
合　计						34000	47000	81000

根据表 6-6 辅助生产费用分配表（交互分配法）编制会计分录如下：

①交互分配：

借：辅助生产成本——机修　　6000

　　　　　　　　——运输　　7000

　贷：辅助生产成本——机修　　6000

　　　　　　　　　——运输　　7000

②对外分配：

借：制造费用　　63650

　　管理费用　　17350

　贷：辅助生产成本——机修　　34000

　　　　　　　　　——运输　　47000

交互分配法辅助生产车间之间相互提供劳务或产品的情况，使辅助生产费用的分配更加合理、准确。但需要注意的是，交互分配法的计算过程相对复杂，需要准确记录各辅助生产车间相互提供劳务或产品的数量和单位成本，以确保分配结果的准确性。

6.2.2.3 计划成本分配法

计划成本分配法是指按辅助生产产品或劳务的计划单位成本进行分配辅助生产费用的方法。具体来说，各受益单位（包括辅助生产内部和外部各单位）按劳务计划单位成本计算应负担的辅助生产费用，然后由辅助生产车间或部门按其实际发生的辅助生产费用（包括交互分配转入的费用）与按计划单位成本分配转出的辅助生产费用之间的差额计算辅助生产差异。

例 6-6

W 公司设有供水和运输两个辅助生产车间，本月辅助生产车间有关资料如表 6-7 所示。

表6-7　辅助生产车间劳务用量表

项目		供水车间	运输车间
待分配辅助生产费用		69600 元	47500 元
劳务供应数量		69600 立方米	50000 千米
耗用劳务数量	供水车间		1000 千米
	运输车间	10000 立方米	
	基本车间	50000 立方米	20000 千米
	企业管理部门	5000 立方米	5000 千米
	专设销售机构	4600 立方米	24000 千米

采用计划成本分配法具体分配结果如表 6-8 所示。

表6-8　辅助生产费用分配表（计划成本分配法）　　　　**单位：元**

<table>
<tr><td colspan="3">项目</td><td>供水车间</td><td>运输车间</td><td>合计</td></tr>
<tr><td colspan="3">待分配辅助生产费用</td><td>69600</td><td>47500</td><td>117100</td></tr>
<tr><td colspan="3">劳务供应数量（水——立方米，运输——公里）</td><td>69600</td><td>50000</td><td></td></tr>
<tr><td colspan="3">计划单位成本</td><td>1.05</td><td>1.1</td><td></td></tr>
<tr><td rowspan="4">辅助生产成本</td><td rowspan="2">供水车间</td><td>耗用数量</td><td></td><td>1000</td><td></td></tr>
<tr><td>分配金额</td><td></td><td>1100</td><td>1100</td></tr>
<tr><td rowspan="2">运输车间</td><td>耗用数量</td><td>10000</td><td></td><td></td></tr>
<tr><td>分配金额</td><td>10500</td><td></td><td>10500</td></tr>
<tr><td rowspan="2">制造费用</td><td rowspan="2">基本生产车间</td><td>耗用数量</td><td>50000</td><td>20000</td><td></td></tr>
<tr><td>分配金额</td><td>52500</td><td>22000</td><td>74500</td></tr>
<tr><td rowspan="2">管理费用</td><td rowspan="2">企业管理部门</td><td>耗用数量</td><td>5000</td><td>5000</td><td></td></tr>
<tr><td>分配金额</td><td>5250</td><td>5500</td><td>10750</td></tr>
<tr><td rowspan="2">销售费用</td><td rowspan="2">专设销售机构</td><td>耗用数量</td><td>4600</td><td>24000</td><td></td></tr>
<tr><td>分配金额</td><td>4830</td><td>26400</td><td>31230</td></tr>
<tr><td colspan="3">按计划成本分配合计</td><td>73080</td><td>55000</td><td>128080</td></tr>
<tr><td colspan="3">辅助生产实际成本</td><td>70700</td><td>58000</td><td>128700</td></tr>
<tr><td colspan="3">辅助生产成本差异</td><td>−2380</td><td>3000</td><td>620</td></tr>
</table>

辅助生产实际成本：

供水车间实际成本 =69600+1100=70700（元）

运输车间实际成本 =47500+10500=58000（元）

根据表 6-8 辅助生产费用分配表（计划成本分配法）编制会计分录如下：

①按计划成本分配：

借：制造费用　　74500

　　管理费用　　10750

　　销售费用　　31230

　　辅助生产成本——供水　　1100

　　　　　　　　——运输　　10500

　贷：辅助生产成本——供水　　73080

　　　　　　　　　——运输　　55000

②结转辅助生产成本差异：

借：管理费用　　620

贷：辅助生产成本——供水　　　　　　2380

　　　　　　　　——运输　　　　　　3000

辅助生产费用计划成本分配法的优点是简化了计算工作，能够提高分配结果的客观性和可比性，反映辅助生产车间产品或劳务的实际成本脱离计划成本的差异；排除了辅助生产实际费用的高低对各受益单位成本的影响，便于考核和分析各受益单位的经济责任。

采用计划成本法分配辅助生产费用，企业必须具备比较准确的计划成本资料。如果计划单位成本制定得不够准确，就会直接影响辅助生产费用分配的准确性。因此，使用计划成本分配法时，需要注重计划成本的制定和管理，确保计划成本的准确性和合理性。

6.2.3　制造费用的归集和分配

制造费用是指在产品制造过程中发生的各项间接费用，包括工资和福利费、折旧费、修理费、办公费、水电费、机物料消耗、劳动保护费、租赁费、保险费、排污费及其他制造费用。

制造费用的归集主要通过设置“制造费用”总账账户及相应的明细账户进行。企业应设置“制造费用”总账账户，该账户属于成本费用类账户，借方登记归集发生的制造费用，贷方反映制造费用的分配，月末无余额。根据企业的具体情况，为“制造费用”总账账户设置明细账户，如“工资及福利费”“折旧费”“修理费”“办公费”“低值易耗品摊销”“劳保费”等。这些明细账户用于详细记录各项制造费用的发生情况。在日常业务中，根据付款凭证、转账凭证和前述的各种费用分配表，登记制造费用明细账。这些凭证和表格是制造费用归集的依据。归集在“制造费用”科目借方的各项费用，月末时应全部分配转入“生产成本”科目，计入产品成本。这意味着制造费用最终会被分配到各个产品的成本中。

制造费用的分配是将归集在“制造费用”科目借方的各项费用，在月末时全部分配转入“生产成本”科目，计入产品成本的过程。制造费用的分配方法有多种，企业应根据自身的生产特点和成本管理要求选择适合的方法。以下是一些常见的制造费用分配方法，包括生产工时比例法、生产工人工资比例法、机器工时比例法、年度计划分配率法。

6.2.3.1　生产工时比例法

按照各种产品所耗用的生产工人工时的比例分配制造费用，将劳动生产率的高低与产品负担费用的多少联系起来，分配结果具有合理性。适用于各种产品生产机械化程度大致相同的情况。

$$制造费用分配率 = \frac{制造费用总额}{车间产品定额工时总额}$$

$$某种产品应分配的制造费用 = 该种产品定额工时 \times 制造费用分配率$$

例 6-7

W 公司 20×× 年 6 月基本生产车间发生的制造费用总额为 240000 元，基本生产车间甲产品生产工时为 25000 小时，乙产品生产工时为 15000 小时，则 W 公司制造费用计算分配如下：

$$制造费用分配率 = \frac{240000}{25000+15000} = 6 \text{（元 / 小时）}$$

甲产品应分配制造费用 =6×25000=150000（元）

乙产品应分配制造费用 =6×15000=90000（元）

编制制造费用分配表如表 6-9 所示。

表6-9　制造费用分配表

应借科目		生产工时（小时）	分配金额（元）（分配率：6）
基本生产成本	甲产品	25000	150000
	乙产品	15000	90000
合计		40000	240000

6.2.3.2　生产工人工资比例法

生产工人工资比例法是按照计入各种产品成本的生产工人实际工资的比例分配制造费用的方法。这种方法核算工作比较简便，适用于各种产品生产机械化程度相差不多的企业。例如，机械化程度低的产品，所用工资费用多、分配的制造费用也多；反之，机械化程度高的产品，所用工资费用少，分配的制造费用也少，会出现不合理情况。该分配方法与生产工时比例法原理基本相同。如果生产工人的计时工资是按照生产工时比例分配的，按照生产工人工资比例分配制造费用，实际上就是按生产工时比例分配制造费用。

$$制造费用分配率 = \frac{制造费用总额}{车间产品生产工人工资总额}$$

$$某种产品应分配的制造费用 = 该种产品定额工时 \times 制造费用分配率$$

6.2.3.3 机器工时比例法

机器工时比例法是按照各种产品生产所用机器设备运转时间的比例分配制造费用的方法。这种方法适用于产品生产的机械化程度较高的车间。因为在这类车间中，机器设备的折旧费、维护费和其他相关费用在制造费用中占有较大比重，而这些费用的发生与机器设备的运转时间密切相关。在实际应用中，可能需要对不同类型的机器设备进行分类，因为不同类型的机器设备的折旧费、维护费等可能存在较大差异。此外，为了确保制造费用分配的准确性和合理性，还需要定期检查和调整机器工时比例法的应用情况。该方法的计算程序、原理与生产工时比例法基本相同。

$$制造费用分配率=\frac{制造费用总额}{车间产品机器工时总额}$$

$$某种产品应分配的制造费用=该种产品定额工时\times制造费用分配率$$

6.2.3.4 按年度计划分配率分配法

年度计划分配率法是按照年度开始前确定的全年度适用的计划分配率分配费用的方法，特别适用于季节性生产企业或车间。这种方法的核心是按照年度开始前确定的全年度适用的计划分配率来分配制造费用。这样做可以省去每月计算费用分配率的手续，从而在一定程度上简化制造费用的分配工作，并提高成本核算的及时性。

$$制造费用年度计划分配率=\frac{年度制造费用计划总额}{年度各种产品计划产量的定额工时总额}$$

$$某种产品应分配的制造费用=该月该种产品实际产量定额工时\times年度计划分配率$$

例 6-8

W 公司第一车间全年制造费用计划数为 110000 元；全年各种产品的计划产量为：甲产品 5200 件，乙产品 4500 件；单件产品的工时定额为甲产品 5 小时，乙产品 4 小时。6 月实际产量为：甲产品 480 件，乙产品 300 件；本月实际发生制造费用 9800 元。

①各种产品年度计划产量的定额工时：

甲产品年度计划产量的定额工时 =5200 × 5=26000（小时）

乙产品年度计划产量的定额工时 =4500 × 4=18000（小时）

②制造费用年度计划分配率：

$$制造费用年度计划分配率=\frac{110000}{26000+18000}=2.5\ （元/小时）$$

③各种产品 6 月实际产量的定额工时：

甲产品 6 月实际产量的定额工时 =480 × 5=2400（小时）

乙产品 6 月实际产量的定额工时 =300 × 4=1200（小时）

④各种产品应分配的制造费用：

6 月甲产品分配制造费用 =2.5×2400=6000（元）

6 月乙产品分配制造费用 =2.5×1200=3000（元）

该车间 6 月按计划分配率分配转出的制造费用为 =6000+3000=9000（元）

需要注意的是，采用这种方法时，企业必须有较高的计划管理水平。否则，如果计划分配额与实际发生额差异过大，就会影响制造费用分配的准确性，最终导致产品成本的数据不实。

此外，由于每月实际发生的制造费用与分配转出的制造费用金额不等，因此“制造费用”科目一般有月末余额。在年终时，需要对制造费用的实际发生额与按计划分配率计算分配的制造费用之间的差额进行调整。如果制造费用实际发生额大于计划分配额，需要用蓝字补记；如果实际发生额小于计划分配额，则需要用红字冲减。这样可以确保制造费用的准确分配，并反映在产品成本中。

在实际操作中，企业可以根据自身的生产特点和成本管理要求，选择适合的制造费用归集和分配方法。同时，为了提高成本核算的准确性和效率，企业还可以借助信息化手段，如使用成本管理系统等软件进行自动化处理。

6.2.4　期间费用的归集和分配

期间费用是指企业在一定期间内所发生的、不能直接归属于某个特定产品成本的费用，包括销售费用、管理费用和财务费用。这些费用与企业的日常经营活动密切相关，但与具体的产品生产没有直接联系。

6.2.4.1　销售费用的归集和分配

销售费用是指在销售商品和材料、提供劳务过程中发生的各项费用，包括保险费、包装费、展览费和广告费、商品维修费、预计产品质量保证损失、运输费、装卸费等，以及为销售本企业商品而专设的销售机构（含销售网点、售后服务网点等）的职工薪酬、业务费、折旧费等经营费用。

企业应设置“销售费用”科目来归集销售过程中发生的各项费用。该科目应按销售费用项目设置明细账，进行明细核算。企业在销售商品过程中发生的包装费、保险费、展览费和广告费、运输费、装卸费等费用，应借记“销售费用”科目，贷记“库存现金”“银行存款”等科目。企业发生的为销售本企业商品而专设的销售机构的职工薪酬、业务费等经营费用，也应借记“销售费用”科目，贷记“应付职工薪酬”“银行存款”“累计折旧”等科目。

期末，企业应将归集在“销售费用”科目的费用按照一定的标准分配计入各受益对象的成本或损益中。一般来说，销售费用是直接计入当期损益的，即在发生时直接计入利润表中的销售费用项目，影响企业的净利润。

在某些情况下，如果销售费用与特定的销售项目或产品有关，并且可以按照一定的标准进行分配，也可以将这些销售费用分配到各受益对象的成本中。但是，这种分配方法需要合理且可靠的分配标准，并确保分配结果的公正性和准确性。

6.2.4.2 管理费用的归集和分配

管理费用是指企业为组织和管理生产经营活动而发生的各种费用，包括公司经费、工会经费、待业保险费、劳动保险费、董事会费、聘请中介机构费、咨询费、诉讼费、业务招待费、办公费、差旅费、邮电费、绿化费、管理人员工资及福利费等。

企业应设置“管理费用”科目，用于归集和核算管理费用的发生和结转情况。该科目应按管理费用的费用项目进行明细核算。企业在筹建期间内发生的开办费，包括人员工资、办公费、培训费、差旅费、印刷费、注册登记费及不计入固定资产成本的借款费用等，在实际发生时，应借记“管理费用”（开办费）科目，贷记“银行存款”等科目。企业行政管理部门人员的职工薪酬、固定资产折旧、无形资产摊销、发生的办公费、水电费、业务招待费、聘请中介机构费、咨询费、诉讼费、技术转让费、企业研究费用等，应借记“管理费用”科目，贷记“银行存款”“研发支出”等科目。企业按规定计算确定的应交矿产资源补偿费、房产税、车船税、土地使用税、印花税等，应借记“管理费用”科目，贷记“应交税费”等科目。

期末，企业应将“管理费用”科目余额转入“本年利润”科目，借记“本年利润”科目，贷记“管理费用”科目。这样可以将管理费用计入当期损益。如果存在需要跨期分摊的管理费用（如待摊费用），企业应根据受益期限进行分摊，并在各受益期间内计入相应的成本或费用中。

6.2.4.3 财务费用的归集和分配

财务费用是指企业为筹集生产经营所需资金等而发生的费用，主要包括利息支出（减利息收入）、汇兑损益（减汇兑收益），以及相关的手续费、企业发生的现金折扣或收到的现金折扣等。

企业应设置“财务费用”科目，该科目的核算内容包括企业发生的财务费用及其相关的利息收入、汇兑收益等。在归集财务费用时，需要按照费用项目设置明细账，以便于详细记录各项费用的发生情况。例如，利息支出应根据借款合同的利率和期限计算，并及时登记到“财务费用——利息支出”明细账中。

财务费用的分配相对简单，因为财务费用通常是在发生时直接计入当期损益，即在利润表中作为减项出现，降低企业的净利润。具体来说，期末，企业应将归集在“财务费用”科目的费用余额转入“本年利润”科目，结转后“财务费用”科目应无余额。这样，财务费用就直接影响了企业的净利润。

6.3　生产成本在完工产品和在产品之间的归集和分配

完工产品是指已经完成全部生产过程，可以随时销售的产品；在产品则是指尚未完成全部生产过程，不能作为商品销售的产品。在企业的生产过程中，需要将在产品成本和完工产品成本进行合理的分配，以便准确计算产品成本和损益。

6.3.1　在产品收发存的核算

在产品有广义在产品和狭义在产品之分。广义在产品是针对整个企业而言的，是指没有完成全部生产过程、不能作为最终商品销售的产品，包括正在车间加工中的在产品、需要继续加工的半成品、等待验收入库的产品、正在返修和等待返修的废品等。狭义在产品是针对某一生产步骤、某一生产车间而言的，是指尚在本步本车间加工中的那部分在产品和本步骤、本车间已完工但尚未转出的产品。

在产品收发存的日常核算主要涉及在产品的数量、金额的变动记录及定期的盘点和调整。

6.3.1.1　在产品日常收发记录

企业应设立在产品台账，用来反映车间各种在产品的转入、转出和结存数量。台账应该根据产品的品种和在产品的名称（如零部件的名称）来设立，并且需在日常的生产过程中，只要有在产品的收发变动，就需要及时在在产品台账上进行登记。登记的依据包括领料凭证、在产品内部转移凭证、产成品检验凭证和产品交库凭证等。通过这些凭证，可以准确记录在产品的数量和金额的变动情况。

6.3.1.2　在产品清查定期盘点

为了确保在产品台账的准确性，需要定期对在产品进行盘点。盘点周期可以根据企业的实际情况来确定，可以是一个月、一个季度或者半年等。

如果在盘点过程中发现台账数量与实际数量不符，就需要进行调整和处理。调整的方法可以根据实际情况来确定，可以是直接调整台账数量，也可以是通过待处理财产损溢科目进行处理。处理时需要查明盈亏原因，并及时向相关部门和人员报告。

6.3.2　生产成本在完工产品和在产品之间的分配

通过前述各项费用的归集和分配，基本生产车间在生产过程中发生的各项费用已经集中反映在“基本生产成本”账户及其明细账中。这些费用都是本月发生的产品成本。

月末，要将本月发生的生产费用（即在“基本生产成本”账户借方归集的各项费用）加上月初在产品成本，在本月完工产品和月末在产品之间进行分配，以计算本月完工产品成本。具体解决思路可用如下公式表示：

月初在产品费用 + 本月生产费用 = 本月完工产品费用 + 月末在产品费用

或

月初在产品费用 + 本月生产费用 - 月末在产品费用 = 本月完工产品费用

企业应根据在产品数量的多少、各月在产品数量变化的大小、各项费用比重的大小，以及定额管理基础的好坏等具体条件，采用适当的分配方法将在产品成本和完工产品成本进行分配。常用的分配方法有：不计算在产品成本法、在产品按固定成本计价法、在产品按所耗直接材料成本计价法、约当产量法、在产品按定额成本计价法、定额比例法等。企业在确定采用哪种分配方法时，应从企业的实际情况出发，考虑生产特点和管理要求，选择既合理又简便的方法。

6.3.2.1 不计算在产品成本法

不计算在产品成本法是一种简化的产品成本计算方法，适用于月末在产品数量很少，价值很低，并且各月份在产品数量比较稳定的情况。

采用不计算在产品成本法时，虽然月末有在产品，但不计算其成本。也就是说，某种产品本月发生的生产费用就是本月完工产品的成本。这种方法可以大大简化产品成本的计算工作，提高成本核算的效率。

虽然不计算在产品成本法可以简化成本计算，但也可能导致产品成本的不准确。如果月末在产品数量较多，或者各月在产品数量变化较大，就需要采用其他更为精确的成本计算方法。

6.3.2.2 在产品按固定成本计价法

在产品按固定成本计价法，是将年内各月在产品的成本都按照年初在产品成本来计算的方法，这意味着各月月末在产品的成本是固定不变的。每月发生的生产费用，仍然被视为当月完工产品的成本。到了年末，企业会根据实际盘点的在产品数量，重新确定年末在产品成本，这个成本将作为次年在产品计价的依据。

这种方法主要适用于在产品数量各月之间变化不大的企业，或者月末在产品数量很小的情况。其优点在于可以简化产品成本的计算工作。然而，如果月末在产品数量较大且变化也较大，采用这种方法可能会导致产品成本计算不准确。

6.3.2.3 在产品按所耗直接材料成本计价法

在产品按所耗直接材料成本计价法，是月末在产品只计算其所耗用的直接材料成本，而不计算直接人工等加工费用的方法。这种方法适用于各月月末在产品数量较多，各月在产品数量变化也较大，直接材料成本在生产成本中所占比重较大且材料在生产开始时一次就全部投入的情况。采用这种方法时，月末在产品只计算原材料费用，人工费用等加工费用全部由完工产品负担。

在产品按所耗直接材料成本计价法只适用于直接材料成本在产品成本中占比较大的情况。如果直接人工等加工费用在产品成本中占比较大，那么这种方法可能会导致产品成本计算不准确。另外，它假设材料在生产开始时一次全部投入，这与实际情况可能存在一定的差异。如果材料是在生产过程中逐步投入的，那么这种方法也可能会导致产品成本计算不准确。

6.3.2.4　**约当产量法**

约当产量法是将月末实际结存的在产品数量按其完工程度折算成相当于完工产品产量（即约当产量），然后将生产费用按完工产品产量和在产品约当产量之间的比例进行分配，计算完工产品和在产品成本的方法。这种方法适用于月末在产品数量较多，各月末在产品数量变化较大，产品成本中直接材料和各项加工费用所占的比重相差不大的情况。

$$\text{在产品约当产量} = \text{在产品数量} \times \text{完工程度}$$

$$\text{费用分配率} = \frac{\text{月初在产品成本} + \text{本月发生的生产费用}}{\text{产成品产量} + \text{月末在产品约当产量}}$$

$$\text{产成品成本} = \text{费用分配率} \times \text{产成品产量}$$

$$\text{月末在产品成本} = \text{费用分配率} \times \text{月末在产品约当产量}$$

采用约当产量法分配生产费用，关键在于正确确定在产品完工程度，此外还应考虑原材料投入生产的方式。

（1）在产品完工程度的确定和约当产量计算

在产品完工程度通常针对直接材料费用（投料率）和加工费用（完工率）分别确定，并在此基础上分配各项费用。

直接材料投料率的确定和约当产量计算。

①直接材料在生产开始时一次投入，投料率为 100%。

②直接材料随着加工进度分工序投入：直接材料随着加工进度陆续投入，且投料程度与加工进度完全一致或基本一致，各工序投料率可以采用分配加工费用的完工率；直接材料随着加工进度陆续投入，且投料程度与加工进度不一致：一般以各工序直接材料消耗定额为依据，各工序投料率按完成本工序投料的 50% 折算。

$$\text{某工序在产品投料率} = \frac{\text{前面各工序直接材料消耗定额之和} + \text{本工序直接材料消耗定额} \times 50\%}{\text{产品直接材料消耗定额}}$$

例 6-9

某产品需经两道工序制成，直接材料消耗定额为 250 千克，其中：第一道工序直接材料消耗定额为 120 千克，第二道工序直接材料消耗定额为 130 千克。直接材料是在每道工序随加工进度陆续分次投料。月末在产品数量：第一道工序为 200 件，第二道工序为 150 件。完工产品为 241 件。

则该产品直接材料投料率计算如表 6-10 所示。

表6-10 直接材料投料率及约当产量计算表

工序	本工序直接材料消耗定额	完工率（投料率）	在产品约当产量（件）	完工产品（件）	合计（件）
一	120 千克	$\frac{120\times50\%}{250}\times100\%=24\%$	200 × 24%=48		
二	130 千克	$\frac{120+130\times50\%}{250}\times100\%=74\%$	150 × 74%=111		
合计	250 千克		159	241	400

③直接材料在每一道工序开始时一次投入：在确定各工序投料率时，应以各工序直接材料消耗定额为依据，投料率按完成本工序投料的 100% 计算。

（2）加工费用完工率的确定和约当产量的计算

测定完工程度的方法一般有两种：一种是平均计算，即一律按 50% 作为各工序在产品的完工程度。这法适用于各工序在产品数量和单位产品在各工序的加工量都相差不多的情况。在这种情况下，假设后面各工序在产品多加工的程度可以抵补前面各工序的程度。另一种是各工序分别测定完工率，即按照各工序的累计工时定额占完工产品工时定额的比例计算确定各工序在产品的完工率。其计算公式如下：

$$\text{某工序在产品完工率}=\frac{\text{前面各工序工时定额之和}+\text{本工序工时定额}\times50\%}{\text{产品工时定额}}$$

例 6-10

W 公司甲产品单位工时定额 40 小时，经过三道工序制成。第一道工序工时定额为 8 小时，第二道工序工时定额为 16 小时，第三道工序工时定额为 16 小时。各道工序内各件在产品加工程度均按 50% 计算。本月完工 200 件，第一道工序的在产品 20 件，第二道工序的在产品 40 件，第三道工序的在产品 60 件。如表 6-11 所示。

表6-11 在产品完工率及约当产量计算表

工序	本工序工时定额（小时）	完工率（投料率）	在产品约当产量（件）	完工产品（件）	合计（件）
一	8	$\frac{8\times50\%}{40}\times100\%=10\%$	20 × 10%=2		
二	16	$\frac{8+16\times50\%}{40}\times100\%=40\%$	40 × 40%=16		
三	16	$\frac{8+16+16\times50\%}{40}\times100\%=80\%$	60 × 80%=48		
合计	40		66	200	266

（3）生产费用的具体分配

生产费用具体分配时，根据完工产品产量和在产品约当产量的比例分配生产费用，从而得出完工产品和在产品的成本。

$$某项费用分配率=\frac{该项费用总额}{完工产品数量+在产品约当产量}$$

$$完工产品该项费用=完工产品数量\times费用分配率$$

$$在产品该项费用=在产品约当产量\times费用分配率$$

$$=该项费用总额-完工产品该项费用$$

例 6-11

沿用例 6-10 相关资料，假设材料在生产开始时一次投料。相关成本费用情况如表 6-12 所示。

表6-12　成本费用表

项目	直接材料	直接人工	制造费用	合计
月初在产品成本	5000	2480	2800	10280
本月生产费用	11000	5500	5712	22212

则甲产品月末完工产品和在产品成本采用约当产量法分配如下：

①费用分配率：

$$材料费用分配率=\frac{5000+11000}{200+20+40+60}=50（元/小时）$$

$$人工费用分配率=\frac{2480+5500}{200+66}=30（元/小时）$$

$$制造费用分配率=\frac{2800+5712}{200+66}=32（元/小时）$$

②完工产品和在产品成本计算：

完工产品成本：

直接材料费用 $=50\times200=10000$（元）

直接人工费用 $=30\times200=6000$（元）

制造费用 $=32\times200=6400$（元）

完工产品成本 $=10000+6000+6400=22400$（元）

在产品成本：

直接材料费用 $=50\times120=6000$（元）

直接人工费用 =30 × 66= 1980（元）

制造费用 =32 × 66=2112（元）

在产品成本 =6000+1980+2112=10092（元）

约当产量法的优点在于能够较为准确地反映在产品成本，使完工产品和在产品之间的成本分配更加合理。但是，这种方法也存在一定的局限性，例如对于完工程度的确定可能存在一定的主观性，以及对于原材料投入方式的不同可能需要采用不同的计算方法等。

6.3.2.5 在产品按定额成本计价法

在产品按定额成本计价法将月末在产品的各项费用按各该费用定额计算的方法，亦即月末在产品成本按其数量和单位定额成本计算，实际生产费用与定额费用的差异全部计入当月完工产品成本。

月末在产品成本 = 月末在产品数量 × 在产品定额单位成本

完工产品成本 = 本月生产成本 + 月初在产品成本 − 月末在产品成本

在产品按定额成本计价法适用于各项消耗定额或成本定额比较准确、稳定，而且各月末在产品数量变化不是很大的产品。

采用这种分配方法，月末在产品定额成本与实际成本之间的差异（脱离定额差异）全部由完工产品负担，不尽合理。如前所述，在各项消耗定额或费用定额比较准确、稳定，各月在产品数量变化不大的条件下，采用这种分配方法能够比较准确、简便地解决完工产品与月末在产品之间分配费用的问题，否则会影响产品成本计算的正确性。如果产品成本中直接材料费用所占比重较大，为了进一步简化成本计算工作，月末在产品成本可以只按定额原材料费用计算，其他各项实际费用计入完工产品成本。也就是把在产品按所耗直接材料费用计价法，与在产品按定额成本计价法结合应用，即在产品按定额直接材料费用计价法，月末在产品只计算所耗直接材料费用，而直接材料费用又是按定额计算的。

6.3.2.6 定额比例法

完工产品和在产品分配的定额比例法以定额（标准）为基础，按照完工产品与在产品之间的实际消耗量（费用）与定额消耗量（费用）的比例来分配成本。计算公式如下：

$$消耗量分配率=\frac{月初在产品的实际消耗量+本月实际消耗量}{完工产品定额消耗量+月末在产品定额消耗量}$$

完工产品实际消耗量 = 完工产品定额消耗量 × 消耗量分配率

完工产品分配费用 = 完工产品实际消耗量 × 原材料单价（或单位工时的直接人工费用、制造费用）

月末在产品实际消耗量 = 月末在产品定额消耗量 × 消耗量分配率

月末在产品分配费用 = 月末在产品实际消耗量 × 原材料单价（或单位工时的直接人工费用、制造费用）

定额比例法的特点是先计算消耗量分配率，再根据完工产品与在产品的定额消耗量，分别计算其实际消耗量及费用。这种方法适用于定额管理基础较好，各项消耗定额或费用定额比较准确、稳定，而且各月末在产品数量变动较大的产品。

在实际应用中需要注意以下几点：定额消耗量需要根据实际情况进行定期修订，以保证其准确性和合理性。如果原材料在生产开始时一次投入，那么原材料费用可以按照完工产品和在产品的数量比例进行分配，而不必计算定额消耗量比例。对于工资和其他费用，通常按照完工产品和在产品的定额工时比例进行分配。如果月末在产品数量很少，或者在产品数量虽大但各月之间数量变动不大，那么可以采用其他方法（如不计算在产品成本法、在产品按固定成本计价法等）来简化成本计算过程。

总之，完工产品和在产品分配的定额比例法是一种基于定额消耗量（费用）比例的成本计算方法，适用于定额管理基础较好且各月末在产品数量变动较大的情况。该方法在实际应用中，需要根据具体情况灵活运用并不断完善。

思政拓展 3- 公平：各种产品可能对企业的利润贡献不同，但费用的分配需要遵循公平原则，确保每种产品都承担其应分担的费用，避免某些产品过度承担费用而另一些产品逃避责任。这种公平性有助于维护企业内部的和谐稳定，促进员工之间的团结协作。

6.4 成本计算的基本方法

成本计算的基本方法是根据不同的生产特点和管理要求，选择合适的成本计算对象，并据此归集和分配生产费用，最终计算出产品的总成本和单位成本的方法。成本计算的基本方法包括品种法、分批法和分步法，无论哪一种生产类型的企业，成本计算的方法一定是三种基本方法之一。

6.4.1 品种法

6.4.1.1 品种法的适用范围和特点

品种法也被称为简单法，是以产品品种为成本计算对象归集和分配生产成本的方法。这种方法适用于单步骤、大量生产的企业，或者生产按流水线组织且管理上不要求按照生产步骤计算产品成本的多步骤生产，如小型水泥厂、造纸厂等。在这些企业中，产品品种往往比较单一，封闭式生产，生产周期短，月末一般没有或只有少量在产品存在。

品种法的基本特点：

①成本计算对象是产品品种。如果企业只生产一种产品，则所有生产成本都是直接成本，可直接计入该产品成本。如果企业生产多种产品，则需要按照产品品种分别设置成本明细账，归集生产成本，然后采用适当的分配方法将间接费用在各品种之间进行分配。

②品种法一般定期（每月月末）计算产品成本。在大批大量生产的企业，材料不断的投入、产品不断的完工，因而人为地将成本计算定为每月月末进行。

③费用在完工产品在产品之间的分配。对于单步骤生产企业中，由于生产不能间断、生产周期短，月末计算成本时，一般不存在尚未完工的在产品，或者在产品数量很小，因而可以不计算在产品成本。在这种情况下，产品成本明细账中按成本项目归集的生产费用，就是该产品的总成本，用该产品的产量去除，即可求得该产品的平均单位成本；对于规模较小，管理上又不要求分步骤计算成本的大批大量的多步骤生产企业，月末一般都有在产品，而且数量较多，此时应选择合适的分配方法，在完工产品与月末品之间进行分配，以便计算完工产品成本和月末在产品成本。

6.4.1.2　品种法的核算程序

品种法的成本核算程序一般包括以下几个步骤：

①按产品品种设立成本明细账，根据各项费用的原始凭证及相关资料编制有关记账凭证并登记有关明细账，并编制各种费用分配表分配各种要素费用。

②根据上述各种费用分配表和其他相关资料，登记辅助生产明细账、基本生产明细账、制造费用明细账等。

③根据辅助生产明细账编制辅助生产成本分配表，分配辅助生产成本。

④根据制造费用明细账编制制造费用分配表，在各种产品之间分配制造费用，并据以登记基本生产成本明细账。

⑤根据各产品基本生产明细账编制产品成品计算单，分配完工产品成本和在产品成本。

⑥汇编产成品的成本汇总表，结转产成品成本。

例 6-12

某制糖厂为大量大批生产硬糖和奶糖，采用品种法计算产品成本。设有一个基本生产车间——制糖车间，一个辅助生产车间——机修车间。该厂当月生产费用实际发生情况及工时资料如表 6-13、表 6-14 所示，本月有关产品成本核算资料如下：

表6-13　产量资料　　　　**单位：千克**

产品名称	月初在产品	本月投产	完工产品	月末在产品	完工率
硬糖	1600	14400	13000	3000	60%
奶糖	640	7360	6400	1600	40%

表6-14　月初在产品成本表　　　　**单位：元**

产品名称	直接材料	直接人工	制造费用	合计
硬糖	16180	11720	13620	41520
奶糖	12352	5896	5456	23704

不考虑其他因素，采用品种法核算硬糖和奶糖成本程序如下：

①根据按材料用途归类的领退料凭证和有关费用分配标准编制材料费用分配表如表 6-15 所示。

硬糖、奶糖共同耗用材料按定额耗用量（单位：千克）比例分配。本月，硬糖定额耗用量应为 3000 千克，奶糖定额耗用量应为 1500 千克，共同耗用材料 18000 元。

则材料费用分配率 =18000/4500=4（元 / 千克）

硬糖应分担共同耗用材料 =4 × 3000=12000（元）

奶糖应分担共同耗用材料 =4 × 1500=6000（元）

表6-15　材料费用分配表　　　　**单位：元**

应借账户		成本或费用项目	直接计入金额分配标准	分配计入		合计
				耗用量	分配金额	
生产成本——基本生产成本	硬糖	直接材料	8820	3000	12000	20820
	奶糖	直接材料	7408	1500	6000	13408
	小计		16228	4500	18000	34228
生产成本——辅助生产成本	机修车间	机物料消耗	1800			1800
制造费用		机物料消耗	3876			3876
合计			21904			39904

根据材料费用分配表编制会计分录如下：

借：生产成本——基本生产成本（硬糖）　　20820

（奶糖）　　13408

辅助生产成本——机修车间　　1800

制造费用　　3876

贷：原材料　　39904

②根据按部门发放的工资汇总表和相关费用分配标准编制人工费用分配表如表 6-16 所示。

硬糖和奶糖共同发生的生产工人工资按硬糖、奶糖工时比例分配。本月，硬糖耗用工时 1800 小时，奶糖耗用工时 2200 小时，共同发生生产工人工资 20000 元。

则人工费用分配率 =20000/4000=5（元 / 小时）

硬糖应分担共同耗用材料 =5×1800=9000（元）

奶糖应分担共同耗用材料 =5×2200=11000（元）

表6-16　人工费用分配表　　单位：元

应借账户		成本或费用项目	直接计入金额分配标准	分配计入		合计
				耗用工时	分配金额	
生产成本——基本生产成本	硬糖	直接人工		1800	9000	9000
	奶糖	直接人工		2200	11000	11000
	小计			4000	20000	20000
生产成本——辅助生产成本	机修车间	人工费用	1600			1600
制造费用		人工费用	3200			1600
合计			4800			23200

根据人工费用分配表编制会计分录如下：

借：生产成本——基本生产成本（硬糖）　　9000

（奶糖）　　11000

辅助生产成本——机修车间　　1600

制造费用　　1600

贷：应付职工薪酬　　23200

③根据其他相关费用原始凭证和相关分配标准编制其他费用分配表如表 6-17 所示。

表6-17　其他费用分配表　　单位：元

应借账户	折旧费	水电费	办公费	合计
生产成本——辅助生产成本（机修车间）	400	320	80	800
制造费用	11600	520	804	12924
合计	12000	840	884	13724

根据其他费用分配表编制会计分录如下：

借：生产成本——辅助生产成本（机修车间）　　800

制造费用　　12924

贷：累计折旧　　12000

　　银行存款等　　1724

④依据上述归集完成的辅助生产成本明细账如表6-18所示，编制辅助生产成本分配表如表6-19所示。

表6-18　辅助生产成本明细账（机修车间）　　单位：元

月	日	摘要	机物料消耗	工资	折旧费	水电费	办公费	合计
		材料费用分配表	1800					1800
		工资费用分配表		1600				1600
		其他费用分配表			400	320	80	800
		合计	1800	1600	400	320	80	4200

因辅助生产车间只有机修车间，不涉及辅助生产车间相互用量问题，因此按劳务数量比例分配辅助生产成本，如表6-19所示。

本月机修车间共提供劳务4200小时，其中，基本生产车间使用4000小时，管理部门使用200小时。

辅助生产车间劳务单位成本（分配率）$=\frac{4200}{4200}=1$（元/小时）

表6-19　辅助生产成本分配表

应借账户	费用项目	耗用劳务数量（小时）	分配率	分配额
制造费用	修理费	4000		4000
管理费用	修理费	200		200
合计		4200	1	4200

根据辅助生产成本分配表编制会计分录如下：

借：制造费用　　4000

　　管理费用　　200

　贷：生产成本——辅助生产成本（机修车间）　　4200

辅助生产成本分配完成后，辅助生产成本明细账结平，如表6-20所示。

表6-20　辅助生产成本明细账　　单位：元

月	日	摘要	机物料消耗	工资	折旧费	水电费	办公费	合计
		材料费用分配表	1800					1800
		工资费用分配表		1600				1600
		其他费用分配表			400	320	80	800
		合计	1800	1600	400	320	80	4200
		分配转出	1800	1600	400	320	80	4200

⑤依据上述归集完成的制造费用明细账如表6-21所示，编制制造费用分配表如表6-22所示。

表6-21 制造费用明细账

月	日	摘要	机物料消耗	工资	折旧费	水电费	办公费	运输费	合计
		材料费用分配	3876						3876
		工资费用分配		3200					3200
		其他费用分配			11600	520	804		12924
		辅助生产费用分配						4000	4000
		合计	3876	3200	11600	520	804	4000	24000

制造费用按工时比例分配，本月，硬糖耗用工时1800小时，奶糖耗用工时2200小时。

则制造费用分配率 $=\dfrac{24000}{1800+2200}=6$（元/小时）

表6-22 制造费用分配表 单位：元

应借账户	成本项目	生产工时	分配率	分配额
基本生产成本——硬糖	制造费用	1800		10800
基本生产成本——奶糖	制造费用	2200		13200
合计		4000	6	24000

根据制造费用分配表编制会计分录如下：

借：生产成本——基本生产成本（硬糖） 10800

（奶糖） 13200

贷：制造费用 24000

辅助生产成本分配完成后，辅助生产成本明细账结平，如表6-23所示。

表6-23 制造费用明细账

月	日	摘要	机物料消耗	工资	折旧费	水电费	办公费	运输费	合计
		材料费用分配	3876						3876
		工资费用分配		3200					3200
		其他费用分配			11600	520	804		12924
		辅助生产费用分配						4000	4000
		合计	3876	3200	11600	520	804	4000	24000
		分配转出	3876	3200	11600	520	804	4000	24000

⑥依据上述归集完成的硬糖生产成本明细账如表 6-24 所示，计算硬糖完工产品成本和在产品成本，编制硬糖成本计算单。

表6-24　硬糖生产成本明细账

月	日	凭证号	摘要	直接材料	直接人工	制造费用	合计
			月初在产品成本	16180	11720	13620	41520
			材料费用分配表	20820			20820
			工资费用分配表		9000		9000
			制造费用分配表			10800	10800
			合计	37000	20720	24420	82140
			完工产品成本转出				
			月末在产品成本				

硬糖按约当产量法分配完工产品和月末在产品成本，材料随加工程度陆续投入。月末在产品 3000 件，完工率 60%。完工产品和在产品成本具体计算过程见硬糖成本计算单如表 6-25 所示。

表6-25　硬糖成本计算单　　　　　　　　**单位：元**

成本项目	直接材料	直接人工	制造费用	合计
月初在产品成本	16180	11720	13620	41520
本月生产费用	20820	9000	10800	40620
合计	37000	20720	24420	82140
完工产品数量	13000	13000	13000	
在产品约当产量	1800	1800	1800	
约当总产量	14800	14800	14800	
费用分配率	2.5	1.4	1.65	
完工产品成本	32500	18200	21450	72150
月末在产品成本	4500	2520	2970	9990

在产品约当产量 =3000 × 60%=1800（件）

根据硬糖成本计算单编制产成品结转分录如下：

借：库存商品——硬糖　　　　　　　　　　72150

　贷：生产成本——基本生产成本（硬糖）　　　　　72150

登记硬糖生产成本明细账，如表 6-26 所示。

表6-26　硬糖生产成本明细账

月	日	凭证号	摘要	直接材料	直接人工	制造费用	合计
			月初在产品成本	8090	5860	6810	20760
			材料费用分配表	10410			10410
			工资费用分配表		4500		4500
			制造费用分配表			5400	5400
			合计	18500	10360	12210	41070
			完工产品成本转出	32500	18200	21450	72150
			月末在产品成本	4500	2520	2970	9990

⑦依据上述归集完成的奶糖生产成本明细账如表6-27所示，计算奶糖的完工产品成本和在产品成本，编制奶糖成本计算单。

表6-27　奶糖生产成本明细账

月	日	摘要	直接材料	直接人工	制造费用	合计
		月初在产品成本	12352	5896	5456	23704
		材料费用分配表	13408			13408
		工资费用分配表		11000		11000
		制造费用分配表			13200	13200
		合计	25760	16896	18656	61312

奶糖按约当产量法计算完工产品和月末在产品成本，材料生产开始一次投入。在产品1600件，完工率40%。完工产品和在产品成本计算过程见奶糖成本计算单如表6-28所示。

表6-28　奶糖成本计算单

成本项目	直接材料	直接人工	制造费用	合计
月初在产品成本	12352	5896	5456	23704
本月生产费用	13408	11000	13200	37608
合计	25760	16896	18656	61312
完工产品数量	6400	6400	6400	
在产品约当产量	1600	640	640	
约当产量合计	8000	7040	7040	
费用分配率	3.22	2.4	2.65	
完工产品成本	20608	15360	16960	52928
月末在产品成本	5152	1536	1696	8384

在产品约当产量 =1600×40%=640（件）

根据奶糖成本计算单编制产成品结转分录如下：

借：库存商品——奶糖　　52928

贷：生产成本——基本生产成本（奶糖）　　52928

登记奶糖生产成本明细账，如表 6-29 所示。

表6-29　奶糖生产成本明细账

月	日	摘要	直接材料	直接人工	制造费用	合计
		月初在产品成本	12352	5896	5456	23704
		材料费用分配表	13408			13408
		工资费用分配表		11000		11000
		制造费用分配表			13200	13200
		合计	25760	16896	18656	61312
		完工产品成本转出	20608	15360	16960	52928
		月末在产品成本	5152	1536	1696	8384

从上述例题中可以看出，品种法的计算程序体现了产品成本计算的一般程序，因此品种法又称为最基本的成本计算方法，后面的分批法与分步法都是以品种法为基础演变而来。前面介绍的相关处理流程也是以品种法为基础展开的。因为归集和分配的相关方法已在前面内容中详细讲解，本部分内容以品种法的系统性核算为重点。

6.4.2　分批法

6.4.2.1　分批法的适用范围和特点

分批法也被称为“订单法”，是以产品的批别或订单为成本计算对象，归集生产费用并计算产品成本的方法。这种方法主要适用于单件、小批生产的企业。

分批法的特点：

①成本核算对象明确。分批法的成本核算对象是产品的批别或订单，这使每一批或每一订单的产品成本都能得到精确的计算。这种核算方式特别适用于单件、小批生产的企业，如造船、重型机器制造、精密仪器制造等，因为这些企业的产品往往具有独特性，需要单独核算成本。

②成本计算与产品生产周期一致。分批法的成本计算期与产品生产周期一致，这意味着成本的归集和分配是根据产品的实际生产进度进行的。这种一致性有助于更准确地反映产品在不同生产阶段的成本情况，为管理者提供决策支持。

③不存在完工产品与在产品之间的成本分配问题。由于分批法是根据产品的批别或

订单进行成本核算的，每个批别或订单的产品都是独立的成本计算对象。因此，在分批法下，一般不存在完工产品与在产品之间分配成本的问题。这简化了成本核算过程，减少了成本分配的主观性和复杂性。如果批内产品有跨月陆续完工的情况，则需要在完工产品和月末在产品之间分配费用：跨月陆续完工占全部批量的比重较小，按照计划单位成本、定额单位成本或近期相同产品的实际单位成本计算完工产品成本；跨月陆续完工占全部批量的比重较大，采用适当方法在完工产品和在产品之间进行分配。

④成本计算具有不定期性。分批法的成本计算是与生产任务通知单的签发和生产任务的完成紧密配合的，因此成本计算是不定期的。这意味着成本核算的时间取决于产品的实际生产进度，而不是固定的财务报告期。这种灵活性使得分批法能够适应不同企业的生产特点和需求。

6.4.2.2 分批法的核算程序

分批法的计算程序通常包括以下三个步骤：

①按批别或订单设置成本明细账，并按成本项目分设专栏。

②根据各种费用分配表，将各项费用分别按产品批别或订单计入各有关成本项目。

③根据批别或订单产品完工通知单，将计入已完工的该批或该订单产品成本明细账中的各项费用，按成本项目加以汇总，计算该批或该订单产品的总成本。如果需要，还可以计算产品的单位成本。

例 6-13

某企业根据客户订单小批生产甲、乙两种产品，采用分批法计算产品成本。20××年7月生产情况和生产费用支出情况的资料如下：

（1）本月生产产品的批号：

301：甲产品10台，5月投产，本月全部完工。

302：甲产品16台，6月投产，本月完工10台。

402：乙产品10台，本月投产，计划8月完工，本月提前完工2台。

（2）生产费用支出情况：

①各批产品的月初在产品费用详见表6-30。

表6-30 各批产品月初在产品费用表

批号	直接材料	直接人工	制造费用	合计
301	48500	36000	31500	116000
302	91220	45060	34500	170780
402	37000	30000	22500	89500

②根据费用分配表，汇总各批产品本月发生的生产费用，详见表 6-31。

表6-31　各批产品本月生产费用表

批号	直接材料	直接人工	制造费用	合计
301	2250	22500	19500	44250
302	2400	25500	21780	49680
402	37000	30000	22500	89500

（3）计算本月各批产品的成本：

① 301 批甲产品，本月已全部完工，产品成本明细账中所归集的全部费用即为该批产品的总成本。

② 302 批甲产品，本月完工数量较大，其完工产品与月末在产品之间的费用分配采用约当产量比例法。由于原材料是在生产开始时一次投入的，其费用按照完工产品和在产品实际数量分配；其他费用按约当产量比例分配。在产品的完工程度为 20%。

③ 402 批乙产品，本月完工数量为 2 台。为简化核算，这 2 台乙产品的成本按计划成本转出，每台计划成本为：直接材料费用 3720 元，直接人工费用 3030 元，制造费用 2150 元，合计 8900 元。

根据上述各项资料，登记各批产品成本明细账，详见表 6-32 至表 6-34。

表6-32　301批甲产品成本明细账　　单位：元

投产日期：5 月

产品批号：301　　购货单位：H 公司　　完工日期：7 月

产品名称：甲　　批量：10 台

摘要	直接材料	直接人工	制造费用	合计
月初在产品费用	48500	36000	31500	116000
本月费用	2250	22500	19500	44250
累计	50750	58500	51000	160250
完工产品成本	50750	58500	51000	160250
完工产品单位成本	5075	5850	5100	16025

表6-33　302批甲产品成本明细账　　单位：元

投产日期：6月

产品批号：302　　购货单位：Y公司　　完工日期：8月（本月完工10台）

产品名称：甲　　批量：16台

摘要	直接材料	直接人工	制造费用	合计
月初在产品费用	91220	45060	34500	170780
本月费用	2400	25500	21780	49680
累计	93620	70560	56280	220460
完工产品成本	58512.5	63000	50250	171762.50
完工产品单位成本	5851.25	6300	5025	17176.25
月末在产品费用	35107.50	7560	6030	48697.50

表6-33中有关数据计算如下：

直接材料费用分配率=93620/（10+6）=5851.25

完工产品直接材料费用=5851.25×10=58512.5（元）

月末在产品直接材料费用=5851.25×6=35107.5（元）

月末在产品约当产量=6×20%=1.2（台）

直接人工费用分配率=70560/（10+1.2）=6300

完工产品直接人工费用=6300×10=63000（元）

月末在产品直接人工费用=6300×1.2=7560（元）

直接制造费用分配率=56280/（10+1.2）=5025

完工产品制造费用=5025×10=50250（元）

月末在产品制造费用=5025×1.2=6030（元）

表6-34　402批甲产品成本明细账　　单位：元

投产日期：7月

产品批号：402　　购货单位：Z公司　　完工日期：8月（本月完工2台）

产品名称：乙　　批量：10台

摘要	直接材料	直接人工	制造费用	合计
本月费用	37000	30000	22500	89500
单台成本	3720	3030	2150	8900
完工产品成本（2台）	7440	6060	4300	17800
月末在产品费用	29560	23940	18200	71700

6.4.2.3　简化分批法

采用分批法核算的小批、单件生产的企业，如果同一月份投产的产品批数很多且月末未完工的批数也较多，如机械制造厂或修配厂，按照上述程序，不管是否已经完工，当月发生间接计入费用全部统一分配给各批产品，会加大费用分配的核算工作。此时，可以采用简化分批法。

企业将每月发生的间接计入费用成本项目累计计入基本生产成本二级账户中，只有当各批产品完工时，才分配结转，对于未完工的各批产品，不计算各批产品的在产品成本，这样大大简化了成本计算工作，这就是简化的分批法，亦称不分批计算在产品成本的分批法，核算程序如图 6-2 所示。

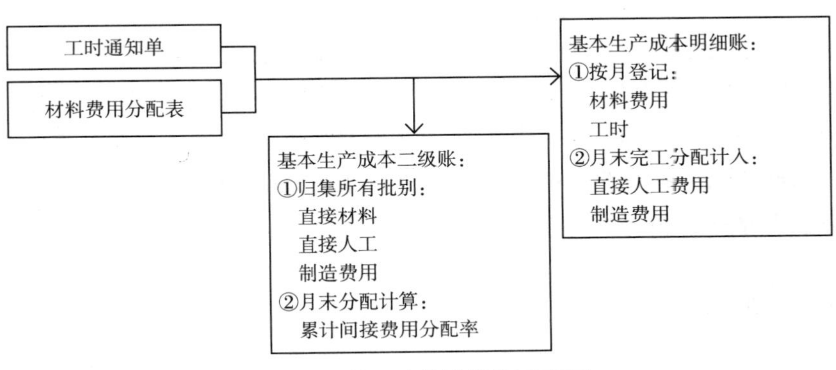

图 6-2　简化分批法核算示意图

$$全部产品累计间接计入费用分配率=\frac{全部产品累计间接计入费用}{全部产品累计工时}$$

某批完工产品应负担的间接计入费用

$$=该批完工产品累计工时\times 全部产品累计间接计入费用分配率$$

例 6-14

某企业小批生产多种产品，由于产品批数多，为了简化成本计算工作，采用简化的分批法。该企业 10 月份的产品批号有：

201 号：甲产品 6 件，8 月投产，本月完工。

202 号：甲产品 8 件，9 月投产，尚未完工。

203 号：乙产品 12 件，9 月投产，本月完工 2 件。

204 号：丙产品 4 件，10 月投产，尚未完工。

该企业设立的基本生产成本二级账如表 6-35 所示。

表6-35　基本生产成本二级账　　单位：元

（各批产品总成本）

月	日	摘要	直接材料	生产工时	直接人工	制造费用	合计
9	30	在产品	45180	93000	894375	1352250	2291805
10	31	本月发生	36150	152250	1558125	1713375	3307650
10	31	累计数	81330	245250	2452500	3065625	5599455
	31	全部产品累计间接计入费用分配率	—	—	10	12.5	—
	31	本月完工产品转出	15547.5	62190	621900	777375	1414822.5
	31	在产品	65782.5	183060	1830600	2288250	4184632.5

如表6-35所示，基本生产成本二级账中，期初在产品的生产工时和各项费用由上月末结转而来。本月发生的直接材料和生产工时根据本月材料费用分配表和工时记录，与生产成本明细账同时平行登记；本月发生的直接人工和制造费用等间接计入费用根据各该费用分配表登记。相关费用分配率计算如下：

$$直接人工费用累计分配率=\frac{2452500}{245250}=10$$

$$制造费用累计分配率=\frac{3065625}{245250}=12.5$$

本月完工产品转出的成本中直接材料和生产工时，根据各批产品的生产成本明细账中完工产品的直接材料和生产工时汇总登记；直接人工和制造费用项目，根据二级账中完工产品工时与各项费用分配率计算登记，也可以根据各批产品的明细账中完工产品的各该项费用分别汇总登记。月末在产品成本等于各项费用累计数与本月完工产品转出各该项成本之差。

该企业各批产品成本明细账如表6-36～表6-39所示。

表6-36　201号产品成本明细账　　单位：元

投产日期：8月

产品批号：201　　购货单位：H公司　　完工日期：10月

产品名称：甲　　批量：6件

月	日	摘要	直接材料	生产工时	直接人工	制造费用	合计
8	31	本月发生	8700	8145			
9	30	本月发生	1695	13305			
10	31	本月发生	1815	25050			

续表

月	日	摘要	直接材料	生产工时	直接人工	制造费用	合计
		累计数及累计间接计入费用分配率	12210	46500	10	12.5	
	31	本月完工产品转出	12210	46500	465000	581250	1058460
	31	完工产品单位成本	2035		77500	96875	176410

表6-37　202号产品成本明细账　　**单位：元**

投产日期：9 月

产品批号：202　　购货单位：Y 公司　　完工日期：

产品名称：甲　　批量：8 件

月	日	摘要	直接材料	生产工时	直接人工	制造费用	合计
9	30	本月发生	14760	28605			
10	31	本月发生	4470	63120			

表6-38　203号产品成本明细账　　**单位：元**

投产日期：9 月

产品批号：203　　购货单位：Z 公司　　完工日期：10 月　完工 2 件

产品名称：乙　　批量：12 件

月	日	摘要	直接材料	生产工时	直接人工	制造费用	合计
9	30	本月发生	20025	42945			
10	31	本月发生		21210			
	31	累计数及累计间接计入费用分配率	20025	64155	10	12.5	
	31	本月完工产品（2 件）转出	3337.5	15690	156900	196125	356362.5
	31	完工产品单位成本	1668.75		78450	98062.5	178181.25
	31	在产品	16687.5	48465			

表6-39　204号产品成本明细账　　**单位：元**

投产日期：10 月

产品批号：204　　购货单位：D 公司　　完工日期：

产品名称：丙　　批量：4 件

月	日	摘要	直接材料	生产工时	直接人工	制造费用	合计
10	31	本月发生	29865	42870			

如上述各批产品成本明细账所示，对于各批产品，如果当月没有完工产品，只登记直接材料和生产工时（如表6-37，202批甲产品生产成本明细账，表6-39，204批丙产品生产成本明细账所示），如果当月全部完工产品，则直接材料和各项间接费用全部转出，其中，直接人工和制造费用以其生产工时分别乘以各项累计间接计入费用分配率转出（如表6-36，201批甲产品生产成本明细账所示）。如果当月月末部分完工，部分未完工，则各项费用按照相应的核算方法在完工产品和在产品之间分配（如表6-38，203批甲产品生产成本明细账所示）。

简化分批法与一般的分批法相比，具有如下特点：

①需要设立基本生产二级账，按成本项目汇总登记各批别产品当月发生和累计发生的生产费用、生产工时，分配完工产品的间接计入费用，核算完工产品总成本和在产品总成本。

②在各批产品完工之前，该基本生产明细账只需登记直接材料费用和生产工时，不分配间接计入费用。只有在月末存在完工产品的情况下，才进行完工产品间接计入费用的分配，核算完工产品总成本和单位成本。

③全部产品的在产品成本只是以总数反映在基本生产明细账中，并不分批计算在产品成本。这种方法简化了成本的计算过程，提高了工作效率。

6.4.3 分步法

6.4.3.1 分步法的适用范围和特点

分步法以产品生产步骤和产品品种为成本计算对象，来归集和分配生产费用，计算产品成本。分步法的适用范围主要是大量、大批的多步骤生产，且管理上要求分步骤计算产品成本的企业。这些企业从原材料投入到产品完工，要经过若干连续的生产步骤，除最后一个步骤生产的是产成品外，其他步骤生产的都是完工程度不同的半成品。这些半成品，除少数可能出售外，都是下一步骤加工的对象这种方法分步法的主要特点包括：成本计算对象是各种产品的生产步骤和产品品种，需要按照产品的生产步骤和产品品种设置产品成本明细账，归集生产费用；产品成本计算按期在月末进行，需要在每月月末定期计算产品成本；每月末需要将生产费用在完工产品与月末在产品之间进行分配，这包括将各产品成本明细账中归集的生产费用在完工产品和在产品之间进行分配；在生产的各步骤之间进行成本结转，即上一步骤生产的半成品成本需要结转到下一生产步骤。

在实际工作中，由于成本管理的要求不同，分步法在结转各环节成本时，分为逐步结转和平行结转两种方法。逐步结转分步法是按照产品加工步骤的先后顺序，逐步计算并结转各步骤半成品成本，直至最终步骤计算出产成品成本的一种方法。而平行结转分步法则是在各步骤中同时计算各步骤的半成品成本和最终产成品成本，然后将各步骤的半成品成本和最终产成品成本进行汇总，得出整个产品的成本。

6.4.3.2　逐步结转分步法

逐步结转分步法是一种用于多步骤复杂生产的大批量生产企业的成本计算方法。这种方法按照产品连续加工的先后顺序，根据生产步骤所汇集的成本、费用和产量记录，计量自制半成品成本，自制半成品成本随着半成品在各加工步骤之间移动而顺序结转。逐步结转分步法的特点在于按生产步骤的顺序分步骤计算半成品成本，再按顺序结转下一步骤。这种方法有利于加强对生产资金的管理，为各步骤消耗半成品和进行成本对比等提供了半成品成本资料。逐步结转分步法的适用范围主要是大量大批的连续加工式多步骤生产类型的企业，如纺织企业的棉纱、坯布，冶金企业的生铁、钢锭、铝锭，化肥企业的合成氨等半成品都属于这种情况。此外，一种半成品同时转作几种产成品原料的企业，如生产钢铸件、铜铸件的机械企业，生产纸浆的造纸企业等，也可以采用逐步结转分步法计算产品成本。逐步结转分步法计算程序举例如图 6-3 所示。

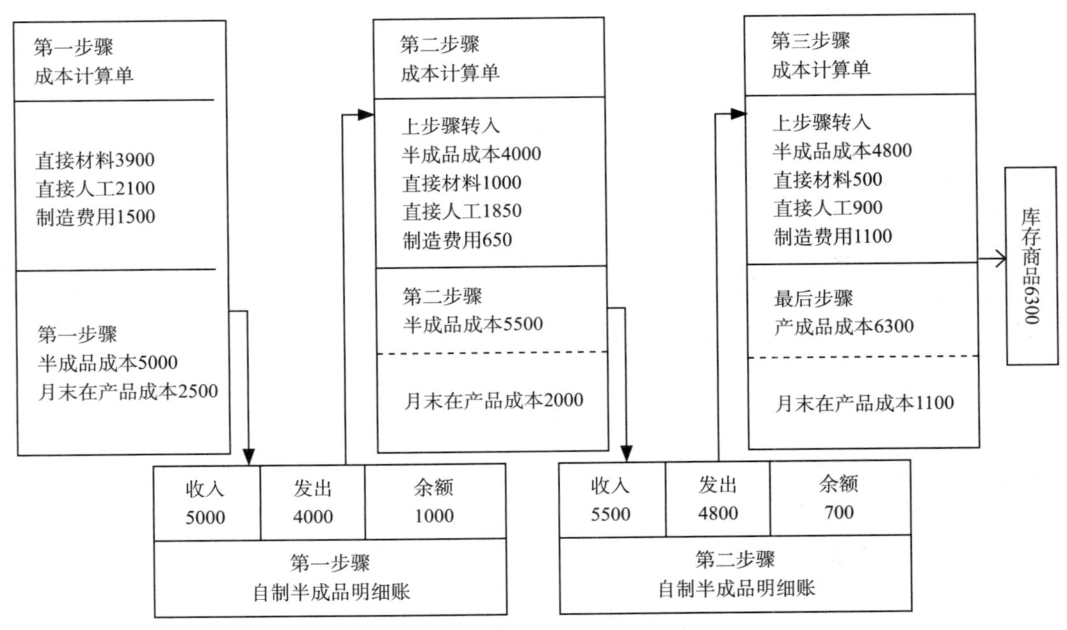

图 6-3　逐步结转分步法计算程序举例示意图

逐步结转分步法按照成本结转至下一步骤成本计算单中的方式不同，可分为综合逐步结转和分项逐步结转两种方法。

（1）综合逐步结转分步法

综合逐步结转分步法将各步骤所耗用的上一步骤半成品成本，以“原材料”“直接材料”或专设的“半成品”项目综合记入各该步骤的产品成本明细账中。这种方法的特点在于，它将各步骤所耗用的半成品成本综合起来进行结转，而不是按照成本项目分项转入各该步骤产品成本明细账的各个成本项目中。综合结转法可以按照半成品的实际成本结转，也可以按照半成品的计划成本（或定额成本）结转。如果按实际成本综合结转，各步骤所耗上一步骤的半成品费用，应根据所耗半成品的数量乘以半成品的实际单位成本计算。由于各月所产半成品的单位成本不同，因而所耗半成品的单位成本要采用先进先出法或加权平均法等方法计算。在实际工作中，半成品明细账可由车间核算员登记，也可以由财会人员登记。

例 6-15

某企业分两步在两个车间生产 A 产品，第一步骤在第一车间完成，为第二步骤即第二车间提供半成品，半成品收发通过半成品库进行。两个车间月末在产品均按定额成本计价。采用综合逐步结转分步法计算成本，计算程序如下：

①根据各费用分配表、半成品产量月报和第一车间在产品定额成本资料，登记 A 产品第一车间成本计算单，如表 6-40 所示。

表6-40　A产品（半成品）成本计算单　　单位：元

20×× 年 5 月

部门：第一车间　　产量：400 件

项目	直接材料	直接人工	制造费用	合计
月初在产品费用（定额成本）	18060	5250	6300	29610
本月费用	62100	22080	30600	114780
合计	80160	27330	36900	144390
完工半成品转出	54360	19830	27900	102090
月末在产品（定额成本）	25800	7500	9000	42300

②根据第一车间 A 产品（半成品）成本计算单、半成品入库单和第二车间领用半成品领用单登记半成品明细账，如表 6-41 所示。

表6-41　A产品半成品明细账

月份	月初余额		本月增加		合计			本月减少	
	数量（件）	实际成本（元）	数量（件）	实际成本（元）	数量（件）	实际成本（元）	单位成本（元）	数量（件）	实际成本（元）
5	180	43200	400	102090	580	145290	250.5	400	100200
6	180	45090							

③根据各费用分配表、产成品产量月报和第二车间在产品定额成本资料登记 A 产品（产成品）第二车间成本计算单，如表 6-42 所示。

表6-42　A产品（产成品）成本计算单　　　　**单位：元**

20×× 年 5 月

部门：第一车间　　　　　　　产量：500 件

摘要	直接材料（半成品）	直接人工	制造费用	合计
月初在产品费用（定额成本）	48000	10500	12000	70500
本月费用	100200	25200	26400	151800
合计	148200	35700	38400	222300
产成品转出	124200	30450	32400	187050
单位成本	248.4	60.9	64.8	374.1
月末在产品（定额成本）	24000	5250	6000	35250

综合逐步结转分步法在结转每一步骤领用上一步骤半成品成本时，以综合成本计入本步骤的直接材料（半成品）项目，在产成品的成本资料中，能够反映产成品中耗用上一步骤半成品的成本，却无法反映产成品的原始成本项目（直接材料、直接人工和制造费用）构成。为了进一步了解产成品中原始成本构成情况，需要对综合逐步结转分步法下产成品的成本进行成本还原。

成本还原指的是将产成品成本中耗用的上一步骤半成品的综合成本分解为原始的成本项目。产成品成本中耗用的上一步骤半成品的成本是以综合成本的形式反映在产成品成本中，其综合成本的构成与上一步骤完工半成品成本的成本构成一致，具体还原过程中，可以依据综合成本还原率（本月产成品中所耗上一步骤半成品成本与上一步骤本月完工半成品成本的比值）计算，据此可以得到成本还原率公式如下：

$$综合成本还原率=\frac{本月产成品所耗上一步骤半成品成本}{上一步骤本月完工半成品成本}$$

例 6-16

沿用例 6-15 资料，将第二车间本月完工产成品总成本 187050 元，还原成按原始成本项目反映。则需要将其中所耗用的第一车间半成品综合成本 124200 元还原成按照原始成本项目反映的成本。第一车间本月完工半成品成本为 102090 元，如表 6-40 所示。

具体计算过程如下：

①计算成本还原率。

$$综合成本还原率=\frac{124200}{102090}=1.2166$$

②计算产成品所耗用上一步骤半成品成本中各成本项目金额。

产成品所耗用上一步骤半成品成本中的直接材料 =54360×1.2166=66134.38（元）

产成品所耗用上一步骤半成品成本中的直接人工 =19830×1.2166=24125.18（元）

产成品所耗用上一步骤半成品成本中的制造费用 =124200-66134.38-24125.18=33940.44（元）

③编制成本还原计算表，如表 6-43 所示。

表6-43　A产品成本还原计算表　　单位：元

产量：500 件

项目	还原前产成品总成本①	上一步骤本月完工半成品成本②	成本还原率③	产成品中所耗用上一步骤半成品成本④	还原后产成品总成本⑤=①+④	还原后产成品单位成本⑥=⑤÷总产量
半成品	124200		1.2166	-124200		
直接材料		54360		66134.38	66134.38	132.27
直接人工	30450	19830		24125.18	54575.18	109.15
制造费用	32400	27900		33940.44*	66340.44	132.68
合计	187050	102090			187050	374.1

为了避免因成本还原率保留小数位不同可能造成的各项目之和与成本总和的差额，* 标识的制造费用项目为产成品中所耗用上一步骤半成品综合成本与还原得出的直接材料和直接人工之差计算得出。

由表 6-43 计算可知，经过成本还原，产成品中耗用的上一步骤半成品综合成本被还原至原始成本项目，进而得到了产成品按原始成本项目的构成情况。

综合逐步结转分步法适用于管理上不要求按步骤计算半成品成本的大量大批多步骤生产企业。这种方法的优点是简化了半成品成本的结转和登记工作，加快了成本计算的速度，同时也有利于加强各步骤的成本管理。但是，采用综合结转法需要进行成本还原，以便正确反映产品成本中的原材料、人工和制造费用等原始成本项目。

（2）分项逐步结转分步法

在综合逐步结转分步法中，需要成本还原，加大了成本核算的工作量。为了弥补这个缺陷，可以采用分项逐步结转分步法。分项逐步结转分步法按照产品加工顺序，逐步计算并结转半成品成本，每一步骤耗用上一步骤的半成品成本会按照原始成本项目（如直接材料、直接人工和制造费用等）分别转入下一步骤的成本计算中。这样，每个步骤都会计算并结转其自己的半成品成本，直到最后步骤计算出产成品的总成本。

分项逐步结转分步法能够提供每个步骤的详细成本信息，有助于企业了解生产过程中的成本构成和变化情况。同时，这种方法也有助于加强生产资金的管理，并为各步骤消耗半成品和进行成本对比等提供了半成品成本资料。但是，采用这种方法时，转账手续比较麻烦，需要详细记录和核对每个步骤的成本信息。如果按实际成本计价结转，比较准确，但可能会影响成本计算的及时性，不利于考核和分析各步骤成本的升降原因。

逐步结转分步法的主要优点和缺点如下：

第一，能够提供中间产品成本资料。逐步结转分步法可以反映各生产步骤的半成品成本，这为企业提供了详细的中间产品成本信息，有助于分析和控制各生产环节的成本。

第二，有利于各生产步骤的成本管理。由于各生产步骤都进行了成本计算，因此可以及时发现和纠正生产过程中的成本超支问题，从而有利于各生产步骤的成本管理和控制。

第三，能够反映真实的成本结构。逐步结转分步法按照产品的实际加工顺序进行成本计算和结转，因此能够反映产品的真实成本结构，为企业的定价决策提供准确的成本依据。

第四，成本计算工作量大。逐步结转分步法需要对每个生产步骤进行成本计算，并结转到下一步骤，这增加了成本计算的工作量。如果生产步骤较多，成本计算过程可能较为烦琐。

第五，可能存在成本还原问题。当采用综合结转方式时，需要将半成品成本分解为原始成本项目，以还原真实的成本结构。这个过程可能比较复杂，容易出错，影响成本计算的准确性。

第六，不利于进行成本分析和考核。由于各生产步骤的成本相互影响，当某一步骤成本发生变动时，可能难以确定其对最终产品成本的具体影响。这不利于企业进行成本分析和考核，也难以找到降低成本的有效途径。

6.4.3.3　平行结转分步法

前述逐步结转分步法能够反映每一步骤半成品成本，但在大量、大批、多步骤生产的企业中，有一部分企业各生产步骤生产的半成品种类很多，管理上不需要计算半成品成本。在这种情况下，为了简化和加速成本计算工作，可以采用平行结转分步法计算产品成本。

平行结转分步法在计算各步骤成本时，不计算各步骤所产半成品成本，也不计算各步骤所耗用上一步骤的半成品成本，只计算本步骤所发生的各项费用，以及这些费用中应计入产成品成本的份额，将相同产品的各步骤成本明细账中的这些份额平行结转、汇总，即可计算出该种产品的产成品成本。这种方法也被称为“不计列半成品成本分步法”。

具体说来，平行结转分步法的特点是：

第一，各生产步骤不计算半成品成本，只计算本步骤所发生的生产费用。除第一步骤生产费用中包括所耗用的原材料和各项加工费用外，其他各步骤只计算本步骤发生的各项加工费用。

第二，不论半成品是在各步骤之间直接转移，还是通过半成品库收发，都不通过“自制半成品”科目进行总分类核算。也就是说，半成品成本不随半成品实物转移而结转。

第三，将每一生产步骤发生的费用划分为耗用于产成品部分和尚未最后制成的在产品部分。为了计算各生产步骤发生的费用中应计入产成品成本的份额，必须将每一生产步骤的费用划分为耗用于产品的部分和尚未最后制成的在产品的部分。这里的在产品是就整个企业而言的广义在产品。它包括：尚在本步骤加工中的在产品；本步骤已完工转入半成品库的半成品；已从半成品库转到以后各生产步骤进一步加工、尚未最后制成的半成品。

第四，将某一产品的各生产步骤应计入产成品的份额平行结转、汇总，即可计算出该种产品的产成品成本。

平行结转分步法的成本计算程序如图 6-4 所示。

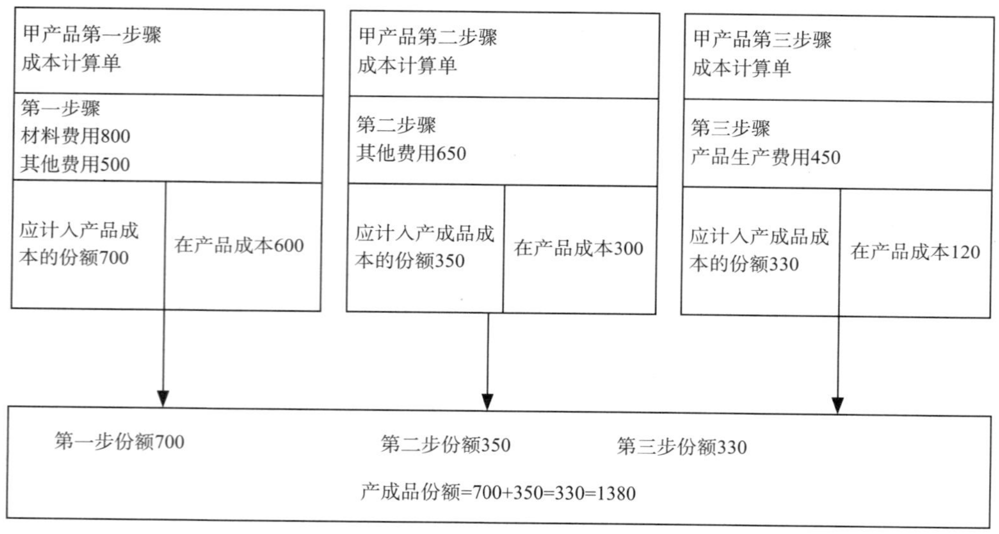

图 6-4　平行结转分步法的成本计算程序

例 6-17

甲产品的生产分两个步骤进行，第一生产步骤将原材料加工成为半成品，第二生产步骤将第一生产步骤生产的半成品加工成为产成品。其成本计算采用平行结转分步法。本月有关甲产品的资料如下：

①甲产品实物量及在产品完工程度资料如表 6-44 所示。

表6-44　甲产品实物量及在产品完工程度资料　　　　单位：件

项　　目	第一步骤	第二步骤
月初在产品结存	300	500
本月投入或转入	2000	2100
本月完工并转出	2100	2000
月末在产品结存	200	600
完工程度	40%	50%

②第一步骤生产所需要的原材料及第二步骤生产所需要的半成品均在每个步骤生产开始时一次投入；两个生产步骤的直接人工费用和制造费用随加工进度发生。上述各项费用在完工产品（应计入产成品份额）和月末在产品（广义在产品）之间的分配均采用约当产量比例法。

③各步骤月初在产品成本和本月生产费用分别见表 6-45 和表 6-46。

表6-45　月初在产品成本情况表

产品名称：甲产品　　　　单位：元

项 目	直接材料	直接人工	制造费用	合计
第一步骤	102000	63375	66625	232000
第二步骤		29250	30750	60000

表6-46　本月生产费用情况表

产品名称：甲产品　　　　单位：元

项 目	直接材料	直接人工	制造费用	合计
第一步骤	248000	191225	201375	640600
第二步骤		192125	196375	388500

根据上述资料，生产费用在完工产品与广义在产品之间的分配计算如下：

①计算第一步骤各项费用的分配率。

直接材料费用分配率 =（102000+248000）÷［2000+（200+600）］=125

直接人工费用分配率 =（63375+191225）÷［2000+（200×40%+600）］=95

制造费用费用分配率 =（66625+201375）÷［2000+（200×40%+600）］=100

②计算第二步骤各项费用的分配率。

直接人工费用分配率 =（29250+192125）÷［2000+600×50%）］=96.25

制造费用费用分配率 =（30750+196375）÷［2000+600×50%）］=98.75

③根据上述资料填列甲产品的第一、第二步骤产品成本明细账，如表 6-47 ~ 表 6-49 所示。

表6-47　甲产品成本明细账　　单位：元

第一生产步骤

项 目	直接材料	直接人工	制造费用	合计
月初在产品成本	102000	63375	66625	232000
本月生产费用	248000	191225	201375	640600
合 计	350000	254600	268000	872600
应计入产成品成本份额	250000	190000	200000	640000
月末在产品成本	100000	64600	68000	232600

表6-48　甲产品成本明细账　　单位：元

第二生产步骤

项 目	直接人工	制造费用	合计
月初在产品成本	29250	30750	60000
本月生产费用	192125	196375	388500
合 计	221375	227125	448500
应计入产成品成本份额	192500	197500	390000
月末在产品成本	28875	29625	58500

④根据上述资料填列甲产品的产成品汇总表。

表6-49　产成品成本汇总表　　产量：2000件

产品名称：甲产品

项 目	直接材料	直接人工	制造费用	合计
第一步骤成本份额	250000	190000	200000	640000
第二步骤成本份额	—	192500	197500	390000
产成品总成本	250000	382500	397500	1030000
单位成本	125	191.25	198.75	515

准确确定每一生产步骤的生产费用在完工产成品和广义在产品成本，是平行结转分步法计算产成品成本的关键。企业应根据实际情况，选用完工产品和在产品之间分配费用的某种方法进行分配。

平行结转分步法虽然具有一些优点，如能够简化和加速成本计算工作，但也存在一些缺陷。

①不能提供各个步骤的半成品成本资料。由于平行结转分步法不计算和结转半成品成本，因此无法提供各个步骤的半成品成本资料。这不利于企业全面、准确地了解产品

成本构成和各个步骤的成本情况，从而难以进行有效的成本控制和管理。

②在产品的费用在产品最后完成以前，不随实物转出而转出。这意味着在产品的费用不按其所在的地点登记，而按其发生的地点登记。这会导致各个生产步骤在产品的实物管理和资金管理缺乏必要的资料支持，不利于企业进行精细化管理和决策。

③各生产步骤的产品成本不包括所耗半成品费用。由于平行结转分步法不计算半成品成本，因此各生产步骤的产品成本中不包括所耗用的半成品费用。这会导致产品成本计算不够全面，无法准确反映各生产步骤的实际耗费水平，从而影响企业成本管理和决策的准确性。

④不利于进行各步骤的成本管理。由于无法提供各个步骤的半成品成本资料和所耗半成品费用资料，平行结转分步法不利于企业进行各步骤的成本管理。企业难以了解各步骤的成本构成和耗费情况，无法及时发现和解决成本问题，从而影响成本控制和管理的效果。

平行结转分步法适用于半成品无独立经济意义或虽有半成品但不要求单独计算半成品成本的企业，如砖瓦厂、瓷厂等；一般不计算零配件成本的装配式复杂生产企业，如大批量生产的机械制造企业。

思政拓展 4- 具体问题具体分析：依据不同的生产类型采用适当的成本计算方法，体现了马克思主义哲学中的具体问题具体分析的原则。这种灵活的、实事求是的态度，是我们在解决实际问题时应秉持的基本方法。

思政拓展 5- 适应性与创新性的统一：面对多样化的生产类型，采用不同的成本计算方法不仅体现了适应性，也是创新思维的体现（能够根据实际情况灵活选择合适的方法，以提高成本计算的准确性和效率）。

6.5　成本计算的辅助方法

成本计算的辅助方法是对基本方法的补充和完善，辅助方法的运用提供了更多的成本分析和管理工具，帮助企业更全面地了解成本构成，发现成本偏差，以及进行更精确的成本控制和决策。

6.5.1　分类法

6.5.1.1　分类法的特点

分类法按照产品的类别归集生产费用，先计算各类产品的总成本，再按照一定的标准在类内各个品种和规格的产品之间进行分配，从而计算出各个品种及各个规格产品的总成本和单位成本。适用于产品品种和规格繁多的企业。

分类法的特点在于其能够简化成本计算工作，特别适用于原材料相同、生产工艺和技术相似的多品种规格产品生产企业，如电子元件生产企业、化工试剂生产企业等。使用这种方法时，企业需要先根据产品的某些属性（如原料、工艺等）将产品进行分类，然后按照类别进行成本计算。

6.5.1.2 分类法的计算程序

在计算过程中，首先需要根据各类产品所耗用的原材料、工艺过程等因素，将产品划分为不同的类别，并为每个类别开设成本计算单。然后，将生产过程中发生的费用归集到各个类别中，计算出各类产品的总成本。最后，选择合理的分配标准（如系数法、定额比例法等），将各类产品的总成本在类内各个品种和规格的产品之间进行分配，从而得到各个品种及各个规格产品的总成本和单位成本。

例 6-18

某企业生产 A、B、C 三种产品，三种产品的结构、所用原材料及生产工艺基本相同，成本核算时合并为一类（Y 类），采用分类法计算成本。类内产品之间费用分配的标准分别为：直接材料费用按产品的直接材料费用系数（按直接材料费用定额确定）分配；其他费用按定额公式比例分配。则该企业分类法成本计算过程如下：

①计算直接材料费用系数如表 6-50 所示。

表6-50　直接材料费用系数计算表　　单位：元

产品名称	单位产品直接材料费用				直接材料费用系数
	原材料名称	消耗定额（千克）	计划单价	费用定额	
A（标准产品）	甲	240	0.5	120	1
	乙	120	0.8	96	
	丙	204	1	204	
	小计			420	
B	甲	216	0.5	108	0.8
	乙	60	0.8	48	
	丙	180	1	180	
	小计			336	
C	甲	332	0.5	166	1.2
	乙	130	0.8	104	
	丙	234	1	234	
	小计			504	

②按类别（Y 类）开设产品成本明细账。根据各项费用分配表归集生产费用，登记生产成本明细账，月末在产品按定额成本计价，计算产品成本，如表 6-51 所示。

表6-51　产品成本明细账　　　　**单位：元**

产品名称：Y 类　　　　××年×月

摘要	直接材料	直接人工	制造费用	成本合计
月初在产品成本（定额成本）	35910	14400	21600	71910
本月费用	1613340	95274	130761	1839375
生产费用合计	1649250	109674	152361	1911285
完工产品成本	1607040	89100	121500	1817640
月末在产品成本（定额成本）	42210	20574	30861	93645

③计算 A、B、C 三种产品的完工产品成本如表 6-52 所示。

表6-52　产成品成本计算表

项目	产量（件）	直接材料费用系数	直接材料费用系数总系数	工时消耗定额	定额工时	直接材料	直接人工	制造费用	成本合计
①	②	③	④=②×③	⑤	⑥=②×⑤	⑦=④×分配率	⑧=⑥×分配率	⑨=⑥×分配率	⑩=⑦+⑧+⑨
分配率						418.5	13.2	18	
A 产品	1500	1	1500	1.8	2700	627750	35640	48600	711990
B 产品	1125	0.8	900	2	2250	376650	29700	40500	446850
C 产品	1200	1.2	1440	1.5	1800	602640	23760	32400	658800
合计			3840		6750	1607040	89100	121500	1817640

表 6-52 中各项费用分配率计算如下：

直接材料费用分配率 =1607040/3840=418.5

直接人工费用分配率 =89100/6750=13.2

制造费用费用分配率 =121500/6750=18

需要注意的是，分类法并不是一种独立的成本计算方法，它需要与成本计算品种法、分批法、分步法等基本方法结合使用。同时，在使用分类法时，产品的分类必须恰当，不能把耗用原材料和加工过程相差很大的产品归为一类，以确保成本计算的准确性。

6.5.1.3　分类法的适用范围

分类法的适用范围相对广泛，主要适用于产品品种、规格繁多，且可以按一定标准进行分类生产的大型企业。这些企业往往生产多品种、多规格的产品，使用分类法可以有效地简化成本计算过程。具体来说，分类法适用于以下情况：

①使用相同原材料、经过相同或相似工艺过程生产出的不同规格产品。例如，生产不同尺寸的同一类型零件或组件。

②联产品的成本计算，即使用同一种原材料进行加工而同时生产出几种主要产品。这些产品在经济价值上相对接近，且难以单独计算每种产品的成本。

③除主要产品之外的零星产品生产。这些零星产品可能与主要产品相似，但生产数量较少，不值得为其单独设置成本计算单。

④在生产主要产品的生产过程中，附带生产一些非主要产品（副产品）的情况。这些副产品可能与主要产品相关，但其生产数量和价值相对较低。

⑤由于产品内部结构、所耗原材料质量或工艺技术等客观因素不同而造成的不同等级的产品。这些产品虽然在外观或功能上有所不同，但其生产过程和成本构成相似。

此外，分类法还广泛应用于其他领域，如电子商务中对商品进行分类展示，图书馆和档案馆中对图书、档案进行分类管理，以及企业组织中对员工、客户、供应商等进行分类管理。这些应用都体现了分类法在简化复杂问题、提高管理效率方面的优势。

6.5.1.4 分类法的优缺点

分类法能够大大简化多品种、多规格产品的成本计算过程，减少工作量，提高工作效率；通过按产品类别归集生产费用，分类法可以更好地反映同类产品之间的共性成本，有助于企业进行成本分析和控制；能够提供各类产品的成本信息，为企业制订价格策略、进行产品组合决策等提供重要参考。然而，分类法在应用过程中需要确定合理的分配标准，以将类别成本分配到具体产品上。这个分配标准的选择可能带有一定的主观性，影响成本计算的准确性；分类法注重的是产品类别的共性成本，可能会忽视同一类别内不同产品之间的个体差异，导致成本计算不够精确。

6.5.2 定额法

6.5.2.1 定额法的特点

定额法是以产品的定额成本为基础，通过加减各种定额差异和定额变动来计算产品的实际成本。这种方法首先要求企业制定产品的原材料、动力、工时等消耗定额，以及相应的计划单价，从而计算出产品的定额成本。在实际生产过程中，将实际生产耗费分解为符合定额的耗费和脱离定额的差异，并分别汇集。如果修订定额，还需要单独汇集定额变动差异。月末，采用适当的方法将汇集的定额差异与定额变动差异在完工产品与在产品之间进行分配，并在产品定额成本的基础上，调整计算产品的实际成本。

定额法的主要特点：

①将事先制定的产品消耗定额、费用定额和定额成本作为降低成本的目标。

②实际成本分为定额成本和差异两部分，在生产费用发生的当时，分别记录定额和差异，这样能在成本发生时及时了解实际成本脱离定额得差异情况，以加强对成本差异的日常核算、分析和控制。

③月末，在定额成本的基础上，加上各种成本差异，计算产品的实际成本，为成本的定期考核和分析提供数据。

产品实际成本 = 定额成本 + 脱离定额差异 + 直接材料成本差异 + 定额变动差异

6.5.2.2 定额法的计算程序

（1）制定定额成本

企业首先需要根据产品的生产工艺、技术条件和消耗定额，制定产品的定额成本。这是计算实际成本的基础，也是企业对生产费用进行事中控制和事后分析的依据。

定额成本的制定涉及对直接材料、直接人工和间接费用等成本要素的定额确定。例如，直接材料定额成本是根据产品的材料消耗定额和材料计划单价来计算的；直接人工定额成本则是根据产品生产工时定额和计划小时工资率来计算的。

制定定额成本有助于企业衡量成本节约或超支的情况，揭示实际成本与定额成本之间的差异，并为企业进行成本控制提供重要依据。此外，定额成本制定还可以作为企业预算编制和业绩评价的基础，帮助企业更加科学地进行成本管理，提高企业的经济效益和市场竞争力。

（2）设置产品成本明细账和计算单

企业需要根据成本计算对象设置产品成本计算单。在定额法下，产品成本计算单应按成本项目分别设置“定额成本”“脱离定额差异”“材料成本差异”和“定额变动差异”等专栏。定额法下产品成本明细账和计算单格式分别如表 6-53 和表 6-54 所示。

表6-53 产品成本明细账（定额法）

日期	摘要	直接材料		直接人工		制造费用		材料成本差异	定额变动差异	合计
		定额成本	脱离定额差异	定额成本	脱离定额差异	定额成本	脱离定额差异			

表6-54 产品成本计算单（定额法） 单位：元

	月初在产品	本月发生	完工产品	月末在产品
定额费用				
脱离定额差异				
材料成本差异				
定额变动差异				
实际成本				

（3）计算脱离定额差异

在生产过程中，企业需要记录并计算实际生产费用与定额成本之间的差异，即脱离定额差异。这种差异反映了企业各项生产费用支出的合理程度和执行定额的工作质量。

①直接材料费用脱离定额差异的核算。直接材料费用脱离定额差异的核算主要涉及实际材料耗用量与定额耗用量之间的差异。这种差异可以通过多种方法进行核算，包括限额法、切割法和盘存法等。

A. 限额法。

限额法是一种通过限额领料制度来控制材料领用的方法。在采用定额成本法时，应该实行限额领料制度，符合定额的原材料应根据限额领料单（格式如表 6-55 所示）等定额凭证领发。如果实际领用材料超过限额，那么超出的部分就被视为定额差异。

表6-55 限额领料单

领料部门： 日期： 用途：

材料名称	规格	单位	计划投产量（件）	单位消耗定额（千克）	领用限额（千克）	领用限额		
						数量（千克）	单价	金额
日期	领用			退料				
	数量	领料人	发料人	数量	退料人	收料人	限额结余数量	

例 6-19

限额领料单计划投产量 1000 件，每件产品直接材料消耗定额为 6 千克，原材料生产开始时一次投入，则领料限额为 6000 千克。本月实际领料 5600 千克，领料差异为 400 千克。假定以下三种情况：

①本期实际投产数量 1000 件，且期初、期末无余料。此时，少领 400 千克领料差异就是直接材料脱离定额的节约差。

②本期实际投产数量仍为 1000 件，但期初有余料 100 千克，期末有余料 120 千克，则此时：

直接材料定额消耗量 =1000×6=6000（千克）

直接材料实际消耗量 =5600+100−120=5580（千克）

直接材料脱离定额差异 =5580−6000=−420（千克）（节约差）

③本期投产数量为 900 件，期初有余料 100 千克，期末有余料 120 千克，则此时：

直接材料定额消耗量 =900×6=5400（千克）

直接材料实际消耗量 =5600+100−120=5580（千克）

直接材料脱离定额差异 =5580−5400=180（千克）（超支差）

B. 切割法。

切割法用于计算直接材料实际耗用量与定额耗用量之间的差异。切割法的核心思想是将一批材料进行分割，然后计算分割后材料的定额耗用量，再与实际耗用量进行比较，从而得出定额差异。具体来说，当材料被切割后，需要记录切割后的材料数量，并将其乘以相应的定额，以计算出这批材料的定额耗用量。接着，将这个定额耗用量与材料的实际耗用量进行对比，其差额就反映了脱离定额的差异。材料切割核算单的格式举例如表 6-56 所示。

表6-56　材料切割核算单

材料编号或名称：A　　材料计量单位：千克　　材料计划单价：5 元

产品名称：甲　　切割工人工号和姓名：1321　李铁　　机床编号：205

发交切割日期：××××年×月×日　　完工日期：××××年×月×日

<table>
<tr><td colspan="2">发料数量</td><td colspan="3">退回余料数量</td><td>材料实际消耗量</td><td colspan="2">废料回收数量</td></tr>
<tr><td colspan="2">120</td><td colspan="3">4</td><td>116</td><td colspan="2">2.5</td></tr>
<tr><td colspan="2">单件消耗定额</td><td>单件回收废料定额</td><td colspan="2">应切割成的毛坯数</td><td>实际切割成的毛坯数量</td><td>材料定额消耗量</td><td>废料定额回收量</td></tr>
<tr><td colspan="2">10</td><td>0.2</td><td colspan="2">12</td><td>11</td><td>110</td><td>2.2</td></tr>
<tr><td colspan="2">材料脱离定额差异</td><td colspan="3">废料脱离定额差异</td><td colspan="2">差异原因</td><td>责任者</td></tr>
<tr><td>数量</td><td>金额</td><td>数量</td><td>单价</td><td>金额</td><td colspan="2" rowspan="2">未按规定要求操作</td><td rowspan="2">李铁</td></tr>
<tr><td>6</td><td>30</td><td>0.3</td><td>5</td><td>−1.5</td></tr>
</table>

* 废料回收数量超过定额的差异可以冲减材料费用，因此列为负数；相反，低于定额的差异列为正数。

在实际操作中，切割法要求有精确的记录和计算，以确保核算的准确性。此外，它还需要配合良好的材料管理制度，包括对材料的领用、使用和库存进行严格的控制和管理。

切割法主要应用于需要经过切割才能使用的贵重材料或大量使用的原材料。一批材料在分割后，其数量与定额相乘，得到分割后材料的定额耗用量。将这个定额耗用量与实际耗用量相比较，其差额就是定额差异。

C. 盘存法。

盘存法通过实地盘点库存材料来确定实际耗用量，并将其与定额耗用量进行比较以计算脱离定额差异的方法。这种方法适用于那些难以通过其他方式（如限额法或切割法）准确核算材料耗用差异的情况。

本月投产产品数量 = 本月完工产品数量 + 期末在产品数量 – 期初在产品数量

在使用盘存法时，企业会定期对库存材料进行盘点，以确定材料的实际数量。通过比较盘点所得的实际数量与根据生产计划和定额计算出的理论数量，可以计算出材料的耗用差异。这种差异即反映了实际生产过程中材料的消耗与定额之间的差异。

盘存法的优点是可以直接获取实际库存数据，从而较准确地计算出材料的耗用差异。然而，这种方法也存在一些局限性，例如，盘点过程中可能出现误差，以及盘点周期和生产计划的不同步可能导致数据的不准确等。

为了克服这些局限性，企业在使用盘存法时需要注意以下几点：一是建立严格的盘点制度，确保盘点的准确性和及时性。二是合理确定盘点周期，以便及时发现和解决材料耗用问题。三是结合生产计划和定额，合理分析材料的耗用差异，找出原因并采取相应的改进措施。

②直接人工脱离定额差异的核算。直接人工脱离定额差异的核算主要涉及两个方面：计件工资形式下的核算和计时工资形式下的核算。

在计件工资形式下，直接人工脱离定额差异的计算与原材料脱离定额差异的计算相似，主要基于计件数量与计件单价的差异。其计算公式为：

直接人工定额费用 = 计件数量 × 计件单价

其中：

计件单价 = 计价单位工时的人工费用 ÷ 每工时产量定额

如果实际完成的计件数量与定额数量有差异，就会产生直接人工脱离定额差异。

在计时工资形式下，直接人工脱离定额差异的核算稍微复杂一些。由于实际人工费用总额要到月终才能确定，因此人工费用脱离差异不能随时按照产品直接计算。通常，这种差异只能在月末确定了实际直接人工费用总额和实际生产工时总额之后才能计算。计时工资形式下的直接人工脱离定额差异包括两部分：生产工时差异（量差）和小时工资率差异（价差）。其计算公式为：

某产品直接人工脱离定额差异 = 该产品实际工资 - 该产品定额工资

其中实际工资和定额工资的计算都依赖于实际生产工时和计划单位工时工资等因素。

③制造费用脱离定额的核算。制造费用脱离定额的核算主要涉及实际制造费用与定额制造费用的比较。制造费用是指企业在生产过程中发生的各项间接费用，如车间管理人员的工资、设备折旧费、水电费等。定额制造费用则是根据生产计划、工艺路线和消耗定额等因素预先设定的制造费用标准。

核算制造费用脱离定额的差异，首先要确定实际制造费用和定额制造费用。实际制造费用可以通过会计记录直接获取，而定额制造费用则需要根据企业的定额标准和生产计划进行计算。

在核算过程中，需要将实际制造费用与定额制造费用进行比较，计算出脱离定额的差异。如果实际制造费用高于定额制造费用，则产生正差异，表示实际费用超出了预定标准；如果实际制造费用低于定额制造费用，则产生负差异，表示实际费用低于预定标准。

对于脱离定额的差异，企业需要进行深入分析，找出差异产生的原因，并采取相应的措施进行改进。例如，如果是由生产效率低下导致的制造费用增加，企业可以通过优化生产流程、提高生产效率来降低制造费用；如果是由材料浪费导致的制造费用增加，企业可以通过加强材料管理、减少浪费来降低制造费用。

如果制造费用是按工时比例分配给各种产品的，那么各种产品的定额制造费用和脱离定额的差异，可以参照计时工资的方法进行计算确定。这需要企业有完善的工时记录和制造费用分配机制，以确保费用的合理分配和准确核算。

（4）材料成本差异的分配

在采用定额法的企业，如果对材料的日常核算采用计划成本法，那么，涉及材料成本差异的分配。此时，日常领用材料的计划成本由直接材料定额成本和脱离定额差异两部分构成。直接材料定额费用是定额消耗量与材料计划单价的乘积；脱离定额差异是脱离定额的消耗量与材料计划单价的乘积。即前述核算中直接材料脱离定额的差异反映的是量差（按计划单价反映的数量差异）。月末，在计算直接材料实际费用时，还应考虑直接材料的价差（实际单价与计划单价的差异）。其计算公式如下：

某产品应分配的直接材料成本差异 =（该产品直接材料定额费用 +/– 直接材料脱离定额差异）× 原材料成本差异分配率

例 6-20

沿用例 6-19 资料，本月生产产品消耗直接材料定额费用为 60000 元，脱离定额差异为节约 900 元，车间月初、月末均无余料。原材料的成本差异率为节约 1%。

则该产品应分配的材料成本差异为：

（60000−900）×（−1%）=−591（元）

为简化计算，各产品应分配的材料成本差异一般由完工产品成本负担，月末在产品不再负担。

（5）计算定额变动差异

定额变动差异是指在修订消耗定额或生产耗费的计划价格后，新旧定额之间产生的差额。这种差异的产生是由于企业根据生产技术条件的变化、劳动生产率的提高等因素，对消耗定额或计划价格进行了调整，以保证定额能够更准确地反映当前的生产经营实际情况。

定额变动差异与脱离定额差异不同，前者是定额本身变动的结果，与生产中的费用支出节约或超支无关；而后者则是由于生产过程中的实际消耗与定额消耗之间的差异所产生的。因此，定额变动差异通常不是经常发生的，只有在定额发生变动时才需要进行核算。

在定额法下，当定额发生变动时，需要计算月初在产品的定额变动差异，以便将按旧定额计算的月初在产品定额成本和按新定额计算的本月投入产品的定额成本，在新定额的同一基础上相加，从而准确地计算产品的实际成本。

定额变动差异的计算方法一般采用系数折算法，其计算公式如下：

$$\text{系数}=\frac{\text{按新定额计算的单位产品费用}}{\text{按旧定额计算的单位产品费用}}$$

$$\text{月初在产品定额变动差异}=\text{按旧定额计算的月初在产品费用}\times(1-\text{系数})$$

例 6−21

沿用例 6−19 资料，企业从本月 1 日起采用新的直接材料消耗定额，单位产品旧的消耗定额为 30 元，新的直接材料消耗定额为 27 元，月初在产品按旧定额计算的直接材料定额费用为 13000 元。

月初在产品定额变动差异的计算结果如下：

$$\text{系数}=\frac{27}{30}=0.9$$

月初在产品定额变动差异 =13000×（1−0.9）=1300（元）

（6）分配费用并计算实际成本

在计算出各种差异后，企业需要将定额成本和各种差异进行汇总，按照适当的方法在完工产品和在产品之间进行分配。最后，根据汇总的定额成本和各种差异，加减后计算出产品的实际成本。

产品实际成本 = 按现行定额计算的产品定额成本 +/– 脱离定额差异 +/– 材料成本差异 +/– 月初在产品定额变动差异

6.5.2.3　定额法的优缺点

（1）定额法的优点

①定额法相对简单，只需要确定相应的定额，再进行简单的乘法运算即可得到结果，易于操作和掌握。

②定额法可以帮助工作人员更好地安排时间和资源，从而提高工作效率和质量。通过对任务进行细化和分解，明确每个环节需要完成的工作量，有助于合理分配资源和时间。

③定额法可以将实际工作量或成本与定额进行对比，及时发现和解决问题，确保任务的顺利进行。同时，它也方便对工作人员的工作绩效进行评估和考核，为绩效管理提供依据。

④定额法可以应用于各个领域和行业，无论是生产制造还是服务行业，都可以通过定额法来进行工作量或成本的计算和评估。

（2）定额法的缺点

①定额法在工作量或成本计算时需要根据任务的性质和要求确定相应的定额，这就要求工作人员在实际操作中必须按照既定的定额来完成任务。但在实际工作中，可能会遇到各种变化和特殊情况，这就限制了定额法的灵活性和适应性。

②定额的确定往往依赖于经验和主观判断，存在一定的主观性和不确定性。不同的人可能会给出不同的定额，从而导致工作量或成本的计算结果存在差异。

③定额法主要关注工作量或成本的计算和评估，但往往忽视了工作质量或产品品质的要求。因为定额法更注重完成任务的时间和数量，可能无法对工作质量或产品品质进行全面的考虑。

思政拓展 6- 创新精神与学习意识：随着市场环境的变化和企业发展的需求，成本计算辅助方法也在不断更新和完善。从业人员需要具备创新精神和持续学习的意识，不断探索和尝试新的方法，以适应不断变化的市场环境。这种创新和学习精神的培养，有助于提升从业人员的专业素养和综合能力。

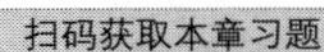

第7章　生产业务成本管理

扫码获取本章课件

思维导图

本章思维导图如图 7-1 所示。

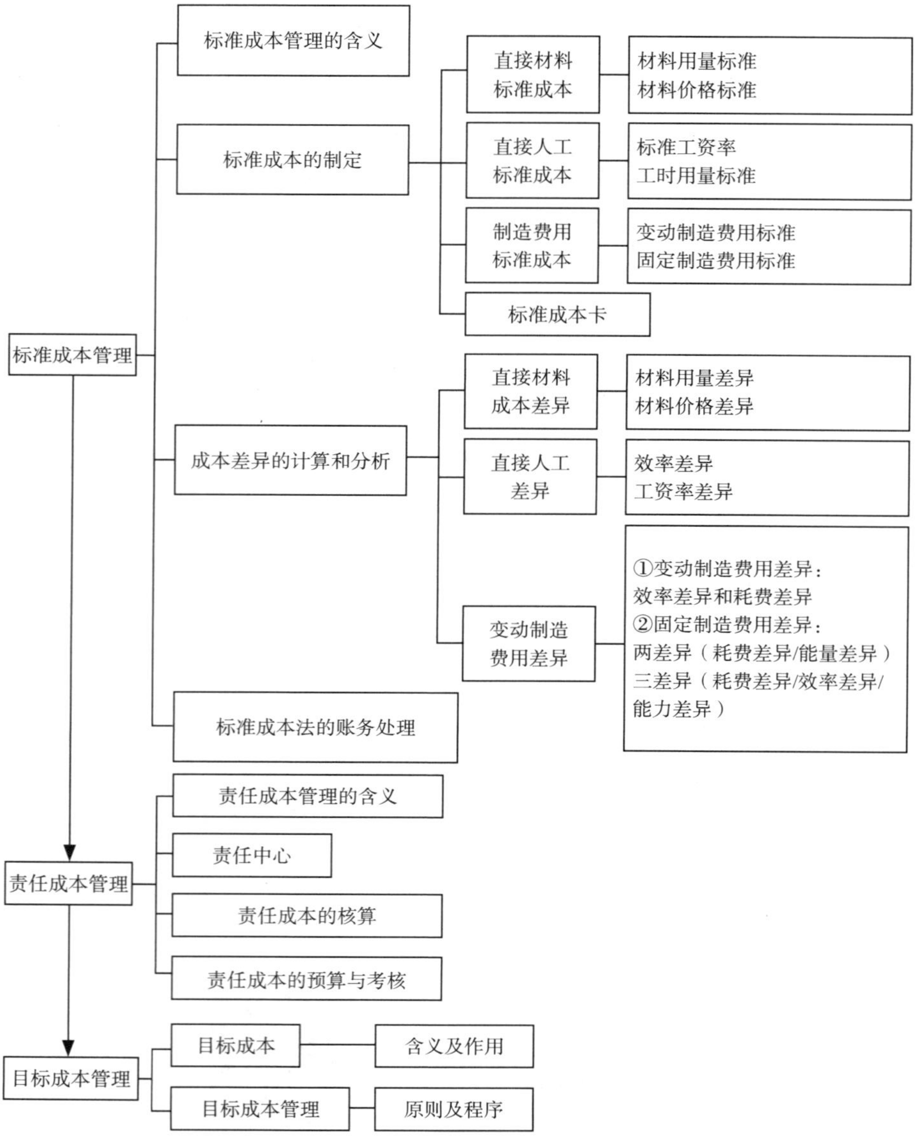

- 标准成本管理
  - 标准成本管理的含义
  - 标准成本的制定
    - 直接材料标准成本
      - 材料用量标准
      - 材料价格标准
    - 直接人工标准成本
      - 标准工资率
      - 工时用量标准
    - 制造费用标准成本
      - 变动制造费用标准
      - 固定制造费用标准
    - 标准成本卡
  - 成本差异的计算和分析
    - 直接材料成本差异
      - 材料用量差异
      - 材料价格差异
    - 直接人工差异
      - 效率差异
      - 工资率差异
    - 变动制造费用差异
      - ①变动制造费用差异：效率差异和耗费差异
      - ②固定制造费用差异：两差异（耗费差异/能量差异）三差异（耗费差异/效率差异/能力差异）
  - 标准成本法的账务处理
- 责任成本管理
  - 责任成本管理的含义
  - 责任中心
  - 责任成本的核算
  - 责任成本的预算与考核
- 目标成本管理
  - 目标成本 — 含义及作用
  - 目标成本管理 — 原则及程序

图 7-1　生产业务成本管理思维导图

7.1　标准成本管理

7.1.1　标准成本管理的含义

标准成本管理是以标准成本为基础，将实际成本与标准成本进行对比，揭示成本差异形成的原因和责任，进而采取措施，对成本进行有效控制的管理方法。标准成本是指在正常和高效率的运转情况下制造产品的成本，它是一种目标成本，包括直接材料、直接人工和制造费用三个主要项目。制定标准成本时，需要分别确定各项目的用量标准和价格标准，两者的乘积即为每一成本项目的标准成本。通过比较实际成本与标准成本，可以找出成本差异，分析原因，并据此调整成本控制措施，实现成本的有效管理。

7.1.1.1　标准成本定义

标准成本是指在正常和高效率的运转情况下制造产品的成本，它并不是实际发生的成本，而是在有效经营条件下发生的一种目标成本，也称为“应该成本”。标准成本预先设定了期望的业绩标准，是企业规划与控制活动的基础之一。这些活动包括预算编制、监督、控制与业绩评价。

标准成本由制造成本、销售费用和管理费用等每个经营成本元素精心设置的标准组成。它为企业开展业务活动或达到具体目标提供了理想的预定开支，通过揭示成本差异动因，实施成本控制，从而评价经济业绩。

此外，标准成本按其制定所依据的生产技术和经营管理水平，可分为理想标准成本和正常标准成本。理想标准成本是基于生产过程无浪费、机器无故障、人员无闲置、产品无废品等假设条件下所能达到的最优成本。而正常标准成本则是正常情况下企业经过努力可以达到的成本标准，它在实践中被广泛采用。

7.1.1.2　标准成本管理的特点

①提供真实可靠的目标成本。标准成本管理根据企业的年度利润目标，充分考虑了生产所需的直接材料、人工数量及需要分摊的制造费用，从而制定出各种产品的标准成本。这为企业提供了一个真实可靠的目标成本，有助于企业对成本进行有效的控制。

②简化成本核算流程。通过对材料入库、使用、工序完成等流转环节采用标准成本计价，标准成本管理简化了成本的核算流程。这有助于企业更高效地处理日常账务和编制报表，提高了财务管理的效率。

③及时反馈成本差异。标准成本管理能够及时反馈各成本项目不同性质的差异，有

利于企业考核相关部门及人员的业绩。这有助于企业识别成本控制中的问题和短板，进而采取针对性的措施进行改进。

④提高预算编制的科学性和可行性。标准成本的制定及其差异和动因的信息可以使企业预算的编制更为科学和可行。这有助于企业更准确地预测未来的成本情况，为经营决策提供有力支持。

⑤推动责任会计的实施。标准成本管理有助于明确各部门的责任，使每个部门都能明确自己的成本控制目标。这有助于推动责任会计的实施，提高企业内部管理的科学性、规范性和合理性。标准成本管理是成本管理的重要组成部分，它为企业提供了衡量实际成本、评价工作效率的有效手段。实行标准成本管理可以为各部门制定明确的成本控制目标，从而形成一个全企业、全过程、全员的多层次、多方位的成本体系，以达到少投入、多产出获得最大经济效益的目的。标准成本管理的主要内容包括制定标准成本、计算和分析成本差异及处理成本差异三方面。其中，标准成本的制定是标准成本管理的前提和关键，成本差异的计算和分析是标准成本管理的重点，而处理成本差异则是实现成本控制目标的关键步骤。

7.1.2 标准成本的制定

7.1.2.1 直接材料标准成本的制定

直接材料标准成本的制定主要涉及直接材料用量标准和直接材料价格标准的制定。具体步骤如下：

①确定材料的用量标准。即材料的消耗定额，它反映了在现有技术条件下生产单位产品所需耗用的材料数量。包括必不可少的消耗和各种难以避免的损耗。制定时应按产品耗用的各种材料分别计算，确保每种材料的用量都经过精确的测定和计算。

②确定材料的价格标准。包括单位材料的购买价格，加上预计的运杂费和运输途中的合理损耗。价格标准由财务部门和采购部门协商制定，考虑了未来一年实际需要支付的单位材料购进成本，如税费、运费、装卸费、正常损耗和入库前的挑选整理费用等。

③计算直接材料标准成本。根据确定的材料用量标准和价格标准，可以计算出直接材料的标准成本。计算公式为：

直接材料标准成本 = ∑（某种直接材料数量标准 × 该种直接材料价格标准）

例 7-1

假设 W 公司生产甲产品需耗用 A、B 两种直接材料，其直接材料标准成本如表 7-1 所示。

表7-1 甲产品直接材料标准成本卡

标准	A材料	B材料
用量标准①（千克）	30	20
价格标准②（元）	5	10
成本标准③=①×②（元）	150	200
单位产品直接材料标准成本④=Σ③（元）	350	

7.1.2.2 直接人工标准成本的制定

直接人工标准成本的制定涉及直接人工的价格标准和直接人工的用量标准。

首先，直接人工的价格标准即标准工资率，它是指预定的工资率或正常的工资率，通常由劳动工资部门根据用工情况制定。当采用计时工资时，标准工资率就是单位工时标准工资率，这可以通过标准工资总额与标准总工时的商来计算得出。

$$标准工资率=\frac{标准工资总额}{标准总工时}$$

其次，直接人工的用量标准即工时用量标准，也称工时消耗定额。指在现有生产技术条件下，生产技术部门根据历史资料，或通过技术测定所确定下来的生产单位产品必须耗用的人工时间。包括生产工人必要的休息和生理上所需时间，以及机器设备的停工清理时间，旨在使制定的工时消耗定额既合理又先进，从而达到成本控制的目的。

$$直接人工标准成本=标准工资率\times工时标准$$

例 7-2

沿用例 7-1 的资料，假设 W 公司甲产品直接人工标准成本计算表如表 7-2 所示。

表7-2 甲产品直接人工标准成本计算表

项目	标准
月标准总工时①（小时）	24000
月标准总工资②（元）	144000
标准工资率③=②/①（元/小时）	6
单位产品工时标准④（小时）	9
直接人工标准成本⑤=④×③（元）	54

7.1.2.3 制造费用标准成本的制定

制造费用标准成本的制定涉及对生产过程中除直接材料和直接人工以外的所有其他费用的预计和控制。包括变动制造费用和固定制造费用两部分。

（1）变动制造费用标准成本的制定

变动制造费用标准成本的制定主要依据变动费用分配率和工时定额。变动费用分配率通常是基于历史数据或预计的变动费用总额与相应的生产量或工时数的比例计算得出。工时定额则是根据产品的生产工艺和流程，确定生产单位产品所需消耗的标准工时。将变动费用分配率与工时定额相乘，即可得出变动制造费用的标准成本。

$$变动制造费用标准分配率 = \frac{变动制造费用预算总额}{标准总工时}$$

$$变动制造费用标准成本 = 工时标准 \times 变动制造费用标准分配率$$

（2）固定制造费用标准成本的制定

固定制造费用标准成本的制定相对复杂。固定制造费用是指在一定生产量范围内不随产量变动而变动的费用，如设备折旧、厂房租金等。固定制造费用的标准成本通常按照费用的构成项目实行总量控制。在某些情况下，也可以根据需要，通过计算标准分配率，将固定制造费用分配至单位产品，形成固定制造费用的标准成本。这有助于企业更准确地了解和控制固定制造费用的发生情况。

$$固定制造费用标准分配率 = \frac{固定制造费用预算总额}{标准总工时}$$

$$固定制造费用标准成本 = 工时标准 \times 固定制造费用标准分配率$$

例 7-3

沿用例 7-1 的资料，W 公司甲产品单位产品制造费用标准成本计算表如表 7-3 所示。

表7-3　甲产品单位产品制造费用标准成本计算表

项目	标准
月标准总工时①（小时）	24000
变动制造费用预算总额②（元）	96000
变动制造费用标准分配率③ = ② / ①（元 / 小时）	4
单位产品工时标准④（小时）	9
变动制造费用标准成本⑤ = ④ × ③（元）	36
固定制造费用总额⑥（元）	180000
固定制造费用标准分配率⑦ = ⑥ / ①（元 / 小时）	7.5
固定制造费用标准成本⑧ = ④ × ⑦	67.5
单位产品制造费用标准成本⑨ = ⑤ + ⑧	103.5

7.1.2.4　标准成本卡

每个环节的物料消耗、人工费用及间接费用等的标准成本确定后，企业应就不同种类、不同规格的产品来编制标准成本卡，计算产品的标准成本。标准成本卡一般包括：

①直接材料。详细列出产品所需的所有原材料，包括主料、辅料和调料等，以及每种原材料的标准用量和标准单价。这有助于企业准确掌握原材料成本，并为采购和库存管理提供依据。

②直接人工。根据产品的生产流程和工艺要求，确定每个生产环节所需的人工工时和人工费用率。这有助于企业合理安排生产计划，优化人力资源配置，并控制人工成本。

③制造费用。包括生产过程中产生的间接材料、间接人工和其他间接费用，涵盖变动制造费用和固定制造费用。如设备折旧、维修费用、水电费等。这些费用通常按照一定的分配标准分摊到产品成本中。

④产品的标准成本。包括直接材料成本、直接人工成本和制造费用等。

例 7-4

沿用例 7-1 的资料，W 公司甲产品单位产品制造费用标准成本计算如表 7-4 所示。

表7-4　甲产品单位产品标准成本卡

成本项目		用量标准	标准价格（元）	单位产品标准成本
直接材料（千克）	A	30	5	150
	B	20	10	200
	小计	—	—	350
直接人工（小时）		9	6	54
变动制造费用（小时）		9	4	36
固定制造费用（小时）		9	7.5	67.5
单位产品标准成本		—	—	507.5

标准成本卡通过与实际成本的对比，可以及时发现成本差异并分析原因，从而采取有效措施进行成本控制；标准成本卡为企业提供了详细的产品成本信息，有助于企业在制定销售策略、进行产品定价和盈利分析时做出明智的决策。标准成本卡可以作为企业评估生产部门和其他相关部门绩效的依据，促进企业内部管理的改善和提升。

需要注意的是，标准成本卡需要定期更新和调整，以反映市场价格变化、生产工艺改进等因素对产品成本的影响。同时，企业还需要建立完善的成本管理制度和内部控制体系，确保标准成本卡的准确性和有效性。

7.1.3 成本差异的计算和分析

成本差异是指实际成本与标准成本之间的差异。实际成本超过标准成本所形成的差异为不利于差异、逆差或超支；实际成本低于标准所形成的差异为有利差异、顺差或节约。成本差异的计算和分析的目的在于查明差异形成的原因，便于及时采取措施消除不利差异，为成本控制、考核和奖惩提供依据。成本差异可以分为直接材料成本差异、直接人工成本差异和制造费用差异，制造费用差异又可分为变动制造费用差异和固定制造费用差异。

7.1.3.1 直接材料成本差异的计算与分析

直接材料成本差异是指在实际生产过程中，直接材料的实际成本与标准成本之间的差异。这种差异可以进一步分为材料价格差异和材料数量差异。

直接材料价格差异是由于实际采购价格与标准价格不同而产生的差异。其计算公式为：

直接材料价格差异 =（实际价格 - 标准价格）× 实际数量

直接材料用量差异是在材料耗用过程中形成的，反映了实际用量与标准用量之间的差异。其计算公式为：

直接材料用量差异 =（实际数量 - 标准数量）× 标准价格

例 7-5

W 公司生产甲产品需用 A、B 两种直接材料，标准价格分别为 15 元 / 千克、10 元 / 千克，单位产品的标准用量分别为 15 千克 / 件、10 千克 / 件；A、B 材料的实际价格分别为 15.5 元 / 千克、9 元 / 千克。本月共生产甲产品 1900 件，实际耗用 A 材料 28000 千克、B 材料 20000 千克。

则 A，B 两种直接材料成本差异计算分析如下：

A 材料价格差异 =（15.5-15）×28000=14000（元）（不利差异）

B 材料价格差异 =（9-10）×20000=-20000（元）（有利差异）

甲产品直接材料价格差异 =14000-20000=-6000（元）（有利差异）

A 材料标准用量 =15×1900=28500（千克）

B 材料标准用量 =10×1900=19000（千克）

A 材料用量差异 =（28000-28500）×15=-7500（元）（有利差异）

B 材料用量差异 =（20000-19000）×10=10000（元）（不利差异）

甲产品直接材料用量差异 =-7500+10000=2500（元）（不利差异）

甲产品直接材料成本差异 =-6000+2500=-3500（元）（有利差异）

在计算得出差异基础上，进一步分析有利差异产生的原因，在有利差异的基础上进一步巩固成本控制的成果；分析不利差异产生的原因，有针对性地进行整改，实现良好的成本控制。

直接材料价格差异一般由采购部门负责，是由于采购部门未能按标准价格进货引起的。而采购部门的采购价格超过或低于标准价格的原因有些可能超过其控制范围。比如，市场供求关系变化引起的价格变动，就超出了采购部门的控制；再比如，因临时需要紧急采购，由陆运改为空运，引起的价格差异，不应由采购部门负责，而应由相关责任部门负责。

材料数量差异一般由控制用料的生产部门负责，比如生产工人操作疏忽造成废品和废料增加；有些工人可能没有意识到节约材料的重要性，或者没有受到足够的培训来正确使用材料；新工人上岗造成多用料，新工人可能需要一段时间来熟悉工作流程和正确使用材料，在这个阶段他们可能会使用更多的材料。企业引入新的操作技术或者改进现有技术时，可能会使材料的利用率提高，从而减少材料的使用量；机器或工具不适合当前的工作任务，可能会导致材料的浪费和增加使用量；购入材料质量低劣、规格不符，如果企业购入的材料质量不好或者规格不符合要求，可能会导致在使用过程中需要更多的材料来达到同样的效果；工艺变更、检验过严也会使数量差异加大，当企业改变生产工艺或者提高检验标准时，可能会对材料的使用量产生影响。如果用量差异是由于购入材料质量问题引起的，此时用量差异的责任部门应该为采购部门，而不是生产部门。

7.1.3.2　直接人工差异的计算与分析

直接人工差异是指实际直接人工成本与标准直接人工成本之间的差异，主要包括直接人工效率差异和直接人工工资率差异两部分。

（1）直接人工效率差异

直接人工效率差异是指在实际生产过程中，由工人效率的不同而导致的直接人工成本差异，即实际工时脱离标准工时而形成的人工成本差异。计算公式为：

直接人工效率差异 =（实际工时 − 标准工时）× 标准工资率

实际工时是指工人在实际生产过程中所花费的时间，标准工时是指在标准生产条件下完成某项任务所需的时间。标准工资率则是企业根据工人的技能水平、工作经验等因素所设定的每小时工资标准。如果实际工时高于标准工时，则表明人工效率较低，导致直接人工成本增加，此时直接人工效率差异为正数。反之，如果实际工时低于标准工时，则表明直接人工效率较高，直接人工成本降低，此时直接人工效率差异为负数。

（2）直接人工工资差异

直接人工工资率差异是指在实际生产过程中，由实际工资率与标准工资率的不同而导致的直接人工成本差异。计算公式为：

直接人工工资率差异 = 实际工时 ×（实际工资率 − 标准工资率）

实际工资率是指企业实际支付给工人的每小时工资，标准工资率则是企业设定的每小时工资标准。

如果实际工资率高于标准工资率，则表明企业支付的直接人工成本较高，此时人工工资率差异为正数。反之，如果实际工资率低于标准工资率，则表明企业支付的直接人工成本较低，此时人工工资率差异为负数。

例 7-6

W 公司本期生产甲产品 1900 件，只需一个工种加工，实际耗用 23000 小时，实际工资总额 86250 元；标准工资率为每小时 4 元，单位产品的工时耗用标准为 11 小时。

则 W 公司甲产品直接人工成本差异计算分析如下：

标准工时 =1900×11=20900（小时）

实际工资率 = $\frac{86250}{23000}$=3.75（元 / 小时）

直接人工效率差异 =（23000−20900）×4=8400（元）（不利差异）

直接人工工资率差异 =（3.75−4）×23000=−5750（元）（有利差异）

直接人工成本差异 =8400−5750=2650（不利差异）

如果生产一种产品需经几个工种加工，则应先对每个工种进行上述计算分析，然后加总。

直接人工效率差异的原因可能包括工人技能水平、工作环境和设备条件、生产任务的难易程度等。企业应该对工人进行培训和技能提升，改善工作环境和设备条件，合理安排生产任务等，以提高工人效率，降低人工效率差异。人工工资率差异的原因可能包括工资制度的变动、工人的升降级、加班或临时工的增减等。企业应该根据实际情况制定合理的工资制度，避免过高或过低的工资支付，以控制人工工资率差异。

7.1.3.3 变动制造费用差异的计算和分析

变动制造费用差异是指实际变动制造费用与标准标动制造费用之间的差异，变动制造费用差异可以分解为效率差异和耗费差异两部分。

（1）变动制造费用效率差异

变动制造费用效率差异是指由实际耗用工时脱离标准而导致的成本差异。其计算公式为：

变动制造费用效率差异 =（实际工时 − 标准工时）× 变动制造费用标准分配率

实际工时是指在实际生产过程中所花费的时间，标准工时则是在标准生产条件下完成某项任务所需的时间。变动制造费用标准分配率是企业根据变动制造费用与直接人工工时或机器工时的关系所设定的每小时费用分配标准。如果实际工时高于标准工时，表明生产效率较低，导致变动制造费用增加，此时效率差异为正数。反之，如果实际工时低于标准工时，表明生产效率较高，变动制造费用降低，此时效率差异为负数。

（2）变动制造费用耗费差异

变动制造费用耗费差异是指由变动制造费用的实际耗费脱离标准而导致的成本差异。其计算公式为：

变动制造费用耗费差异 =（变动制造费用实际分配率 − 变动制造费用标准分配率）× 实际工时

变动制造费用实际分配率是企业实际每小时的变动制造费用，变动制造费用标准分配率则是企业设定的每小时变动制造费用标准。如果变动制造费用实际分配率高于标准分配率，表明企业实际支付的变动制造费用较高，此时耗费差异为正数。反之，如果实际分配率低于标准分配率，表明企业实际支付的变动制造费用较低，此时耗费差异为负数。

例 7-7

W 公司本期生产甲产品 1900 件，实际耗用人工工时 17250 小时，实际发生变动制造费用 60375 元，单位产品的工时耗用标准为 8 小时，变动制造费用标准分配率为每一直接人工工时 4 元。

变动制造费用差异分析如下：

标准工时 =1900 × 8=15200（小时）

变动制造费用实际分配率 = $\frac{60375}{17250}$=3.5（元 / 小时）

变动制造费用耗费差异 =（3.5−4）× 17250=−8625（元）（有利差异）

变动制造费用效率差异 =（17250−15200）× 4=8200（元）（不利差异）

变动制造费用差异 =−8625+8200=−425（元）（有利差异）

变动制造费用效率差异的原因可能包括工人技能水平、设备维护和管理、生产任务的安排和调度等。企业应该通过提高工人技能、加强设备维护和管理、优化生产计划和调度等措施，提高生产效率，降低变动制造费用效率差异。变动制造费用耗费差异的原因可能包括原材料价格波动、供应商变化、能源费用变动等。企业应该密切关注这些因素的变化，及时采取措施加以应对，以降低变动制造费用耗费差异。

变动制造费用是一个综合性费用项目，对其差异应结合构成变动制造费用的具体明细项目作进一步的分析。在实际工作中，通常根据变动制造费用弹性预算的明细项目，结合同类项目的实际发生数进行对比分析，找出差异的原因及责任归属。应当指出的是，变动制造费用效率差异实际上反映的是产品制造过程中的工时利用效率问题，在分析时应结合直接人工效率差异进行分析。

7.1.3.4 固定制造费用差异的计算与分析

固定制造费用差异，是指一定期间的实际固定制造费用与实际产量标准固定制造费用之间的差额。

由于固定制造费用总额在一定业务量范围内不受产量变动的影响，产量变动只会影响单位产品所负担的固定制造费用。也就是说，实际产量与生产能力限定产量或预算产量之间的差异会对单位产品应负担的固定制造费用产生影响。因此，固定制造费用差异不能再简单地分为价格差异和用量差异，其差异分析方法主要有两差异分析法和三差异分析法两种。

（1）两差异分析法

两差异分析法将固定制造费用成本差异分为耗费差异和能量差异。耗费差异是指固定制造费用的实际数与预算数之间的差异。如果实际数高于预算数，可能是由于价格上涨、浪费、过度使用等因素造成的；如果实际数低于预算数，则可能是由于节约、价格下降、使用效率提高等因素造成的。能量差异是指固定制造费用预算数与标准成本之间的差额，它反映的是未能充分使用现有生产能量而造成的损失。这种差异可能是由于市场需求变化、生产计划安排不当、设备故障等原因造成的。

固定制造费用耗费差异 = 实际固定制造费用 – 预算产量标准工时 × 标准费用分配率

固定制造费用能量差异 =（预算产量标准工时 – 实际产量标准工时）× 标准费用分配率

固定制造费用成本差异 = 固定制造费用耗费差异 + 固定制造费用能量差异

例 7-8

W 公司本月甲产品预算产量为 2000 件，实际产量为 1900 件；固定制造费用预算总额为 90000 元，实际发生固定制造费用为 92000 元；预算总工时为 24000 小时，实际耗用工时为 23000 小时，工时标准 12 小时，固定制造费用标准分配率为 3.75 元 / 小时。

固定制造费用耗费差异 =92000−90000=2000（元）（不利差异）

固定制造费用能量差异 =（24000−1900 × 6）× 3.75=4500（元）（不利差异）

固定制造费用成本差异 =2000+4500=6500（元）（不利差异）

由上述计算可知，W 公司本月甲产品实际固定制造费用（92000 元）与实际产量标准固定制造费用（1900 × 12 × 3.75）差异为 6500 元。其中，固定制造费用实际发生额较预算金额多 2000 元，为不利差异；固定制造费用预算生产能力总工时 24000 小时，而实际生产只使用了 22800 小时（1900 × 12），生产总工时未充分利用，按照标准费用分配率计算，固定制造费用产生不利差异 4500 元。

（2）三差异分析法

三差异分析法是将固定制造费用的差异分为耗费差异、效率差异和能力差异三部分。

耗费差异是指固定制造费用的实际金额与固定制造费用预算金额之间的差额。如果实际费用高于预算费用，则耗费差异为正；反之，如果实际费用低于预算费用，则耗费差异为负。耗费差异可能是由于价格上涨、浪费、管理不善等原因造成的。

效率差异是指实际工时脱离标准工时而形成的差异。它反映的是实际生产过程中的效率与标准效率之间的差异。如果实际工时高于标准工时，则效率差异为正，表明生产效率低于标准；反之，如果实际工时低于标准工时，则效率差异为负，表明生产效率高于标准。效率差异可能是由于员工技能水平、设备状况、生产计划安排等原因造成的。

能力差异是指实际工时未达到生产能量而形成的差异。它反映的是企业未能充分利用现有生产能量而造成的损失。闲置能量差异可能是由市场需求变化、生产计划安排不当、设备故障等原因造成的。

固定制造费用耗费差异 = 实际固定制造费用 + 预算产量标准工时 × 标准费用分配率

固定制造费用能力差异 =（预算产量标准工时 – 实际产量实际工时）× 标准费用分配率

固定制造费用效率差异 =（实际产量实际工时 – 实际产量标准工时）× 标准费用分配率

固定制造费用成本差异 = 固定制造费用耗费差异 + 固定制造费用能力差异 + 固定制造费用效率差异

例 7-9

沿用例 7-8 的资料，采用三差异分析法，计算固定制造费用成本差异如下：

固定制造费用耗费差异 =92000−90000=2000（元）（不利差异）

固定制造费用能力差异 =（24000−23000）×3.75=3750（元）（不利差异）

固定制造费用效率差异 =（23000−1900×12）×3.75=750（元）（不利差异）

固定制造费用成本差异 =2000+3750+750=6500（元）（不利差异）

三因素分析法中固定制造费用能力差异和效率差异共同构成了两差异分析法中的能量差异，其中，能力差异反映了生产能力闲置而产生的不利差异，企业可以优化生产计划、加强市场预测等。这些措施有助于企业降低成本、提高生产效率和市场竞争力；效率差异是在生产过程中，实际工时与标准工时的差异产生的，企业可以通过提高员工素质、改进设备状况等方式改善。耗费差异是实际支付的固定制造费用与预算之间的差异，企业可以通过加强采购管理、优化生产流程等方式改善。

7.1.4　标准成本法的账务处理

标准成本法的账务处理具有以下几方面的特点。

7.1.4.1 科目设置

标准成本法下，“生产成本”“库存商品”科目均登记实际产量的标准成本，另设成本差异科目进行核算各个项目的成本差异。

直接材料成本差异，设置“材料价格差异”和“材料用量差异”两个科目；直接人工成本差异，设置“直接人工工资率差异”和“直接人工效率差异”两个科目；变动制造费用差异，设置“变动制造费用耗费差异”和“变动制造费用效率差异”两个科目；对于固定制造费用差异，三差异分析法下，设置“固定制造费用耗费差异”“固定制造费用能力差异”和“固定制造费用效率差异”三个科目（两差异分析法下，设置“固定制造费用耗费差异”和“固定制造费用能量差异”两个科目）。各差异类明细科目借方登记不利差异，贷方登记有利差异。

7.1.4.2 成本差异的核算

期末分析计算各种成本差异，进行处理。成本差异的处理方法有以下两种：

①本期的各种成本差异，按标准成本的比例分配给期末在产品、期末库存产成品和本期已售产品。分配差异后，资产负债表中的“在产品”项目和“产成品”项目，以及利润表中的本期已售产品成本均反映的是实际成本。

②本期发生的各种差异全部计入当期损益。差异全部计入当期损益的依据是，标准成本是真正的正常成本，本期发生的成本差异是本期成本控制的结果，因此应该计入当期损益，以真实反映本期的损益情况。期末资产负债表中的“在产品”项目和“产成品”项目以标准成本反映，能较为如实地反映资产的价值。这种方法避免了繁杂的成本差异分配工作，使产品成本的计算大为简化。然而，如果标准成本已经陈旧，显得过高或过低，那么会计报表反映失实。因此，应及时对标准成本进行修订，以使其符合实际。

例 7-10

沿用例 7-5 ～例 7-9 的相关资料。假设 W 公司不存在期初在产品和产成品，本期投产甲产品全部完工，并已全部以 600 元 / 件价格售出，不考虑增值税等因素。各项差异的处理采用计入当期损益的方式。则 W 公司标准成本法下相关账务处理如下：

①领用材料的会计分录（相关资料如例 7-5 所示）。

直接材料标准成本：（15×15+10×10）×1900=617500（元）

直接材料实际成本：15.5×28000+9×20000=614000（元）

直接材料价格差异：-6000 元（有利差异）

直接材料用量差异：2500 元（不利差异）

根据以上数据编制会计分录如下：

借：生产成本　　　　617500

材料用量差异　　2500

贷：原材料　　614000

材料价格差异　　6000

②人工费用的会计分录（相关资料如例 7-6 所示）。

直接人工标准成本：11×4×1900=83600（元）

直接人工实际成本：86250 元

直接人工工资率差异：-5750 元（有利差异）

直接人工效率差异：8400 元（不利差异）

根据以上数据编制会计分录如下：

借：生产成本　　83600

直接人工效率差异　　8400

贷：应付职工薪酬　　86250

直接人工工资率差异　　5750

③变动制造费用的会计分录（相关资料如例 7-7 所示）。

标准变动制造费用：8×4×1900=60800（元）

实际变动制造费用：60375 元

变动制造费用耗费差异：-8625 元（有利差异）

变动制造费用效率差异：8200 元（不利差异）

根据以上数据编制会计分录如下：

借：生产成本　　60800

变动制造费用效率差异　　8200

贷：变动制造费用　　60375

变动制造费用耗费差异　　8625

④固定制造费用的会计分录（相关资料如例 7-8 所示）。

标准固定制造费用：12×3.75×1900=85500（元）

实际固定制造费用：92000 元

固定制造费用耗费差异：2000 元（不利差异）

固定制造费用能力差异：3750 元（不利差异）

固定制造费用效率差异：750 元（不利差异）

根据以上数据编制会计分录如下：

借：生产成本　　85500

固定制造费用耗费差异　　2000

固定制造费用能力差异　　3750

固定制造费用效率差异　　750

贷：固定制造费用　　　　92000

⑤结转完工入库产品标准成本的会计分录。

完工入库 1900 件甲产品的标准成本 =617500+83600+60800+85500=847400（元）

则会计分录为：

借：库存商品　　　　847400

贷：生产成本　　　　847400

⑥销售产品的会计分录。

销售收入 =600×1900=1140000（元）

借：应收账款　　　　1140000

贷：主营业务收入　　　　1140000

⑦结转已售产品标准成本。

借：主营业务成本　　　　847400

贷：库存商品　　　　847400

⑧结转本期各项成本差异。本期各项成本差异的汇总结果如表 7-5 所示。

表7-5　甲产品成本差异汇总表　　　　单位：元

项目	不利差异	有利差异
材料价格差异		6000
材料用量差异	2500	
直接人工工资率差异		5750
直接人工效率差异	8400	
变动制造费用耗费差异		8625
变动制造费用效率差异	8200	
固定制造费用耗费差异	2000	
固定制造费用能力差异	3750	
固定制造费用效率差异	750	
合计	25600	20375
差异净额	5225	

根据表 7-5，编制结转各种成本差异的会计分录：

借：主营业务成本　　　　5225

材料价格差异　　　　6000

直接人工工资率差异　　　　5750

变动制造费用耗费差异　　　　8625

贷：材料用量差异	2500
直接人工效率差异	8400
变动制造费用效率差异	8200
固定制造费用耗费差异	2000
固定制造费用能力差异	3750
固定制造费用效率差异	750

思政拓展 1- 诚信与职业道德：标准成本核算要求记录和报告成本数据时保持诚信和准确性。作为成本与管理会计应该明白诚信是企业经营的基石。在成本核算过程中，任何虚假记录或报告都会对企业的分析和决策产生误导，进而影响企业的长期发展。

思政拓展 2- 创新与持续改进：标准成本核算不仅是一种成本控制方法，还是一种持续改进的工具。通过对实际成本与标准成本的比较分析，企业可以及时发现生产经营过程中的问题和不足，进而采取创新性的改进措施。这种创新与持续改进的精神是推动企业不断向前发展的重要动力。

7.2　责任成本管理

7.2.1　责任成本管理的含义

7.2.1.1　责任成本

责任成本是以具体的责任单位（部门、单位或个人）为对象，以其承担的责任为范围所归集的成本，也就是特定责任中心的全部可控成本。责任成本的核心是可控成本，它不受发生区域的影响。可控成本是指在责任中心内，能为该责任中心控制，并受其工作好坏影响的成本。责任成本是按照谁负责谁承担的原则，以责任单位为计算对象来归集的，所反映的是责任单位与各种成本费用的关系。

责任成本法按可控原则把成本归属于不同责任中心，谁能控制谁负责，不仅可控的变动制造费用要分配给责任中心，可控的固定间接费也要分配给责任中心。责任成本法是介于制造成本和变动成本之间的一种成本方法。

此外，责任成本也可以指企业或个人因负有法律责任而产生的不必要的费用，这体现了社会责任和道德社会的责任。这种责任成本应当受到企业及社会的重视，企业应通过减少不必要的责任成本来履行其社会责任。

总的来说，责任成本是一个复杂的概念，它可以根据不同的情境和角度有不同的理解和应用。在企业管理中，责任成本通常与责任会计制度相结合，用于评价和奖惩各责任中心的业绩，以实现企业的管理目标和经济效益。

7.2.1.2 责任成本管理

责任成本管理是指将企业内部划分为不同的责任中心，明确责任成本，并根据各责任中心的权、责、利关系来考核其工作业绩的一种成本管理模式。它将直接发生成本和费用的各生产单位和业务部门，划分成若干个责任中心，然后根据各中心的责任范围，依据统一的编制办法编制各中心的责任预算，并采取合同的形式逐级进行承包的管理方法。

责任成本管理是企业加强项目监控力度、提升项目管理层次的需要，是追求经济效益最大化、增强企业综合实力的需要，也是企业将项目经济效益情况与管理者收入直接挂钩、改革管理体制的重要手段。责任成本管理的实质在于责任的明确和体现，从总体上可概括为：可控成本的确定是起点，过程控制是重点，奖罚兑现是保证，降低成本是目的。

责任成本管理有助于企业提高全员成本意识和成本管理素质，从而提高经济效益。通过推行责任成本管理，可以科学合理地制定目标成本，明确成本与责任挂钩的形式，完善成本考核与收入分配的方法，从而提高企业经济效益。

责任成本管理的优势具体表现为：

①明确责任。通过明确各方责任，可以避免成本超支和浪费和出现推诿责任的情况，有助于企业实现成本控制目标。

②提高管理效率。通过建立项目施工成本责任制，可以使项目管理更加规范和高效，从而提高管理效率。

③增强团队凝聚力。责任成本管理可以使团队成员更加团结，共同努力实现成本控制目标，从而增强团队凝聚力。

④及时纠正偏差。通过建立项目施工成本责任制，可以有效地加强成本控制，及时纠正成本偏差，提高项目经济效益。

⑤更新管理观念。责任成本管理要求企业进行事前预测、事中控制、事后分析的全过程、全方位管理，打破了传统的平均主义分配制度，提高了职工的积极性，促进了施工手段和施工工艺的改进，对推动企业科技进步具有积极意义。

然而，责任成本管理也存在一些缺点：

①缺乏配套的管理机制和健全的制度。有些企业虽然实施了责任成本，但缺乏配套的管理机制和健全的制度，导致责任成本管理流于形式，难以有效控制项目成本。

②责任主体不明确，责任不对等。在实际执行过程中，责任成本管理主体不明确，导致上下责任不对称。有些企业认为成本管理是财务部门或项目经理部的事情，没有形

成全员参与成本管理的意识，使责任成本管理失去真正的意义。

③考核体系不完善。责任成本管理的考核体系不完善，往往只注重结果的考核而忽视过程的监控和分析，使责任成本管理不能发挥应有的作用。

④信息化程度低。缺乏电子信息化管理，没有配套的责任成本管理软件，使责任成本管理的效率和准确性受到影响。

7.2.2　责任中心

责任中心是指承担一定经济责任，并享有一定权利的企业内部（责任）单位。责任中心就是将企业营体分割成拥有独自产品或市场的几个个体，然后把总和的管理责任授权给予这些单位，之后将自己从中脱离出来。这样，企业或事业体的负责人不必再为营体的微观活动烦恼，可以专心于战略问题与决策。以责任中心为主体，以权、责、利相统一的机制为基础形成的企业内部成本控制体系，通常包括成本中心、利润中心和投资中心。

7.2.2.1　成本中心

成本中心是对其责任区域内发生的各种成本进行归集、控制、考核与奖惩的单位，只对成本或费用负责。成本中心主要对可控成本承担责任。可控成本是指在特定时期内，特定责任中心能够直接控制其发生的成本。成本中心的范围最广，只要有成本费用发生的地方，都可以建立成本中心，从而在企业形成逐级控制、层层负责的成本中心体系。大的成本中心可能是一个分公司、分厂，小的成本中心可以是车间、工段、班组，甚至个人。成本中心的类型包括标准成本中心和费用中心。

标准成本中心必须是所生产的产品稳定而明确，并且已经知道单位产品所需要的投入量的责任中心。标准成本中心的产品质量和数量有良好的量化方法，并能合理评价其业绩。通常，标准成本中心典型代表是制造业工厂、车间、工段、班组等。在生产制造活动中，每个产品都可以有明确的原材料、人工和机器使用量的投入标准。标准成本中心的考核指标，是既定产品质量和数量条件下的标准成本。标准成本中心不需要作出定价决策、产量决策或产品结构决策。这些决策由上级管理部门作出，或授权给销货单位。在标准成本中心，成本动因是明确的、已知的，对于物料、人工和费用等成本项目，只要按照规定的标准作业就能控制成本。

费用中心则适用于那些产出物不能用财务指标来衡量，或者投入和产出之间没有密切关系的单位。这些单位包括一般行政管理部门、研究开发部门及某些销售部门。费用中心的预算控制通常是通过费用预算来限制费用总额。各费用中心为了控制费用，应编制弹性预算。同时，费用中心也有完全的自主权来选择或决定本中心的资源消耗。

总的来说，成本中心是企业内部对成本负有责任的单位，通过建立成本中心，企业可以更有效地控制和降低成本，提高经济效益。

7.2.2.2 利润中心

利润中心是指既对成本负责又对收入和利润负责的责任中心，它有独立或相对独立的收入和生产经营决策权。从战略和组织角度，利润中心被称为战略业务单位或人事管理、流动资金使用等经营上享有较高的独立性和自主权，能够编制独立的利润表，并以其盈亏金额来评估其经营绩效的单位。

利润中心一般拥有独立的经营决策权，包括生产决策权、价格制定权、产品销售权、物资采购权等；经营管理相对独立，利润中心无论是生产单一产品还是生产多种产品，其主要产品都是各利润中心的主营业务，其核算都是独立进行的；在经理领导下，利润中心的生产经营决策能够服从企业的整体战略发展目标，自觉接受企业总部的监督和管理，当企业的整体利益和利润中心利益发生冲突时，能够顾全大局，服从全局的利益。

利润中心的类型包括自然利润中心和人为利润中心。自然利润中心具有全面的产品销售权、价格制定权、材料采购权及生产决策权。人为利润中心也有部分经营权，能自主决定本利润中心的产品种类、产品产量、作业方法、人员调配、资金使用等。

一般来说，只要具备独立经营、有独立的经营成果、独立核算三个因素，就可以认为某个下属单位是一个利润中心。但这并不意味着每个利润中心在每个决策层上都享有完全的独立选择权。因为这样做会引起企业的整体利益受损，不利于企业总经理的协调与控制。所以，近年来不少公司都倾向于将企业的决策权适度集中、下属单位享有相对独立经营权。

利润中心的考核指标包括：当利润中心不计算共同成本或不可控成本时，其考核指标是利润中心边际贡献总额；当利润中心计算共同成本或不可控成本，并采取变动成本法计算成本时，其考核指标包括：利润中心边际贡献总额、利润中心负责人可控利润总额、利润中心可控利润总额。

7.2.2.3 投资中心

投资中心是指既对成本、收入和利润负责，又对投资效果负责的责任单位。投资中心是最高层次的责任中心，它拥有最大的决策权，也承担最大的责任。投资中心必然是利润中心，但利润中心并不都是投资中心。利润中心没有投资决策权，而且在考核利润时也不考虑所占用的资产。

除对成本和利润享有决策权外，投资中心还享有资本预算的决策权。这意味着投资中心能够自主决策关于资产购置、处置及投资决策等方面的事项，并根据实际情况进行调整和优化。投资中心被视为能够独立承担经营风险并创造经济价值的单位。它们不仅需要关注当前的生产经营活动，还需要对长期的投资决策负责，以实现企业的战略发展目标。投资中心通常是大型集团所属的子公司、分公司、事业部等，或者是具备相对独立经营权的单位或项目。

与利润中心相比，投资中心的业绩考核不仅包括销售收入、成本和利润等指标，还包括对投资收益的考核。这要求投资中心在关注自身盈利能力的同时，还需要关注对外部投资机会的把握及对已投资项目的管理和监控。投资中心的考核指标主要包括投资利润率、剩余收益和经济增加值。这些指标能够反映投资中心的综合盈利能力及对资产的利用效率，从而评估其业绩。

在企业中，责任中心是责任会计的始点，责任会计以责任中心为基础进行核算、考评和奖惩。通过建立责任中心，企业可以更有效地控制和降低成本，优化资源配置，提高经济效益。同时，责任中心也有助于明确企业内部各单位的职责和权利，加强内部管理和协调，推动企业的整体发展。

7.2.3　责任成本的核算

责任成本核算是以责任中心为核算对象，对其所承担的经济责任进行控制和考核的一种成本核算方法。它的主要目的是明确各责任中心的成本责任，为评价和奖惩提供依据，从而推动企业整体成本管理的改进和提升。

责任成本核算的关键是判别每一项成本费用支出的责任归属，即确定由哪个责任中心来承担该项成本。判别成本费用责任归属的原则通常包括：假如某责任中心通过自己的行动能有效地影响一项成本，那么该中心就要为这项成本负责；假如某责任中心有权决定是否使用某种资产或劳务，它就应对这些资产和劳务的成本负责；某管理人员虽然不直接决定某项成本，但是上级要求他参与有关事项，从而对该项成本的支出施加了重要影响，则他对该成本也要承担责任。

在进行责任成本核算时，需要依次按下列步骤来处理：直接计入责任中心；按责任基础分配；按受益基础分配；归入某一个特定的责任中心；不能归属于任何责任中心的固定成本不进行分摊。通过这些步骤，可以将各项成本费用分配到相应的责任中心，形成各责任中心的成本。

责任成本核算还需要与责任预算相结合，通过对比实际成本与责任预算的差异，分析原因并采取相应的措施进行调整和改进。同时，需要建立完善的责任会计制度，对各责任中心的业绩进行核算、评价和奖惩，以促进各责任中心之间的积极竞争和合作，推动企业的整体发展。

7.2.4 责任成本的预算与考核

7.2.4.1 责任成本预算

责任成本预算是根据企业的经营目标和计划，按照责任中心的划分，对各个责任中心的成本进行预测、分析和控制的过程。它主要包括直接成本、间接成本和固定成本等各项费用的预算，是责任中心进行成本控制和考核的依据。

企业应根据经营策略和目标，确定责任成本预算的目标，例如，降低生产成本、提高销售利润等。收集和整理历史成本数据，包括直接成本和间接成本。直接成本通常包括原材料成本、直接人工成本等，而间接成本则可能包括管理费用、销售费用等。划分不同的责任中心，每个责任中心负责管理和控制一部分成本。例如，生产部门负责生产成本，销售部门负责销售费用等。根据责任中心的职责和目标，制定详细的责任成本预算细则，例如，生产部门需要制定原材料采购预算、人工成本预算等。将各项成本预算数据填入责任成本预算表中，这个表应包括预算项目、预算金额、预算期间等信息。负责人需要根据这个预算来进行成本控制和管理。

预算差异则是指政府、公司或个人用来量化某一会计类别预算数字与实际数字之间差异的一种定期度量方法。在责任成本预算中，预算差异表现为实际成本与责任预算之间的差异。这种差异可能是由于内部或外部原因造成的，如人为错误、预测不准确、业务或经济条件的变化等。

当责任预算与实际成本发生差异时，企业需要进行详细的分析，找出差异的原因，并采取相应的调整措施。这种分析不仅有助于改进成本控制，还可以为企业的决策提供有价值的信息。例如，如果实际成本高于责任预算，可能是由于材料价格上涨、人工成本增加或生产效率降低等原因造成的。通过分析这些原因，企业可以采取相应的措施，如寻找新的供应商、提高生产效率或调整产品价格等，以降低成本并提高盈利能力。

因此，在责任成本管理中，预算差异的分析和处理是一个非常重要的环节。它可以帮助企业及时发现问题、改进管理，并推动企业的持续发展。

7.2.4.2 责任成本的考核与分析

责任成本的考核主要是对比和分析实际成本与责任成本之间的差异，以此来衡量责任中心在成本控制上的效果和效率。如果实际成本低于责任成本，说明责任中心在成本控制方面做得较好，反之则说明需要改进。在进行考核时，还需要考虑一些非财务指标，如交货期、产品质量、客户满意度等，这些指标也会影响责任中心的成本控制效果。

责任成本的分析则是深入探究造成成本差异的原因，并寻求相应的改进措施。这种分析应全面考虑主观和客观原因，不能只看到表面的成本数字差异，而忽略了背后更深层次的问题。例如，成本差异可能是由于价格变动、工艺改进、生产效率提升等因素造成的，需要针对不同的原因采取相应的措施进行改进。

思政拓展 3- 责任意识与担当精神：责任成本管理的核心在于将成本与责任相结合，使每个部门、每个员工都明确自己在成本控制中的责任。这种管理方式有助于培养员工的责任意识和担当精神，使他们能够主动承担起降低成本、提高效益的责任，为企业的稳健发展贡献力量。

7.3　目标成本管理

7.3.1　目标成本

7.3.1.1　目标成本的含义

目标成本是一种以市场导向，对有独立的制造过程的产品进行利润计划和成本管理的方法。企业在特定时间内，为达到预定的利润水平而设定的预期成本。这个成本是企业全体员工共同努力的目标，旨在指导和控制企业的成本支出，以确保实现预定的利润目标。目标成本在企业管理中发挥着重要作用，它是企业进行成本控制、成本核算和成本考核的重要依据。通过设定合理的目标成本，企业可以更好地管理成本，提高资源利用效率，增强市场竞争力，从而实现可持续发展。

7.3.1.2　目标成本的作用

目标成本以市场为导向，对有独立的制造过程的产品进行利润计划和成本管理，在企业中的作用体现在如下方面：

①企业进行成本控制的重要依据，有助于企业加强成本核算，更好地贯彻经济责任制。

②能够调动企业全体职工的工作积极性，促进成本进一步下降。

③通过目标成本的制定和考核，企业可以深入了解影响成本各因素的主次关系及其对成本的影响程度，从而加强成本控制，提高成本管理水平。

④能够促使企业在设计和制造阶段注重成本效益，提高产品性价比，增强市场竞争力。

7.3.2 目标成本管理

7.3.2.1 目标成本管理的原则

①价格引导成本管理原则。目标成本管理的核心在于通过制定有竞争力的市场价格来引导成本管理工作，以实现预期的利润目标。这意味着企业需要根据市场需求和竞争状况来设定合理的产品售价，并在此基础上确定目标成本，以确保企业的盈利能力。

②关注顾客需求原则。目标成本管理应始终围绕顾客需求进行，从产品设计、功能设定到材料选择、生产流程等各个环节，都需要考虑如何满足顾客的需求并创造价值。通过深入了解顾客的需求和偏好，企业可以更好地进行产品定位和设计，从而提高产品的市场竞争力。

③以产品设计为重点原则。产品设计阶段是决定产品成本的关键时期。在产品设计阶段，企业需要充分考虑产品的功能、性能、质量等因素，并运用价值工程等方法来优化产品设计，以降低产品的制造成本。同时，需要与供应商紧密合作，确保外购材料等的成本符合目标成本要求。

④跨职能合作原则。目标成本管理需要企业内部各个部门之间的紧密合作。从产品设计、工程、采购到生产、销售等各个环节，都需要相关部门共同参与，共同为实现目标成本而努力。通过跨职能合作，企业可以更好地协调各部门之间的利益关系，确保目标成本管理的顺利实施。

⑤生命周期成本最低原则。目标成本管理应关注产品的整个生命周期成本，包括研发成本、制造成本、销售成本、售后服务成本等。企业需要在保证产品质量和功能的前提下，通过优化生产流程、提高生产效率、降低材料消耗等方式，降低产品的生命周期成本，以提高企业的整体竞争力。

⑥全面性原则。目标成本管理应对成本形成的全过程进行控制，而且有效的成本控制与管理要求所有人员都要参与成本控制与管理，以实现全员、全过程的管理。

7.3.2.2 目标成本管理的程序

（1）确定目标成本

目标成本的确定方法主要包括以下六种：

①市场调研法。通过对市场需求和竞争状况进行调查和分析，确定产品或服务的目标售价和市场占有率，根据预期的售价和市场份额来确定目标成本。这种方法需要对市场进行深入了解，包括对竞争对手的产品定位、定价策略及消费者的购买决策等进行分析，以确保目标成本的合理性和可行性。

②价值工程法。对产品或服务的功能和性能进行评估，确定消费者认可的最小功能和性能水平，并通过优化设计和生产过程，降低产品或服务的成本。这种方法强调在满

足消费者需求的前提下，通过消除不必要的功能和浪费来降低成本。

③目标成本估计法。根据产品或服务的预期销售量和市场价格，以及企业期望的利润率和资本回报率，通过对各个成本要素的估计计算出目标成本。这种方法需要对企业内部的成本结构和成本要素有深入的了解和分析。

④竞争成本分析法。通过对竞争对手的成本结构和成本水平进行分析，确定企业产品或服务的目标成本。这种方法需要获取竞争对手的成本信息，并进行比较和分析，以确定自身的成本优势和劣势。

⑤选择法。即选择某一先进单位成本作为单位目标成本，再计算出目标总成本。其先进单位成本有同行业的先进成本、本企业历史上最好成本、按平均水平制定的定额成本或标准成本等几种。

⑥倒挤成本法。即先确定目标利润，然后倒推计算目标总成本、目标单位成本。

制定目标成本的方法可以根据企业的实际情况和需求进行选择和组合使用，以确保目标成本的合理性和可行性。同时，企业还需要定期对目标成本进行评估和调整，以适应市场变化和内部条件的变化。

（2）组建跨职能团队

目标成本管理中的跨职能团队组建是一个关键步骤，它有助于确保各个职能部门之间的紧密协作，以实现成本降低的目标。

组建跨职能团队，首先要明确团队的目标，即降低成本、提高效率，并确保产品质量。这一目标应该贯穿于整个团队的工作过程中，并成为团队成员共同努力的方向。团队成员应来自不同的职能部门，如设计、采购、生产、销售等。每个成员都应该在其领域内具备专业知识和经验，以便为团队提供有价值的见解和建议。同时，团队成员应具备良好的沟通和协作能力，以确保团队的高效运作。选择一个具有领导才能、熟悉业务流程并具备良好沟通能力的团队领导。团队领导应负责协调团队成员之间的工作，确保团队目标的顺利实现。

跨职能团队的成功在很大程度上取决于团队成员之间的沟通效果。因此，应建立一个有效的沟通机制，包括定期的会议、信息共享平台等，以便团队成员及时交流想法、解决问题。为了确保团队成员能够胜任其角色并有效地参与团队工作，应提供必要的培训和支持，包括技能培训、团队协作培训及解决问题和决策能力的培训等。应制定明确的工作计划和时间表，以确保团队工作的有序进行，帮助团队成员了解各自的任务和职责，并确保项目按时完成。

（3）产品设计与成本分解

在产品设计阶段，团队需要考虑如何实现目标成本，可能包括选择成本效益更高的材料、简化设计以降低制造成本等。同时，目标成本需要被分解到各个组成部分，如直接材料成本、直接人工成本和间接成本等，以便于更精确地控制成本。

目标成本的分解是将整体目标成本细化为更小、更具体的成本单元的过程。这个过程有助于企业更好地理解和控制成本，从而更有效地实现目标成本。目标成本的分解可以从多个维度进行，包括但不限于产品、功能、构造、成本要素及时间等。

①按产品分解。当企业生产多种产品时，目标成本可以首先按不同产品进行分解。这种分解方式有助于企业了解每种产品的成本结构，以便进行产品组合优化和定价策略制定。

②按功能分解。对于复杂的产品，可以按其功能进行成本分解。这种方法将产品成本分配到各个功能上，有助于识别哪些功能是成本的主要驱动因素，并可能发现成本节约的潜在领域。

③按构造分解。如果产品的构造比较复杂，可以按照其构造或组件进行成本分解。这种方式有助于企业了解每个构造或组件的成本贡献，以便进行有效的设计和采购决策。

④按成本要素分解。成本要素包括直接材料、直接人工、制造费用等。将目标成本按这些要素进行分解，有助于企业更精确地控制各项成本，并制定针对性的成本降低策略。

⑤按时间分解。对于长期项目或产品生命周期较长的情况，可以按时间段进行成本分解。这种方式有助于企业在项目的不同阶段进行成本监控和调整。

此外，目标成本的分解还需要与企业的战略目标、市场定位及产品特性等因素相结合，以确保分解后的成本目标既具有挑战性又可实现。通过这种方式，企业可以更好地管理成本，提高盈利能力，并在竞争激烈的市场中保持竞争优势。

（4）产品制造与持续改善

产品制造阶段需要严格控制成本，包括选择合适的原材料、优化生产工艺、提高生产效率等。通过精细化管理，企业可以确保制造成本不超出目标成本的范围。同时，对生产过程中的浪费进行识别和消除，也是降低制造成本的重要手段。

由于市场竞争和消费者需求的变化，企业需要不断调整和优化产品。持续改善涉及对整个生产流程的审视和改进，以降低成本、提高效率。具体包括改进生产工艺、引入新的生产技术和设备、优化供应链管理、提高员工技能等。

跨职能团队的协作对于产品制造与持续改善至关重要。设计、采购、生产、销售等部门的紧密合作可以确保产品在设计和制造过程中充分考虑成本和市场需求，跨职能团队应定期召开会议，讨论生产过程中的问题，分享改进意见，并共同制订实施计划。

还可以考虑引入一些先进的成本管理方法，如作业成本法、标准成本法等，以便更精确地核算和控制成本。同时，通过对标行业最佳实践和学习曲线效应的应用，企业可以不断挑战和降低现有成本水平。

（5）成本控制、监控与考核

①成本控制。根据目标成本，为各个成本项目（如直接材料、直接人工、制造费用

等）设定具体的标准或预算，作为后续成本控制活动的基准。采用各种成本控制方法，如标准成本法、作业成本法等，来跟踪和分析实际成本。通过对比实际成本与标准成本，及时发现成本超支或节约的情况。当实际成本偏离标准时，迅速识别原因并采取相应的纠正措施，比如重新谈判供应商合同、优化生产流程、减少浪费等。

②成本监控。企业应建立目标成本的监控机制，设定定期的成本审查周期，如每月、每季度进行成本分析，利用成本报告和仪表盘来实时追踪成本绩效。收集关于成本的实际数据，并与标准成本进行对比分析。使用统计方法和数据分析工具来识别成本偏差的根本原因。设定成本超支的预警线，当实际成本接近或超过这些预警线时，系统自动发出警报，帮助管理层及时作出反应，防止成本失控。基于监控结果，不断调整和优化成本控制策略。定期评估目标成本的实施效果，及时调整和改进实施步骤。

③成本考核。目标成本的日常考核旨在确保成本控制在预设的目标范围内，并通过定期的评估和反馈来不断优化成本管理。

目标成本的日常考核应该定期进行，如每月、每季度或根据企业具体情况设定的周期。考核的频率应该足够高，以便及时发现问题并作出调整。对比实际成本与预设的目标成本，分析偏差的原因。评估成本控制措施的实施情况，如成本节约举措的执行效果。检查成本管理制度的执行情况，包括成本核算、成本分析和成本预测的准确性。使用财务数据和业务数据来量化考核指标，如成本节约额、成本降低率等。结合非财务指标，如员工对成本管理的参与度、成本管理制度的执行情况等，进行综合评估。将考核结果及时反馈给相关部门和人员，以便他们了解成本控制的效果。根据考核结果，调整成本控制策略和目标，确保成本管理的持续优化。设立奖励机制，对在成本控制方面做出突出贡献的部门或个人给予奖励。同时，对未能达到成本控制目标的部门或个人进行适当的惩罚或提供改进指导。定期对成本考核体系进行审查和改进，以适应企业内外部环境的变化。鼓励员工提出改进建议，不断完善成本考核制度和方法。

思政拓展 4- 目标导向与计划性：目标成本管理强调设定明确的成本目标，并以此为导向来开展成本管理工作。这体现了目标导向的重要性，引导员工在工作中始终围绕目标进行，增强工作的计划性和针对性。这种管理方式有助于培养员工的目标意识和计划能力，使他们能够更好地规划和执行工作任务。

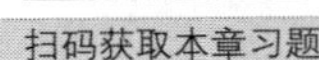

扫码获取本章知识拓展

第8章　作业成本法

扫码获取本章课件

思维导图

本章思维导图如图 8-1 所示。

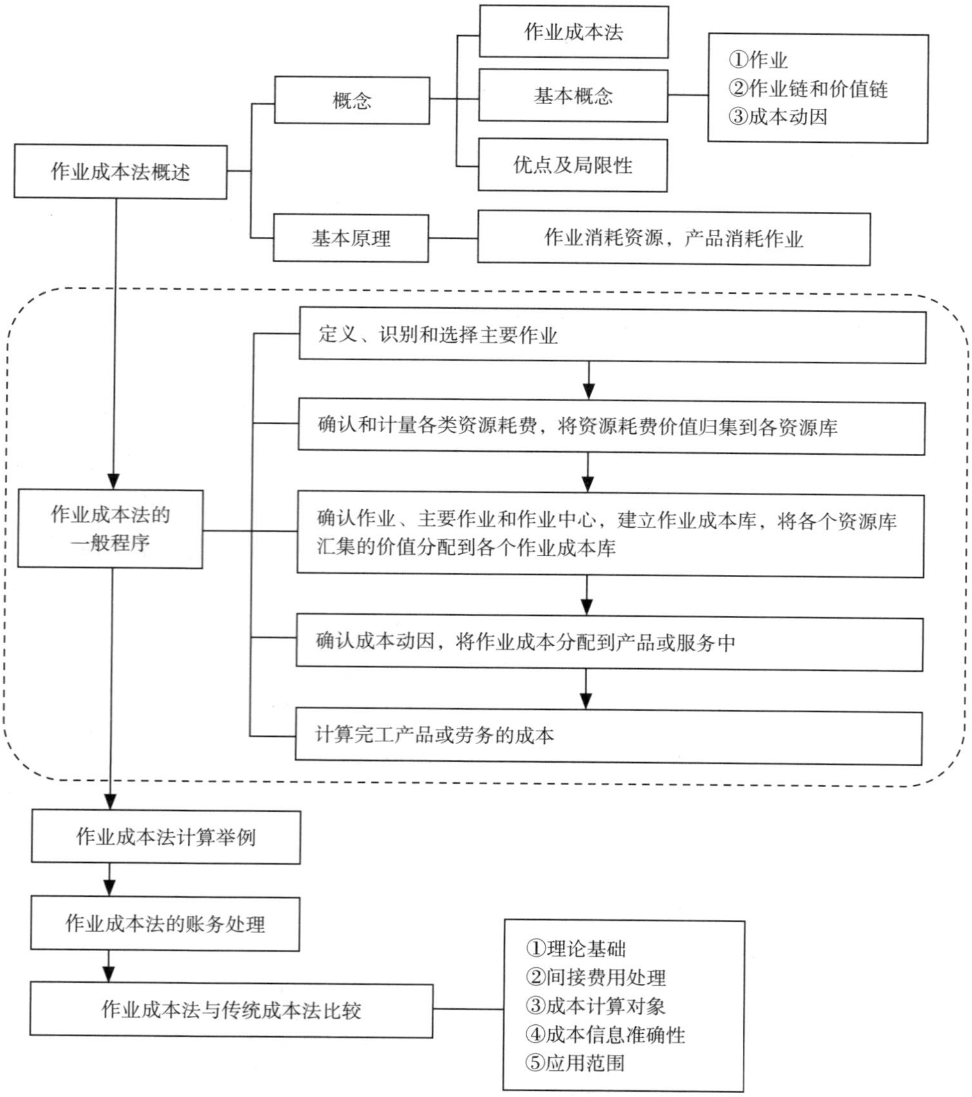

图 8-1　作业成本法思维导图

8.1　作业成本法概述

作业成本法是一种以“作业消耗资源、产出消耗作业”为原则的成本计算方法。它按照资源动因将资源费用追溯或分配至各项作业，计算出作业成本，再根据作业动因，将作业成本追溯或分配至各成本对象，最终完成成本计算。这种方法可以帮助企业更精确地衡量投入产出比，从而更有效地控制成本和提高经济效益。

8.1.1　作业成本法产生的时代背景

作业成本法的产生最早可以追溯到 20 世纪 30 年代末 40 年代初期，杰出的会计大师埃里克·科勒当时所面临的问题是如何正确计算水力发电行业的成本。而到了 1971 年，乔治·斯托布斯在其出版的《作业成本计算和投入产出会计》一书中首次对作业、成本、作业会计、作业投入产出系统等概念做了全面系统的阐述，这标志着作业成本法的萌芽和成型。随后，哈佛大学的罗宾·库珀和罗伯特·卡普兰等人进一步发展了作业成本法的理论，使其逐渐得到会计界的普遍重视和应用。

作业成本法的产生主要源于 20 世纪初的经济理论发展和技术进步。当时，经济学家应用计量经济技术和统计技术，从原料的供应方面建立起批量加工的生产解决方案，以降低产品的生产成本。这带来了工业制造业的突飞猛进，同时也给财务会计发展带来了前所未有的机遇。随着技术的进步，企业开始运用标准制度，改变生产技术，统计工业劳动成本，以及控制成本支出等，这为作业成本法的产生提供了基础。

①随着市场竞争的加剧，企业需要更加精确地控制成本以提高竞争力。传统的成本计算方法在某些情况下无法满足企业对精确成本信息的需求，因此产生了对作业成本法的需求。

②在传统的成本计算方法下，固定成本往往被不准确地分摊到不同种类的产品上，导致成本信息的扭曲。作业成本法通过更精确的成本分配方式，可以解决这一问题。

③传统的成本会计系统主要关注产品的直接成本，而忽略了许多间接成本，如制造费用等，无法提供相关成本与管理之信息。作业成本法能够将这些间接成本与具体作业相关联，从而提供更准确、更相关的成本信息。

④随着自动化和智能化技术的广泛应用，直接人工成本在产品成本中的比重逐渐下降，而制造费用（如设备折旧、维护费用等）的比重则逐渐增加。这种变化使得传统成本计算方法的局限性更加明显，进一步推动了作业成本法的产生和发展。

此外，时代的变革导致经营环境的变化，这也要求企业在激烈的竞争中努力改进和完善管理技术和方法，降低成本，提高生产效率和效益。作业成本法正是在这样的背景下应运而生，它提供了一种更精确的成本计算方法，可以帮助企业更好地控制成本和提高经济效益。

8.1.2 作业成本法的基本概念

（1）作业

在作业成本法中，“作业”指的是企业基于特定目的重复执行的任务或活动，这些活动是企业生产经营过程中的重要组成部分。从产品设计、原材料采购、生产加工，到产品的发运销售，每一个环节、每一道工序都可以视为一项作业。这些作业是连接资源和成本对象的桥梁，企业在执行这些作业时会消耗资源并产生成本。

①根据消耗对象的不同，作业可以分为主要作业和次要作业。

主要作业指的是被产品、服务或顾客等最终成本对象直接消耗的作业。换句话说，主要作业是与最终产出的产品或服务直接相关的、对成本对象有显著影响的作业活动。这些作业活动在企业的生产经营过程中起着核心和关键的作用。主要作业通常包括生产制造、材料加工、产品检验等直接与产品生产和交付相关的作业。例如，在生产制造过程中，机器设备的运行、工人的直接劳动、原材料的加工和组装等都属于主要作业。这些作业的成本可以直接追溯到具体的产品或服务上，是计算产品成本或服务成本的重要组成部分。通过对主要作业的详细分析和成本计算，企业可以更准确地了解每个产品或服务的成本构成，从而为定价、成本控制、盈利能力分析等决策提供有力的支持。同时，对主要作业的管理和优化也是企业降低成本、提高效率和竞争力的重要途径。

次要作业指的是被原材料、主要作业等介于中间地位的成本对象消耗的作业。换句话说，次要作业是那些间接为最终产品或服务提供支持或服务的作业活动，它们并不直接与最终成本对象相关联，而是通过中间成本对象（如原材料、主要作业等）间接地影响最终成本。次要作业在企业生产经营过程中同样扮演着重要的角色。例如，原材料的搬运和储存、设备的维护和调试、生产计划的制订和调整等都可以被视为次要作业。这些作业虽然不直接参与到产品的生产和交付过程中，但却是保证生产过程顺利进行和产品质量稳定的重要因素。对次要作业的成本进行详细的计算和分析，可以更准确地了解中间成本对象的成本构成和影响因素。同时，通过对次要作业的管理和优化，企业可以进一步提高生产效率、降低生产成本并增强市场竞争力。

需要注意的是，在不同的企业和行业中，主要作业和次要作业的具体内容和形式可能会有所不同。因此，在实际应用中，企业需要根据自身的生产经营特点和成本管理需求来确定和划分主要作业和次要作业，并采取相应的管理措施来优化和控制这些作业的成本。

②根据是否能够增加顾客价值，作业可分为增值作业和非增值作业。增值作业与非增值作业是站在顾客角度划分的，它们对顾客的价值和企业的意义有所不同。

增值作业是指那些能增加顾客价值的作业，也是企业生产经营所必需的作业。它们的功能明确，能为最终产品或劳务提供价值，且在企业的整个作业链中是必需的，不能随意去掉、合并或被替代。例如，制造业中的采购订单的获取、在产品加工以及完工产品的包装均属于增值作业。这些作业的发生有利于增加顾客的价值或效用，因此顾客愿意为其支付价格。如果这些增值作业被撤销，产品将无法满足顾客的需求。

非增值作业则是那些并不能增加顾客价值的作业，它们被认为是企业生产经营过程中的一种“累赘”或不必要的作业。这些作业的发生不仅不能提高顾客的满意度，甚至可能会降低顾客的满意度。例如，等待、延误、返工、次品处理、废品清理等都是非增值作业。这些作业在企业的作业链中并非必需的，可以被去掉、合并或替代。非增值作业是企业作业成本控制的重点，因为它们消耗了企业的资源但并没有为顾客创造价值。

在作业成本法中，通过识别和区分增值作业与非增值作业，企业可以更加精确地计算和控制成本，优化资源配置，提高生产效率和盈利能力。也有助于企业改进产品或服务的设计和生产过程，以满足顾客的需求并提高顾客满意度。

增值作业与非增值作业在管理中存在显著的差异，主要体现在以下四个方面：第一，对顾客价值的影响。增值作业能够直接为顾客创造价值，提升产品或服务的附加值，满足顾客的需求和期望。相反，非增值作业无法给顾客带来价值上的实质性改变，它们对于顾客来说是不必要的或无效的。第二，对成本的影响。增值作业通常与高效、节约成本的运营方式相关联。通过优化增值作业，企业可以降低生产成本，提高资源利用效率。而非增值作业则只会增加产品的成本，不会带来任何附加价值，也无法提高组织的效率。第三，可量化性与反馈。增值作业往往可以被量化，企业可以将结果实时反馈给顾客，从而增强顾客满意度和忠诚度。然而，非增值作业通常无法被量化，也无法提供有效的反馈信息给顾客。第四，改进与优化的重点。在管理中，识别并优化非增值作业是降低成本、提高效率的关键。通过减少或消除非增值作业，企业可以释放资源，专注于提升增值作业的质量和效率。而增值作业则需要企业不断投入资源进行创新和改进，以保持其竞争优势和顾客满意度。

（2）作业链和价值链

作业链是相互联系的一系列作业活动组成的链条。在现代企业中，为了最终满足顾客的需求，企业需要设计并执行一系列有序的作业活动。这些作业活动在企业的生产经营过程中相互联系、相互影响，并按照一定的顺序排列，形成一个完整的作业链。作业链的起点是顾客的需求，终点是顾客服务的满足，通过设计、执行一系列从产品设计到生产、售后服务的作业，提供满足顾客需要的产品和服务。在作业链的各个环节上，活动之间都是紧密联系的，前后作业间存在着需求和供给的关系。

价值链则是从价值创造的角度来描述的，它是作业链的价值表现。价值链涵盖了产品从设计、生产到销售的整个过程，这个过程由一系列相互关联、相互影响的价值活动组成。这些价值活动可以分为主要活动和辅助活动，主要活动包括产品的生产、销售和售后服务等，而辅助活动则包括技术开发、人力资源管理、企业基础设施等。这些活动在价值链上形成一个相互关联、相互依存的体系，共同创造价值并满足顾客需求。

作业链和价值链之间的联系在于，作业链是价值链形成的基础和前提。每一个作业在消耗资源的同时也在创造价值，这些价值在作业链上逐步积累和转移，最终形成了价值链上的各个环节。因此，作业链的管理和优化对于提高价值链的整体绩效和竞争力具有重要意义。同时，作业链和价值链的管理也需要考虑成本因素。作业成本法就是一种基于作业成本计算和管理的方法，它将成本管理的起点和核心由“商品”转移到“作业”层次，通过对作业及作业成本的确认、计量，最终计算出相对真实的产品成本。这种方法可以帮助企业更准确地识别和管理作业链上的各项成本，从而提高价值链的效益和效率。

（3）成本动因

成本动因是导致资源消耗变化、影响质量和周期时间的任何事件和情形。简单来说，成本动因就是引起产品成本发生变化的原因。它是构成成本结构的决定性因素，并可以决定成本行为。成本动因不仅可以是作业、数量、质量、时间、地点、价格等因素，还可以是如企业规模、技术应用、质量管理、企业文化等无形的战略因素。

在作业成本法中，成本动因被分为资源动因和作业动因。

资源动因是将资源成本分配到作业中心的标准，反映了作业中心对资源的耗用情况。资源动因是衡量资源消耗量与作业之间关系的某种计量标准，它反映了作业中心对资源的耗用情况。在作业成本法中，资源动因是将资源成本分配到作业中心的标准。通过分析资源动因，企业可以了解作业对资源的消耗情况，进而优化资源配置，提高资源利用效率。比如，人力成本：如果一家公司的某个部门（如客户服务部）的员工数量增加，那么该部门的薪酬费用也会相应增加。这里，员工数量就是资源动因，因为它直接影响了薪酬费用这一资源的消耗。设备折旧：在生产过程中，机器设备的使用时间越长，其折旧费用就越高。因此，设备使用时间可以视为资源动因，它决定了设备折旧这一资源的消耗。

作业动因是将作业中心的成本分配到产品或劳务中的标准，也是将资源消耗与最终产出相沟通的中介。作业动因反映了产品消耗作业的情况，是确定作业成本分配到产品或劳务中的关键因素。通过作业动因分析，企业可以识别出哪些作业是必要的，哪些作业是多余的，从而优化作业流程，降低成本。比如，产品检验：在产品生产过程中，产品检验是一个重要作业，产品检验的次数可以作为作业动因，用于计算产品检验成本，如果某个产品的检验次数增加，那么分配给该产品的检验成本也会相应增加。购货作业：对于零售企业来说，发送购货单的数量可以作为购货作业的作业动因，发送的购货单越多，购货作业的成本就越高。机器钻孔：在制造业中，如果某个产品需要更多的钻孔作业，那么该产品就会消耗更多的钻孔作业成本，钻孔数量就是作业动因。

战略层面的成本动因对成本的影响更大、更持久，也更难量化。这些成本动因往往隐藏在企业的重大决策、经营管理、企业文化等之中，如企业规模、质量管理、技术应用等。因此，在成本管理中，除关注可量化的成本动因外，还需要重视这些无形的战略成本动因。

成本动因数据的准确性直接关系到作业成本计算结果的准确性，进而影响企业的成本控制和决策。因此，在收集和使用成本动因数据时，必须确保其准确性和可靠性。

8.1.3　作业成本法的优点和局限性

（1）作业成本法的优点

①可以提供更准确的产品和产品线成本信息。作业成本法扩大了追溯到个别产品的成本比例，减少了成本分配对产品成本的扭曲。同时，采用多种成本动因作为间接成本的分配基础，使分配基础与被分配成本的相关性得到改善。

②有助于改进成本控制。作业成本法提供了了解产品作业过程的途径，使管理人员知道成本是如何发生的。从成本动因上改进成本控制，包括改进产品设计和生产流程等，可以消除非增值作业、提高增值作业的效率，有助于持续降低成本和不断消除浪费。

③为战略管理提供信息支持。战略管理需要相应的信息支持，例如，价值链分析需要识别供应作业、生产作业和分销作业，并且识别每项作业的成本驱动因素，以及各项作业之间的关系。作业成本法可以为这些分析提供有用的信息。

（2）作业成本法的局限性

①部分作业的识别、划分、合并与认定，成本动因的选择以及成本动因计量方法的选择等均存在较大的主观性，操作较为复杂。这可能导致在实际应用中，作业成本法的准确性和可靠性受到一定程度的影响。

②开发和维护费用较高。由于作业成本法需要更详细地追踪和记录各种作业和资源消耗情况，因此其开发和维护成本相对较高。这可能会限制一些企业在实践中应用作业成本法的意愿和能力。

例 8-1

W 公司生产甲、乙、丙三种主要产品。其中甲产品是公司产量最高的产品，让总经理不解的是，竞争对手甲产品的价格一直比 W 公司低。总经理对于这种现象很疑惑，不明白为什么竞争对手总能在价格上比 W 公司更具有优势。另外，丙产品是公司获利的重要来源，从市场情况看，W公司多次提高丙产品的价格，客户依然络绎不绝。竞争对手为什么对丙产品市场不感兴趣？这样的市场形势让人感到困惑：甲产品产量大，价格上不去；丙产品价格已经很高了，但好像还有提价的空间。

公司新上任的财务总监通过数周的调研工作解开了这个谜：W公司并不是单独计算每种产品的直接费用和间接费用，而是把公司的生产部门当作成本中心来归集间接费用，每种产品负担的间接费用是基于公司整体的生产能力（即产量）平均分配的。甲产品产量高，但其工艺相对简单，因此在按产量分配时其间接成本被高估，而产量低但工艺相对复杂的丙产品的间接成本却被低估了。也就是说，工艺简单、产量高的甲产品承担了过多的成本份额，而工艺复杂、产量低的丙产品却没有承担应该承担的成本份额。

显然，W公司在制定价格的过程中依据的成本信息是错误的，甲产品因此成本被高估其产品的价格定得偏高，丙产品的价格则因成本被低估而偏低。竞争对手在甲产品上依据真实成本定价，其价格与W公司相比优势较大，与此相反，W公司丙产品的成本被低估，竞争对手在丙产品并没有价格优势。

8.1.4 作业成本法的基本原理

作业成本法的基本原理可以概括为“作业消耗资源，产品消耗作业”，以作业为中心，通过对作业及作业成本的确认、计量，最终计算出相对真实的产品成本。它首先确认和计量各类资源耗费，然后将资源耗费按照作业动因分配到各个作业成本库，再按产品消耗的作业动因量将作业成本库中的成本分配到最终产品。具体来说，作业成本法的计算原理包括以下三个步骤：

①确认和计量各类资源耗费。这些资源耗费包括房屋及建筑物、设备、材料、商品等有形资源的耗费，也包括信息、知识产权、土地使用权等各种无形资源的耗费，还包括人力资源耗费及其他各种税费支出等。

②将资源耗费按照作业动因分配到各个作业成本库。将资源成本追溯或分配至各项作业，从而计算出作业成本。作业动因是指导致作业被执行的因素或事件，如机器的启动次数、材料的搬运次数等。

③按产品消耗的作业动因量将作业成本库中的成本分配到最终产品。将作业成本追溯或分配至各成本对象（如产品、服务或客户等），从而完成成本计算。通过这一步，可以了解每个产品消耗了哪些作业，以及这些作业的成本是多少。

与传统的成本计算方法相比，作业成本法提供了更加准确的产品成本信息，有助于企业优化产品决策、改进成本控制。它拓展了成本的计算范围，使计算出来的产品（服务）成本更准确真实。此外，作业成本法还通过识别和消除非增值作业，以及优化作业链和价值链，来提高企业的经济效益和市场竞争力。

8.2　作业成本法的一般程序

8.2.1　作业成本法的一般程序

依据作业成本法的基本原理，作业成本法的计算一般包括五个步骤：

①定义、识别和选择主要作业。首先，需要明确企业运营过程中的各项作业，这些作业包括生产、销售、管理等各种活动。其次，从这些作业中识别出主要的作业，这些作业对成本有显著影响。最后，根据企业的实际情况选择需要进行成本计算的作业。

②确认和计量各类资源耗费，将资源耗费价值归集到各资源库。需要确定企业在运营过程中消耗的各种资源，如人力、物力、财力等。然后，计量这些资源的耗费情况，并将耗费的价值归集到相应的资源库中。

③确认作业、主要作业和作业中心，并建立作业成本库，将各个资源库汇集的价值分配到各个作业成本库中。需要确认之前定义的作业、主要作业和作业中心。然后，建立相应的作业成本库，将各个资源库汇集的价值根据资源动因分配到各个作业成本库中。

④确认成本动因，将作业成本分配到产品或服务中。需要确定各作业的成本动因，这些成本动因反映了作业消耗资源的方式。然后，根据成本动因将作业成本分配到相应的产品或服务中。

⑤计算完工产品或劳务的成本。将各作业成本库价值分配计入最终产品或劳务成本计算单，计算出完工产品或劳务的成本。

例 8-2

假设某制造公司生产两种产品 A 和 B，产品 A 工艺简单，每年生产 1000 件；产品 B 工艺复杂，每年生产 2000 件。公司想要使用作业成本法来计算这两种产品的成本。

①定义、识别和选择主要作业。在这个例子中，公司主要作业包括机械加工、装配和检验。机械加工主要涉及产品 A，装配和检验则涉及这两种产品。

② 确认和计量各类资源耗费，将资源耗费价值归集到各资源库。公司需要计算直接材料、直接人工和间接费用等资源耗费。其中，直接材料和直接人工可以直接归集到相应的产品中，而间接费用则需要先归集到各作业中心，再根据作业动因分配到产品中。

③确认作业、主要作业和作业中心，并建立作业成本库，将各个资源库汇集的价值分配到各个作业成本库中。

公司确认了机械加工、装配和检验三个作业，并将它们分别划分为三个作业中心。然后，公司根据资源动因（如机器小时、人工小时等）将间接费用分配到各作业中心，形成作业成本库。

④确认成本动因，将作业成本分配到产品或服务中。

在这个例子中，成本动因可以是机器小时数、人工小时数等。公司需要确定每个作业的成本动因，并根据成本动因将作业成本分配到相应的产品中。比如，机械加工作业的成本动因可以是机器小时数，装配和检验作业的成本动因可以是人工小时数。

⑤计算完工产品或劳务的成本。

将各作业成本库中归集的价值根据作业动因分配到产品 A 和 B 中，加上直接材料和直接人工的成本，就可以得到每个产品的总成本。根据产品数量和总成本，可以计算出每个产品的单位成本。

8.2.2 作业成本法计算举例

例 8-3

W 公司第一车间本月生产甲、乙两种产品，其中甲产品工艺较为简单、生产批量较大；乙产品工艺较为复杂，生产批量较小。公司根据成本管理的需要，对该车间的制造费用采用作业成本法进行分配和归集。本月甲、乙两种产品月初、月末均无在产品。本月两种产品的产量、直接人工工时，以及单位产品应负担的各项直接生产成本（各项直接生产成本的计算分配过程从略），如表 8-1 所示。

表8-1 产品产量、生产工时及生产费用表 单位：元

项目	甲产品	乙产品
产量（件）	15000	3000
直接人工工时	7350	1650
单位产品直接人工成本	18	15
单位产品直接材料成本	37.5	37.5
制造费用总额	634050	

①确认和计量各类资源耗费，将资源耗费价值归集到各资源库。对制造费用的资源耗费进行分析，归纳为工资（直接人工以外的工资）、折旧、电费、办公及其他费用。制造费用的各项资源的金额如表 8-2 所示。

表8-2　资源项目及其金额表　　　　单位：元

项目	金额
工资	300000
折旧	225000
电费	52800
办公及其他费用	56250

②定义、识别和选择主要作业。对形成制造费用的作业进行划分，可分为订单处理、调整准备、生产协调、质量检验、存货搬运、机器运转及维护六项作业。本月各资源项目向各作业成本库分配的依据，即资源动因分别是：

各作业的人员基本固定，因此，各作业的人工费用可以按专属费用处理。

折旧费用按各作业所用设备的原值比例进行分配。

电费按各项作业的耗电度数进行分配。虽然各作业没有单独电表，但其耗电量可以根据其所用设备、电器的功率及使用时间等数据计算得出。

办公及其他费用按各作业人员的人数比例分配。

W 公司本月各作业的资源动因数量如表 8-3 所示。

表8-3　资源动因及其数量表　　　　单位：元

资源类别	资源动因	资源动因数量						
		合计	订单处理	调整准备	生产协调	质量检验	存货搬运	机器运转及维护
工资	专属费用	—	—	—	—	—	—	—
折旧	设备原值	2250000	300000	120000	180000	525000	225000	900000
电费	用电度数	66000	3000	6000	6000	7500	7500	36000
办公及其他费用	工人人数	100	10	16	10	24	20	20

③确认作业、主要作业和作业中心，并建立作业成本库，将各个资源库汇集的价值分配到各个作业成本库中。本月甲、乙产品各项作业消耗情况如表 8-4 所示。

表8-4　各产品作业消耗情况表

作业	甲产品	乙产品
订单处理（份数）	108	92
调整准备（次数）	20	20
生产协调（次数）	30	20
质量检验（次数）	40	40
存货搬运（次数）	120	80
机器运转及维护（机器工时）	4000	1000

由表 8-2 和表 8-3 资料，可计算并编制资源耗费分配表如表 8-5 所示。

表8-5　资源耗费分配表　　单位：元

资源类别	资源价值	资源动因	资源动因合计	分配率	作业成本库					
					订单处理	调整准备	生产协调	质量检验	存货搬运	机器运转及维护
工资	300000	专属费用			37500	45000	45000	67500	52500	52500
折旧	225000	设备原值	2250000	0.1	30000	12000	18000	52500	22500	90000
电费	52800	用电度数	66000	0.8	2400	4800	4800	6000	6000	28800
办公及其他费用	56250	工人人数	100	562.5	5625	9000	5625	13500	11250	11250
作业成本合计	634050	—	—	—	75525	70800	73425	139500	92250	182550

④确认成本动因，将作业成本分配到产品或服务中。由表 8-5 及表 8-4 资料可计算并编制作业成本分配率计算表如表 8-6 所示。

表8-6　作业成本分配率计算表

作业成本库（作业中心）	作业成本（元）	作业成本动因	作业量			成本费用分配率（元）
			甲产品	乙产品	合计	
订单处理	75525	订单份数	108	92	200	377.625
调整准备	70800	调整准备次数	20	20	40	1770
生产协调	73425	协调次数	30	20	50	1468.5
质量检验	139500	检验次数	40	40	80	1743.75
存货搬运	92250	搬运次数	120	80	200	461.25
机器运转及维护	182550	机器小时	4000	1000	5000	36.51
合计	634050	—	—	—	—	—

依据表 8-4 和表 8-6，计算并编制出产品作业成本（产品应负担的制造费用）计算表如表 8-7 所示。

表8-7　产品作业成本计算表（产品应负担的制造费用）　　单位：元

作业成本库	成本动因分配率	甲产品		乙产品		作业成本合计（制造费用）
		作业量	作业成本	作业量	作业成本	
订单处理	377.625	108	40783.5	92	34741.5	75525
调整准备	1770	20	35400	20	35400	70800
生产协调	1468.5	30	44055	20	29370	73425
质量检验	1743.75	40	69750	40	69750	139500
存货搬运	461.25	120	55350	80	36900	92250
机器运转及维护	36.51	4000	146040	1000	36510	182550
合计	—	—	391378.5	—	242671.5	634050

⑤计算完工产品或劳务的成本。由表 8-1 可得，甲产品直接材料费用 562500 元，直接人工费用 270000 元；乙产品直接材料费用 112500 元，直接人工费用 45000 元。则由表 8-7 可得：

甲产品总成本 =562500+270000+391378.5=1223878.5（元）

乙产品总成本 =112500+45000+242671.5=400171.5（元）

8.2.3 作业成本法的账务处理

在作业成本法下，一级科目设置与传统成本法相同，各明细科目依据具体情况按照作业设置，下面以例 8-3 有关资料为例说明作业成本法的账务处理程序。

8.2.3.1 直接费用（表 8-1）的账务处理

借：生产成本——甲	562500	
——乙	112500	
贷：原材料		675000
借：生产成本——甲	270000	
——乙	45000	
贷：应付职工薪酬		315000

8.2.3.2 各类资源耗费分配（表 8-5）计入作业成本库的账务处理

①职工薪酬费用的分配：

借：制造费用——订单处理	37500	
——调整准备	45000	
——生产协调	45000	
——质量检验	67500	
——存货搬运	52500	
——机器运转及维护	52500	
贷：应付职工薪酬		300000

②折旧费用的分配：

借：制造费用——订单处理	30000	
——调整准备	12000	
——生产协调	18000	
——质量检验	52500	
——存货搬运	22500	
——机器运转及维护	90000	
贷：累计折旧		225000

③电费的分配（假设以银行存款支付）：

借：制造费用——订单处理　2400

　　　　　　——调整准备　4800

　　　　　　——生产协调　4800

　　　　　　——质量检验　6000

　　　　　　——存货搬运　6000

　　　　　　——机器运转及维护　28800

　贷：银行存款　52800

④办公及其他费用的处理（假设以银行存款支付）：

借：制造费用——订单处理　5625

　　　　　　——调整准备　9000

　　　　　　——生产协调　5625

　　　　　　——质量检验　13500

　　　　　　——存货搬运　11250

　　　　　　——机器运转及维护　11250

　贷：银行存款　56250

8.2.3.3　将作业成本库归集的费用（表8-7）分配计入产品成本的账务处理

①订单处理费用计入产品成本：

借：生产成本——甲（订单处理）　40783.5

　　　　　　——乙（订单处理）　34741.5

　贷：制造费用——订单处理　75525

②调整准备费用计入产品成本：

借：生产成本——甲（调整准备）　35400

　　　　　　——乙（调整准备）　35400

　贷：制造费用——调整准备　70800

③生产协调费用计入产品成本：

借：生产成本——甲（生产协调）　44055

　　　　　　——乙（生产协调）　29370

　贷：制造费用——生产协调　73425

④质量检验费用计入产品成本：

借：生产成本——甲（质量检验）　69750

　　　　　　——乙（质量检验）　69750

　贷：制造费用——质量检验　139500

⑤存货搬运费用计入产品成本：

借：生产成本——甲（存货搬运）　55350
　　　　　　——乙（存货搬运）　36900
　贷：制造费用——存货搬运　92250

⑥机器运转及维护费用计入产品成本：

借：生产成本——甲（机器运转及维护）　146040
　　　　　　——乙（机器运转及维护）　36510
　贷：制造费用——机器运转及维护　182550

8.2.3.4 结转产成品的账务处理

借：库存商品——甲　1223878.5
　　　　　　——乙　400171.5
　贷：生产成本——甲　1223878.5
　　　　　　——乙　400171.5

8.2.4 作业成本法与传统成本法比较

例 8-4

沿用例 8-3 有关资料，分别计算传统成本法和作业成本法的两种产品单位成本，比较分析两种方法。

①传统成本法下：

制造费用分配率 =634050/（7350+1650）=70.45

单位甲产品应负担的制造费用 =7350×70.45/15000=34.52（元）

单位乙产品应负担的制造费用 =1650×70.45/3000=38.75（元）

则

甲产品单位成本 =18+37.5+34.52=90.02（元）

乙产品单位成本 =15+37.5+38.75=91.25（元）

②作业成本法下：

甲产品单位成本 =1223878.5/15000=81.59（元）

乙产品总成本 =400171.5/3000=133.39（元）

由上述计算可知，与作业成本法相比，传统成本法下，工艺简单、批量大的甲产品的单位成本被高估，而工艺相对复杂、批量较小的乙产品单位成本被高估。究其原因，是在间接费用（制造费用）的分配过程中，传统成本法将工艺情况、批量情况完全不同的甲产品和乙产品按照统一工时的标准进行分配，忽略了两种产品在消耗资源上的不同。而在作业成本法中，充分考虑了两种产品在消耗作业的不同，以作业量为基础，为不同的作业耗费选择对应的成本动因分配制造费用，提高了成本核算的准确性。

作业成本法与传统成本法的主要区别：

①理论基础。传统成本法主要以产品作为成本分配对象，以单位产品耗用某种资源占当期该类资源消耗总额的比例（如人工小时、机器小时）作为成本分配依据。而作业成本法则以“作业消耗资源、产出消耗作业”为原则，首先根据资源动因将资源费用分配至各项作业，计算出作业成本，再根据作业动因，将作业成本分配至各成本对象。

②间接费用处理。在传统成本法下，间接费用通常按部门归集，并以单一标准（如直接人工小时）进行分配。而在作业成本法下，间接费用则按作业归集，并根据多种作业动因进行分配。这使作业成本法能够更准确地反映产品与作业、作业与资源之间的关系，提供更精确的成本信息。

③成本计算对象。传统成本法主要以产品为成本计算对象，关注产品生产过程中的成本耗费。而作业成本法则以作业为成本计算对象，关注作业过程中的资源消耗和作业效率。

④成本信息准确性。由于作业成本法采用了多元化的分配基础，并考虑了产品与作业、作业与资源之间的实际联系，因此其提供的成本信息通常比传统成本法更准确。这有助于企业做出更科学的决策，如定价、产品组合优化等。

⑤应用范围。传统成本法主要适用于直接材料和直接人工占主导地位的生产环境。而作业成本法则更适用于间接费用占主导地位、产品种类繁多且生产工艺复杂多变的生产环境。

总的来说，作业成本法相对于传统成本法具有更高的灵活性和准确性，能够更好地适应现代生产环境的变化和需求。然而，由于其实施和维护成本相对较高，企业在选择是否采用作业成本法时需要进行综合考虑。

思政拓展–责任意识：在作业成本法中，每个作业中心都被视为一个责任中心，需要对其所发生的成本负责。这有助于培养企业员工的责任意识，使他们明确自己在工作中的职责和义务，从而更好地履行自己的职责。

扫码获取本章习题

扫码获取本章知识拓展

模块 4　销售业务的管理与分析

第9章　产品定价决策

扫码获取本章课件

思维导图

本章思维导图如图 9-1 所示。

- 销售业务概述
  - 销售业务流程
  - 销售业务影响因素
    - ①外部因素：市场环境、竞争对手、法律法规
    - ②内部因素：产品、价格、销售渠道、销售人员、营销策略
  - 销售业务涉及的成本
    - 采购成本、营销成本、运营成本、配送成本、客户服务成本
- 产品定价概述
  - 产品定价目标
    - 利润导向型目标
    - 销售导向型目标
    - 市场竞争导向目标
    - 社会效益导向目标
  - 影响价格的因素
    - 成本、市场需求和供给、竞争状况、产品特性、消费者心理、政策和法规、宏观经济环境
- 产品定价决策
  - 成本导向定价决策
    - ①成本加成定价法
    - ②边际成本定价法
    - ③盈亏平衡定价法
  - 市场导向定价决策
    - ①理解价值定价法
    - ②需求差异定价法
    - ③逆向定价法
  - 竞争导向定价决策
    - ①随行就市定价法
    - ②投标定价法
    - ③高价竞争定价法
    - ④低价竞争定价法

图 9-1　产品定价决策思维导图

9.1 销售业务概述

9.1.1 销售业务流程

（1）市场调研与潜在客户识别

在销售业务的起始阶段，进行市场调研是至关重要的。这包括对目标市场的规模、增长趋势、客户群体、竞争对手及市场机会等进行分析。通过市场调研，企业可以更准确地识别潜在客户群体，并为后续的销售活动制定更有效的策略。在识别潜在客户时，可以利用多种渠道，如网络搜索、社交媒体平台、行业展会、专业数据库等。通过这些渠道，企业可以收集潜在客户的联系信息、业务需求及购买意向等信息，为后续的客户接触和需求挖掘奠定基础。

（2）客户接触与需求挖掘

在识别出潜在客户后，下一步是与客户进行接触并深入挖掘他们的需求。这个过程可以通过电话、电子邮件、社交媒体或面对面的拜访等方式进行。在与客户接触时，销售人员需要运用有效的沟通技巧和倾听能力，以了解客户的业务状况、挑战和需求。为了更全面地了解客户，销售人员可以提出一系列开放性问题，如关于客户的业务模式、目标客户群、市场策略等。同时，积极倾听客户的回答，捕捉关键信息，以便更好地理解客户的需求和期望。在沟通过程中，销售人员还需要关注客户的反馈和意见，并及时调整自己的销售策略以满足客户的期望。

（3）销售提案与解决方案呈现

在深入了解客户需求后，销售人员需要根据客户的需求定制销售提案。销售提案应包括产品或服务的详细描述、定价策略、交付时间表等信息。为了增加提案的说服力，销售人员可以邀请技术团队或产品经理参与，从更专业的角度解释产品功能和技术细节。在呈现解决方案时，销售人员需要重点展示产品或服务的价值和好处，以及如何满足客户的需求。可以通过演示软件、样品展示、视频介绍等方式呈现。同时，与客户共同探讨解决方案的可行性及可能带来的业务成果，以增强客户对产品的信任和购买意愿。

（4）商务谈判与合同条款确定

在客户对销售提案表示兴趣后，双方将进入商务谈判阶段。商务谈判主要涉及价格、交货期、付款条件、售后服务等关键商务条款的谈判。在这个过程中，销售人员需要运用谈判技巧和策略，争取达成最有利的合同条款。在谈判过程中，销售人员需要灵活应对客户的需求和预算限制，同时保持与客户的良好沟通关系。一旦双方就合同条款达成一致意见，就可以准备和签署正式的销售合同。在签署合同之前，务必仔细审查和确认合同条款，以确保双方的权益得到保障。

（5）收款与售后服务

在签署合同后，销售人员需要跟踪客户的付款情况并确保按时收款。对于任何收款问题或延迟付款的情况，销售人员需要及时与客户沟通并寻求解决方案。同时，为了维护长期的客户关系和口碑传播，提供优质的售后服务是至关重要的。这包括及时处理客户的反馈和投诉、提供必要的技术支持和维修服务等。通过优质的售后服务，企业可以增强客户的忠诚度和满意度，进而促进未来的销售增长。

（6）客户关系维护与拓展及销售分析与流程优化等

除以上步骤外，销售业务还包括客户关系维护与拓展及销售分析与流程优化等环节。在维护客户关系方面，销售人员需要定期回访客户、关注客户的动态需求并提供持续的关怀与支持。在拓展客户关系方面，可以通过交叉销售或增值服务等方式挖掘客户的额外需求或新的商机。

同时，为了持续优化销售流程和提高销售业绩，收集和分析销售数据是非常必要的。通过对销售额、销售渠道效果、客户转化率等关键指标进行分析评估，企业可以识别成功的销售策略和需要改进的领域。基于这些分析结果，企业可以调整销售策略、优化销售流程或重新分配销售资源以实现更好的业绩成果。

9.1.2　销售业务影响因素

销售业务受到多种因素的影响，这些因素可以分为外部因素和内部因素。

（1）外部因素

①市场环境。市场环境的变化会直接影响销售业绩，包括市场竞争格局、消费者需求变化、经济形势等。例如，如果市场上出现了更具竞争力的产品或服务，或者消费者需求发生了转变，都可能对销售业务产生重大影响。

②竞争对手。竞争对手的策略和行为也会对销售业务产生影响。例如，竞争对手的定价策略、产品推广策略、市场份额等都会对企业的销售业务构成挑战。

③法律法规。法律法规的变化可能会对销售业务产生限制或影响。例如，新的贸易政策、产品安全标准、环保规定等都可能对企业的销售业务产生影响。

（2）内部因素

①产品。产品的质量、功能、设计、品牌等都会影响消费者的购买决策，从而影响销售业绩。如果产品不能满足消费者的需求或期望，销售业绩自然会受到影响。

②价格。价格是消费者考虑购买的重要因素之一。定价策略需要根据市场需求、竞争

对手的定价以及产品成本等因素来制定。价格过高或过低都可能对销售业绩产生负面影响。

③销售渠道。销售渠道的选择和管理也会影响销售业绩。选择合适的销售渠道可以提高产品的曝光率和销售机会。同时，对销售渠道的有效管理也可以提高销售效率和客户满意度。

④销售人员。销售人员的素质和能力对销售业绩有着直接的影响。优秀的销售人员能够更好地理解客户需求，提供满足需求的产品或服务，并建立良好的客户关系，从而提高销售业绩。

⑤营销策略。营销策略的制定和执行也会影响销售业绩。包括广告、促销、公关等手段在内的营销策略可以提高产品的知名度和吸引力，促进销售业绩的提升。

综上所述，销售业务受到多种因素的影响，企业需要密切关注这些因素的变化，并灵活调整销售策略和业务流程以适应市场环境的变化和客户需求的变化。

9.1.3 销售业务涉及的成本

（1）采购成本

购买商品或服务的成本，包括支付给供应商的费用以及在采购过程中产生的其他直接成本。企业应与供应商建立长期稳定的合作关系，争取更有竞争力的价格和服务。同时，定期对供应商进行评估和比较，确保采购成本的合理性。此外，推行集中采购和电子化采购系统，以提高采购效率和透明度。

（2）营销成本

为推广和宣传产品而产生的费用，如广告、促销和销售展会等支出。企业可以通过市场调研和数据分析，精确定位目标客户群体，制定有针对性的营销策略。避免盲目投入广告费用，提高营销活动的回报率。同时，利用社交媒体、搜索引擎优化（SEO）等低成本营销手段，扩大品牌知名度和影响力。

（3）运营成本

在销售过程中涉及的各项运营费用，如租金、设备维护、员工工资等。企业可以通过引入自动化和智能化技术，如客户关系管理（CRM）系统、自动化流程等，降低人工成本和减少错误率。优化销售流程，简化审批和报销程序，提高工作效率。此外，关注员工培训和激励，提高员工素质和积极性，从而降低人力成本。

（4）配送成本

将产品从生产地或仓库运输到客户手中所产生的费用，包括运输和相关的物流成本。企业应合理规划物流配送：优化物流配送路线，减少往返车次和空驶率，降低运输成本。与物流公司建立长期合作关系，争取更优惠的运费价格。同时，考虑采用先进的物流技术，如物联网（IoT）跟踪、智能仓储等，提高物流效率和准确性。

（5）客户服务成本

为客户提供咨询、售后服务等支持活动所涉及的人工成本和其他费用。企业应加强售后服务管理，建立完善的客户服务体系，提供及时、有效的售后服务。通过客户满意度调查和分析，了解客户需求和期望，不断改进产品和服务质量。同时，关注客户反馈和投诉，及时处理问题并防止问题扩大化，降低客户投诉处理成本。

为有效管理和控制销售成本，企业可以采取一系列措施，如优化供应链管理、建立有效的成本控制制度、培养高效的销售团队及加强市场调研和客户关系管理等。运用数据分析工具和技术对销售数据进行深入挖掘和分析，发现潜在的成本节约点和改进空间。通过数据驱动决策制定和执行过程优化来降低成本并提高效益。

思政拓展1- 团队协作精神：销售业务往往需要团队协作，包括销售团队内部的协作，以及与市场营销、客户服务等相关部门的协作。团队协作能够培养企业员工的合作精神、沟通能力和集体荣誉感。

9.2　产品定价概述

9.2.1　产品定价目标

产品定价目标是指企业通过制定特定水平的价格以实现其预期目的。定价目标取决于企业的总体目标，并且不同类型的企业可能有不同的定价目标。同时，同一企业在不同的时期、不同的市场条件下也可能有不同的定价目标。

（1）利润导向型目标

这是许多企业的首选定价目标。具体包括追求利润最大化、获取适度利润和实现预期投资利润率。利润最大化目标要求企业尽可能地按照市场需求和价格弹性的变化来制定价格，以实现销售收入与成本之间的最大差额。适度利润目标则是在满意的价格水平下，追求适度的销售量和成本控制，以实现适度的利润。预期投资利润率目标则是根据投资额来确定预期利润，并通过价格策略来实现这一目标。

（2）销售导向型目标

以促进销售增长为主要目标，包括扩大销售量、提高市场占有率等。通过制定具有竞争力的价格策略，企业可以吸引更多的消费者购买其产品，从而增加销售量和市场份额。在实现销售导向型目标时，企业需要关注市场需求和竞争状况，以制定合理的价格策略。

（3）市场竞争导向目标

企业定价时关注市场竞争，根据市场竞争状况来调整价格策略。具体包括稳定价格、避免或应对竞争、夺取或扩大市场份额等。稳定价格目标要求企业在市场竞争中保持稳定的价格水平，以避免价格战的恶性循环。避免或应对竞争目标则是通过制定具有竞争力的价格来应对竞争对手的挑战。夺取或扩大市场份额目标则是通过制定具有吸引力的价格来吸引更多的消费者购买其产品，并扩大市场份额。

（4）社会效益导向目标

以实现社会效益为最主要目标，包括实现社会贡献最大化、树立良好的企业形象等。这要求企业在定价时不仅关注自身的经济效益，还要考虑产品对社会的贡献和影响。例如，企业可以制定较低的价格以满足广大消费者的需求，同时树立良好的企业形象并获得社会的认可。

总之，产品定价目标具有多样性和层次性，不同类型的企业在不同的市场条件下可能会有不同的定价目标。在制定价格策略时，企业需要综合考虑各种因素并选择合适的定价方法和策略以实现其预期目的。

9.2.2 影响价格的因素

（1）成本

成本是影响定价的主要因素，包括原材料成本、加工成本、运输成本、人工成本等。企业通常会根据成本加上一定的利润来确定销售价格。如果成本上升，企业可能需要提高价格以维持利润水平。

（2）市场需求和供给

市场需求和供给关系也是影响价格的重要因素。当市场需求大于供给时，价格往往会上涨；反之，当市场供给大于需求时，价格可能会下降。企业需要密切关注市场动态，以便及时调整价格策略。

（3）竞争状况

市场上的竞争程度会影响价格。在竞争激烈的市场中，企业为了吸引客户和提高市场份额，可能会采取降价策略。而在竞争较少的市场中，企业可能更有定价权。

（4）产品特性

产品的独特性、品质、品牌形象等因素也会影响定价。具有创新和高品质的产品通常可以制定更高的价格。同样，知名品牌的产品往往能吸引更多消费者，从而支持更高的价格。

（5）消费者心理

消费者对价格的敏感度、购买习惯和心理预期等因素也会影响定价。例如，一些消费者可能更愿意购买价格较高的产品，因为他们认为这些产品具有更高的品质和价值。

（6）政策和法规

政府的税收、关税、价格管制等政策也会影响产品定价。企业需要了解并遵守相关法规，以确保合规经营。

（7）宏观经济环境

通货膨胀、汇率变动、利率等宏观经济因素也可能影响产品定价。例如，在通货膨胀时期，企业可能需要提高价格以抵消成本上涨的压力。

综上所述，企业在制定价格策略时需要综合考虑多种因素，包括成本、市场需求和供给、竞争状况、产品特性、消费者心理、政策和法规及宏观经济环境等。通过权衡这些因素，企业可以制定出既符合市场规律又能实现盈利目标的价格策略。

思政拓展 2- 公平正义与消费者权益：产品定价应当遵循公平正义原则，确保消费者在购买商品或服务时得到公平的对待。定价策略应公开透明，避免价格歧视或误导消费者。同时，要尊重和保护消费者的权益，如知情权、选择权等。

9.3　产品定价决策

9.3.1　以成本为导向的定价决策

以成本为导向定价决策以产品成本为主要依据，加上预期利润来确定价格。成本导向定价法有多种具体形式，包括成本加成定价法、边际成本定价法、盈亏平衡定价法（又称保本定价法）和目标利润定价法等。

9.3.1.1　**成本加成定价法**

成本加成定价法按照单位成本加上一定百分比的加成来制定产品销售价格。加成的含义就是一定比率的利润。其理论基础是产品的价格必须首先能够补偿成本，在此基础上再考虑为投资者带来的合理利润。这种方法将产品的生产成本与预期利润相加，以确定最终的销售价格。计算公式通常为：

$$价格 = 产品单位成本 \times (1+ 成本加成率)$$

考虑成本计算的完全成本法和变动成本法，上述公式中的产品单位成本在不同的成本计算方法下，可以分别是产品单位完全成本和产品单位变动成本，与此同时，还应考虑企业需要获得补偿的成本不仅制造成本，还包括期间费用，因此，公式中的产品单位成本还可以是生产成本加上合理分摊的期间费用。具体应用结合企业实际情况。

成本加成率主要取决于企业对该产品的期望目标利润，可用如下公式表示：

$$成本加成率 = \frac{目标利润}{成本总额} \times 100\%$$

例 9-1

W 公司生产甲产品，其定价采用成本加成定价法。甲产品生产的相关资料如表 9-1 所示。

表9-1 甲产品成本资料表

成本项目	金额（元）
单位变动成本	80
单位固定成本	20

W 公司为生产甲产品投入 2000000 元，预期的目标利润率为 10%，预计年销售量 10000 件。则甲产品成本加成定价计算过程如下：

目标利润 =2000000×10%=200000（元）

成本总额 =10000×（80+20）=1000000（元）

$$成本加成率=\frac{200000}{1000000}\times100\%=20\%$$

产品价格 =（80+20）（1+20%）=120（元）

成本加成定价法的优点在于产品价格能保证企业的制造成本和期间费用得到补偿后还有一定利润，产品价格水平在一定时期内较为稳定，定价方法简便易行。此外，它有助于企业保持交易的公平性，当买方需求强烈时，卖方不会利用这一有利条件谋取额外利益，从而仍能获得公平的投资报酬。然而，成本加成定价法也存在一些缺点。它忽视了市场供求和竞争因素的影响，忽略了产品寿命周期的变化，缺乏适应市场变化的灵活性，不利于企业参与竞争。同时，这种方法容易掩盖企业经营中非正常费用的支出，不利于企业提高经济效益。

因此，在使用成本加成定价法时，企业需要综合考虑市场需求、竞争状况及产品特性等因素，以确保所制定的价格既能够覆盖成本并实现预期利润，又能够适应市场变化和满足客户需求。同时，企业还需要关注成本控制和费用管理，以提高经济效益和市场竞争力。

9.3.1.2 边际成本定价法

边际成本定价法是基于每增加一单位产品所带来的额外成本来设定价格。在完全竞争市场中，边际成本定价法是达到市场均衡的一种定价方法，此时企业的边际收益等于边际成本，短期利润为零。

由于边际成本是商品在不考虑沉没成本的情况下可以销售的最低价格，因此企业在短时期内能继续维持下去。边际成本定价法一方面可以保证企业获得最大收益，另一方面又可以保证消费者能够获得低价，从而获得最大效用。在竞争市场上，边际成本定价法是符合帕累托最优条件的一种定价方法。

例 9-2

W 公司有 X、Y 两个部门，X 部门生产甲产品，Y 部门使用 X 部门生产的甲产品生产乙产品，甲产品的市场价格是 20 元，X 部门的单位变动成本为 10 元，Y 部门需要追加的单位变动成本为 10 元，公司固定成本总额为 300 元，乙产品的市场需求函数为 $P=\frac{600-Q}{20}$（其中：P 表示价格，Q 表示销量），假设 X 和 Y 部门均没有产能限制。则运用边际成本定价法确定价格如下：

由已知条件可得收入函数 $R=P\times Q=\frac{(600-Q)}{20}\times Q$

对上式一阶求导可得边际收入函数 $MR=30-\frac{Q}{10}$

由已知条件可得边际成本函数 MC=10+10=20

当边际成本等于边际收入时，价格最优：

$$20=30-\frac{Q}{10}$$

Q=100（个）

$$P=\frac{600-Q}{20}=\frac{600-100}{20}=25$$

当价格为 25 元时，Q 公司利润最高。也可依据相关数据计算最优价格，如表 9-2 所示。

表9-2　W公司边际收入、边际成本计算表

价格（元）	销量（个）	销售收入（元）	边际收入（元）	总成本（元）	边际成本（元）	利润（元）
29	20	580	—	700	—	-120
28	40	1120	540	1100	400	20
27	60	1620	500	1500	400	120
26	80	2080	460	1900	400	180
25	100	2500	420	2300	400	200
24	120	2880	380	2700	400	180
23	140	3220	340	3100	400	120
22	160	3520	300	3500	400	20
21	180	3780	260	3900	400	-120

边际成本定价法只考虑成本的边际变动状况，而不考虑总成本（即包含对基础设施和设备的投资等固定费用）的状况。因此，在长期使用边际成本定价法时，可能会使企业的总收益低于总成本，从而导致亏损。企业在使用时需要谨慎考虑其长期影响，并结合其他定价方法和策略来制定最终的产品价格。

9.3.1.3 盈亏平衡定价法

盈亏平衡定价法旨在确定一个价格，使得企业能够覆盖所有成本并实现盈亏平衡。在销量既定的条件下，企业产品的价格必须达到一定的水平才能做到盈亏平衡、收支相抵。既定的销量就称为盈亏平衡点，这种制定价格的方法就称为盈亏平衡定价法。科学地预测销量和已知固定成本、变动成本是盈亏平衡定价的前提。

盈亏平衡定价法的具体计算确定可参照 10.1 盈亏临界点分析相关内容，此处不赘述。

盈亏平衡定价法需要假定销售量等于生产量，且其他因素不变且已知，这些前提约束条件在现实中很难得到满足。因此，尽管它是一种实用的分析方法，但只能作为项目评价检验的辅助手段。

综上所述，成本导向定价法主要关注企业的生产成本和预期利润，而忽视了市场需求和市场竞争。这可能导致所制定的价格偏离顾客心理对产品价值的感知，也可能不利于企业在竞争激烈的市场中获得竞争优势。因此，在使用成本导向定价法时，企业需要谨慎考虑市场需求和竞争状况，并结合其他定价方法和策略来制定最终的产品价格。

9.3.2 以市场为导向的定价决策

需求导向的定价策略是一种重要的市场定价策略，它主要根据市场需求和消费者对商品价值的理解来确定商品价格。

9.3.2.1 理解价值定价法

企业根据消费者对产品价值的认知和需求强度来设定价格。换句话说，它强调的是消费者对产品或服务所愿意支付的价格，这个价格反映了消费者对产品或服务价值的理解和认同。

理解价值定价法的关键在于对“价值”的深入理解和应用。价值并不仅仅是指产品的物理特性或功能，还包括了产品所带来的心理满足、社会认同等附加价值。因此，企业在使用理解价值定价法时，需要深入研究消费者的需求和价值观，了解他们对产品或服务的期望和评价，从而确定一个既能体现产品价值又能被消费者接受的价格。

理解价值定价法强调了价格与市场需求、竞争状况等因素的关联。在设定价格时，企业需要考虑市场的整体需求和竞争状况，以及自身产品的差异化和定位。如果市场需求强烈，竞争不激烈，企业可以适当提高价格以获取更高的利润；反之，如果市场需求较弱或竞争激烈，企业可能需要降低价格以吸引消费者。

总的来说，理解价值定价法是一种以市场为导向、以消费者为中心的定价策略。它要求企业深入了解消费者的需求和价值观，根据产品的实际价值和市场状况来设定价格，以实现企业利润和消费者满意度的平衡。

9.3.2.2　需求差异定价法

需求差异定价法，也被称为需求导向定价法或差别定价法，是企业在以市场为导向的定价决策中常用的一种方法。它是指企业根据市场需求和消费者对不同产品的需求强度来制定不同的价格。这种定价方法的核心在于，同一产品的价格差异并不是因为产品成本的不同而引起的，而主要是由于消费者需求的差异所决定的。

在实际应用中，需求差异定价法可以根据不同的需求特性进行差别定价，如以用户为基础、以地点为基础、以时间为基础、以产品为基础、以流转环节和以交易条件为基础的差别定价等。例如，同一品牌的汽车在不同地区的价格可能不同，这就是以地点为基础的差别定价；同一航班的经济舱和头等舱价格不同，这是以产品为基础的差别定价。

需求差异定价法的优点在于，它可以使企业定价最大限度地符合市场需求，促进商品销售，有利于企业获取最佳的经济效益。通过针对不同客户群体制定不同的定价方案，可以更好地满足客户的需求，从而增加销售额，提高市场占有率。同时，这种定价方法也可以增强产品或服务的竞争力，提升企业的品牌形象和知名度。

然而，需求差异定价法的实施需要一定的基础条件。首先，市场必须是可以细分的，并且不同市场具有不同的需求特征。其次，需要保证没有其他企业或消费者进行套利，即低价与高价市场具有相互独立性，低价购入方不能加价在其他市场售出。此外，企业在实施需求差异定价法时还需要注意不能引起消费者的心理反感和不能违反相关法律规定。

总的来说，需求差异定价法是一种有效的以市场为导向的定价决策方法。它可以帮助企业更好地满足市场需求，提高销售额和市场占有率，实现利润最大化。但在实施过程中需要注意市场细分、套利行为以及消费者心理和法律约束等因素。

9.3.2.3　逆向定价法

逆向定价法，也被称为反向定价法或目标定价法，是一种先确定消费者能够接受的市场售价，再逆向推导出产品的批发价和出厂价的定价方法。这种方法的核心在于以市场需求和消费者能够接受的价格为出发点，逆向推算出企业的成本和利润。

逆向定价法的优点在于它能够反映市场需求情况，有助于企业加强与中间商的良好关系，保证中间商的正常利润，使产品迅速向市场渗透，并根据市场供求情况及时调整价格，定价比较灵活。此外，这种方法也有助于企业更好地满足消费者需求，提高客户满意度和忠诚度。

然而，逆向定价法也存在一些缺点。由于它主要不是考虑产品成本，而是重点考虑需求状况，因此容易造成产品的质量下降和客户的不满，客源减少。此外，如果企业过度依赖逆向定价法，可能会忽视成本控制和产品质量管理，从而影响企业的长期竞争力。

在实际应用中，逆向定价法需要企业具备强大的市场调研能力和成本控制能力。企业需要通过市场调研了解消费者对不同产品的需求强度和价格敏感度，以及竞争对手的定价策略和市场反应。同时，企业还需要通过成本控制和质量管理等手段确保产品的质量和成本符合市场需求和价格要求。

总的来说，逆向定价法是一种以市场需求为导向的定价方法，它要求企业以消费者能够接受的价格为出发点，逆向推算出企业的成本和利润。这种方法有助于企业更好地满足市场需求和提高客户满意度，但也需要企业具备强大的市场调研能力和成本控制能力。

9.3.3 以竞争为导向的定价决策

以竞争为导向的定价决策，是一种企业根据市场竞争状况来确定产品价格的方法。这种定价策略的核心在于，企业会密切关注竞争对手的定价行为和市场反应，并以此为依据来调整自己的产品价格，以保持或提升市场竞争力。以竞争为导向的定价决策有多种方法，如随行就市定价法、投标定价法、高价竞争定价法和低价竞争定价法等。这些方法的选择取决于企业的市场地位、产品特点、竞争环境以及营销目标等因素。

9.3.3.1 随行就市定价法

随行就市定价法是一种常见的定价策略，指的是企业按照行业的平均价格水平或市场上同类产品的价格来为自己的产品定价。这种方法的核心思想是跟随市场主流价格，以保持与竞争对手的价格相对一致，避免因价格过高或过低而失去市场份额或客户。主要适用于竞争激烈的同质商品市场，如大米、面粉、食油及某些日常用品等。这些商品的市场需求弹性较小或供求基本平衡，因此，企业往往采用此种定价方法来避免激烈的竞争。

随行就市定价法的优点在于简单易行，能够降低价格风险。企业跟随市场主流价格，可以避免因定价过高而导致产品滞销，或因定价过低而损失利润。此外，这种方法也有助于保持与竞争对手的价格竞争力，稳定市场份额。

然而，随行就市定价法也存在一些缺点。首先，它可能导致企业忽视自身的成本和产品差异化，盲目跟随市场价格，从而失去定价的主动性和灵活性。其次，如果市场上所有企业都采用随行就市定价法，可能会导致市场价格僵化，缺乏竞争和创新。

在实际应用中，随行就市定价法适用于竞争激烈的市场环境，尤其是产品同质化程度较高、消费者对价格敏感度较高的情况。例如，在日用品、快消品等行业中，由于产品差异化程度较低，消费者往往更加关注价格因素，因此随行就市定价法较为常见。

需要注意的是，随行就市定价法并不适用于所有情况。在某些情况下，企业需要根据自身的产品特点、市场地位、竞争环境等因素来制定独特的定价策略。例如，对于具有独特优势或品牌形象的高端产品，企业可能需要采用高价策略来塑造品牌形象和提升产品价值。因此，在实际应用中，企业需要综合考虑各种因素来选择合适的定价方法。

9.3.3.2　投标定价法

投标定价法是由买方公开招标，卖方竞争投标，一次性密封递价，然后到期当众开标。投标过程通常遵循“物美价廉”的原则，即买方会在所有卖方中选择价格合理且质量符合要求的供应商进行合作，常用于建筑工程项目、大型设备制造和政府大宗采购等领域。

在使用投标定价法时，卖方不会低于自己的成本报价，但也不会过高定价以致失去订单。因此，他们通常以成本加上一个合理的期望利润报价。这种定价方法有助于卖方在竞争中获得订单，并通过合理的定价确保自身的利润空间。

投标定价法的优点在于它具有竞争性和透明度。由于多个卖方竞争同一订单，买方可以获得更好的价格和质量选择。同时，由于投标过程是公开进行的，所有参与方都可以看到彼此的报价和评标标准，这有助于防止不公平交易和腐败现象的发生。

然而，投标定价法也存在一些挑战。首先，卖方需要准确估计自己的成本和期望利润，以确保报价具有竞争力但又不会过低。这需要对成本进行精确的核算和分析。其次，卖方还需要密切关注竞争对手的动态和市场趋势，以便及时调整自己的报价策略。此外，在投标过程中还需要注意遵守相关法律法规和道德规范，以避免违法违规行为的发生。

总的来说，投标定价法是一种具有竞争性和透明度的定价方法，适用于多个领域中的企业和政府采购活动。它有助于促进公平竞争、提高采购效率和降低成本，但也需要参与方具备一定的专业知识和经验才能有效运用。

9.3.3.3　高价竞争定价法和低价竞争定价法

高价竞争定价法和低价竞争定价法是企业根据市场定位和产品特点，选择高于或低于竞争对手的价格来制定产品价格的方法。

高价竞争定价法，也称为撇脂定价法，通常适用于技术复杂、单价较高的新产品上市，或者在产品投放初期市场需求量小、生产批量大、生产技术不稳定的情况下。企业采用这种策略时，会设定一个相对较高的价格，以期在短时间内收回投资并获得较高利润。这种方法的优点是可以快速回收资金，降低经营风险，同时也有助于塑造产品的高端形象。然而，高价策略也可能导致市场份额有限，且容易吸引竞争对手的进入。

低价竞争定价法，也称为渗透定价法，多适用于技术简单、易于仿制、市场需求量大、生产批量少、技术比较稳定的产品上市，或者在市场需求量很大、生产批量很小的情况下。企业采用这种策略时，会设定一个相对较低的价格，以迅速占领市场，扩大市场份额。这种方法的优点是可以快速提高市场占有率，阻止竞争对手进入，也有助于提升企业的知名度。然而，低价策略可能导致企业利润较低，且长时间的价格战可能损害企业的长期发展。

以竞争为导向的定价决策的优点在于，企业可以根据市场竞争状况灵活调整产品价格，保持或提升市场竞争力。同时，这种方法也有助于企业了解竞争对手的定价策略和市场反应，为制定更合理的定价策略提供依据。然而，这种方法也存在一定的风险，如可能引发价格战、降低行业利润率等。

扫码获取本章习题

扫码获取本章知识拓展

第10章　盈利能力与安全性分析

思维导图

本章思维导图如图 10-1 所示。

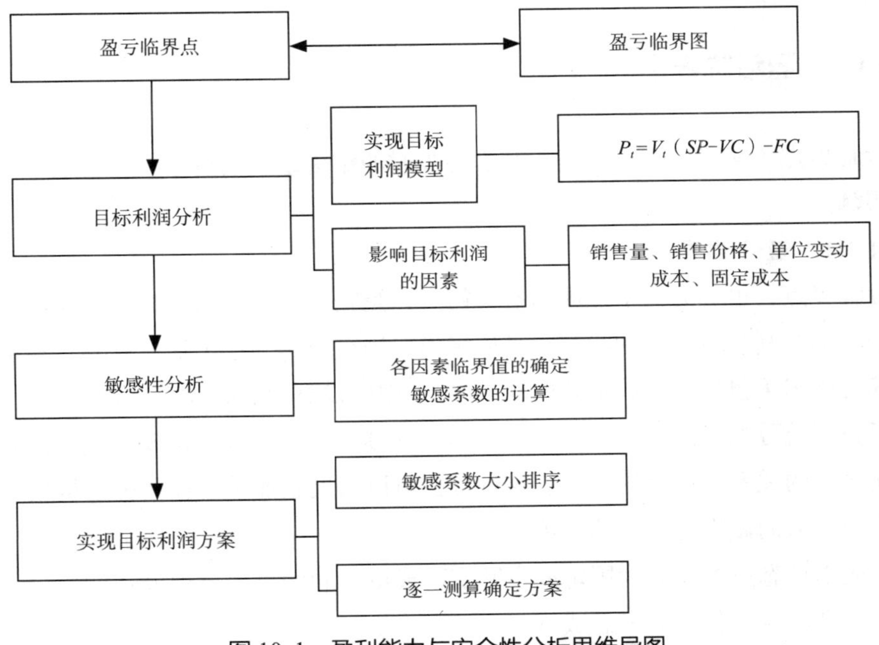

图 10-1　盈利能力与安全性分析思维导图

10.1　盈亏临界点分析

盈亏临界点分析就是根据成本、销售量（或销售收入）、利润等因素之间的函数关系，预测企业在怎样的情况下达到不盈不亏的状态。这些信息对于企业合理计划和有效控制经营过程极为有用，在企业规划目标利润、控制利润完成情况、估计经营风险时都会发挥作用。

在阐述盈亏临界点分析之前，需要确立一个概念，即贡献毛益（又称如创利额、边际贡献）。贡献毛益是指销售收入扣除变动成本后为企业做的贡献，而这种贡献要在扣除固定成本后才能成为真正的贡献（即利润）。贡献毛益又称创利额、边际利润、临界收益。

在变动成本法下，变动成本即为企业产品的全部成本，收入减去产品的变动成本得到的贡献毛益就是变动成本法下的产品利润。

$$\text{贡献毛益} = \text{销售收入} - \text{变动成本}$$

$$\text{贡献毛益率} = \frac{\text{销售收入} - \text{变动成本}}{\text{销售收入}} = \frac{\text{销售单价} - \text{单位变动成本}}{\text{销售单价}}$$

贡献毛益还可以具体分为制造贡献毛益和营业贡献毛益。制造贡献毛益是指产品销售收入减去产品自身的变动成本后为企业带来的盈利贡献，而营业贡献毛益是指企业全部收入减去产品的变动成本及期间变动成本后为企业带来的盈利贡献。

10.1.1　盈亏临界点

盈亏临界点（又称保本点）是指利润为零时的销售量或销售额，即不盈不亏的销售量或销售额。

10.1.1.1　盈亏临界点

盈亏临界点，也称为保本点或损益平衡点，是企业收入和成本相等的经营状态，即企业处于既不盈利又不亏损的状态。具体来说，当企业达到这个临界点时，其总收入刚好等于其总成本（包括固定成本和变动成本），因此没有盈利也没有亏损。

为了找到盈亏临界点，企业需要进行本量利分析，即通过分析成本、销售数量、价格和利润之间的关系来确定这一点。这种分析可以帮助企业了解在何种销售量下能够达到盈亏平衡，从而做出更明智的决策。

基于成本性态成本可分为固定成本和变动成本，利润可用下列公式计算：

$$\begin{aligned}\text{利润} &= \text{销售收入} - \text{总成本}\\ &= \text{销售收入} - \text{变动成本} - \text{固定成本}\\ &= \text{销售量} \times \text{销售价格} - \text{销售量} \times \text{单位变动成本} - \text{固定成本}\end{aligned}$$

则盈亏临界点计算公式为：

$$\text{盈亏临界点销售量} = \frac{\text{固定成本}}{\text{销售价格} - \text{单位变动成本}}$$

为便于后续内容阐述，统一设定：

P——利润；

TR——销售收入；

TC——总成本；

VC——单位变动成本；

FC——固定成本；

SP——销售价格；

V——销售量。

则盈亏临界点销售量的计算公式为：

$$V = \frac{FC}{SP - VC}$$

在此基础上，得到盈亏临界点销售额的计算公式为：

$$V \times SP = FC \times \frac{SO}{SP - VC} = FC / \frac{SP - VC}{SP}$$

其中，$\frac{SP - VC}{SP}$ 为单位产品的贡献毛益在销售价格中所占的比例，即贡献毛益率。

例 10-1

设某企业生产和销售单一产品，该产品的单位售价为 50 元，单位变动成本为 30 元，固定成本为 50000 元。

盈亏临界点的销售量 =50000/（50−30）=2500（件）

贡献毛益率 = $\frac{50 - 30}{50} \times 100\% = 40\%$

盈亏临界点的销售额 =50000/40%=125000（元）

10.1.1.2 盈亏临界点作业率

盈亏临界点还有另一种表达方式，即盈亏临界点作业率，是指盈亏临界点销售量占企业正常销售量的百分比。所谓正常销售量，是指在正常市场环境和企业正常开工情况下产品的销售量。盈亏临界点作业率的计算公式如下：

$$盈亏临界点作业率 = \frac{盈亏临界点销售量}{正常销售量} \times 100\%$$

上述比率表明了企业实现保本时销售量占正常销售量的比重，如果销售量小于盈亏临界点作业率，企业将发生亏损；如果销售量大于盈亏临界点作业率，企业将形成利润。由于企业通常按照正常销售量来安排生产，在合理库存情况下，产品产量与正常销售量应该大体相同。所以，盈亏临界点作业率还可以表明企业在保本状态下生产能力的利用程度。

假定在例 10-1 中企业的正常销售量为 4000 件，则盈亏临界点作业率为 62.5%（2500/4000×100%）。也就是说，该企业的作业率只有达到 62.5% 以上才能取得盈利，否则就只能保本或者发生亏损。

10.1.1.3 安全边际

安全边际是指正常销售量或者现有销售量超过盈亏临界点销售量的差额。这一差额表明企业的销售量超出盈亏临界点销售量之后，有多大的盈利空间；或者说，现有的销售量降低多少就会发生亏损。

例 10–2

某企业的盈亏临界点销售量为 2500 件，预计正常销售量为 4000 件，销售价格为 50 元，则：

安全边际 =4000−2500=1500（件）

安全边际 =4000 × 50−2500 × 50=75000（元）

即该企业在正常 4500 件销售量的情况下，有 1500 件（75000 元）的盈利空间，或者说现有销售量降低 1500 件（或销售额降低 75000 元）会发生亏损。

安全边际除了可以用现有销售量与盈亏临界点销售量的差额表示，还可以用相对数来表示，即安全边际率。

$$安全边际率=\frac{安全边际}{现有销售量或预计销售量}$$

沿用例 10–2 安全边际率为 37.5%。

按国际惯例，安全边际率可用于经营安全性的测试：

<10%　非常危险

10%~20%　危险

20%~30%　值得注意

30%~40%　安全

>40%　非常安全

如前所述，只有安全边际销售量才能为企业提供利润，所以，企业利润的计算可以借助安全边际这一概念，即：

$$\begin{aligned}利润&=安全边际销售量\times单位产品贡献毛益\\&=安全边际销售量\times销售价格\times\frac{盈亏临界点销售量}{正常销售量}\times100\%\\&=安全边际销售收入\times贡献毛益率\end{aligned}$$

将上式的左右两边均除以产品销售收入，则有：

$$销售利润率=安全边际率\times贡献毛益率$$

10.1.2　盈亏临界图

盈亏临界图是利用图示形式将固定成本、变动成本、总成本、销售收入及它们之间的关系在直角坐标系中展现出来。与公式相比，图示形象直观、简明易懂。盈亏临界图的基本形式是将固定成本置于变动成本之下，从而清楚地表明固定成本不随业务量变动的特征。

绘制方法如下：

第一步，在直角坐标系中，以横轴表示销售量，以纵轴表示成本与销售收入。这里有两个问题需要说明：一是横轴除了表示销售量，还可表示其他业务量，如销售收入、作业率、工时、服务量等；二是如以纵轴表示销售收入，那么横轴与纵轴的金额刻度最好能保持一致，以便同时适应两个坐标轴。当然，此时总成本线的仰角应小于 45°　。

第二步，绘制固定成本线。固定成本线为一条与横轴平行的直线，其与纵轴的交点即为固定成本总额。

第三步，绘制总成本线。在横轴上任取一点的销售量，计算其总成本并标于坐标系中（也可只计算该销售量下的变动成本，并以固定成本线为横轴来标出）。然后将此点与纵轴上的固定成本点相连并适当向上延伸即可。

第四步，绘制销售收入线。在横轴上任取一点的销售量，计算出相应的销售收入，并在纵轴上找出与此收入数相对应的点，上述两点在坐标系中的交叉点是该销售量下的收入额。将该交叉点与坐标原点相连并适当向上延伸，即为销售收入线。图中总成本线与销售收入线的交点就是盈亏临界点。

盈亏临界图根据不同的目的和掌握的不同资料可以绘制成不同形式的图形，主要有基本式、贡献毛益式和量利式三种。

（1）基本式盈亏临界图

在图 10-2 中，横轴表示销售量，纵轴表示销售收入及成本。固定成本不随销售量的变动而变动，因此，固定成本线是一条以固定成本额为起点，平行于横轴的水平线。销售收入随着销售量的增加而增加，因此，销售收入线是以原点为起点，单位售价为斜率的一条直线。变动成本线则是以原点为起点，单位变动成本为斜率的一条直线，将变动成本线向上平移至固定成本线的起点，就得到了总成本线。销售收入线和总成本线的交点就是盈亏临界点。超过盈亏临界点的销售量将给企业带来利润，构成盈利区；相反，未超过盈亏临界点的销售量尚不能弥补企业的固定成本，不能给企业创造利润，构成亏损区。

基本式盈亏临界图形象地反映了销售量、成本和利润之间的相互关系：

①盈亏临界点是企业盈利和亏损的分界点，销售量只有超过了盈亏临界点销售量，

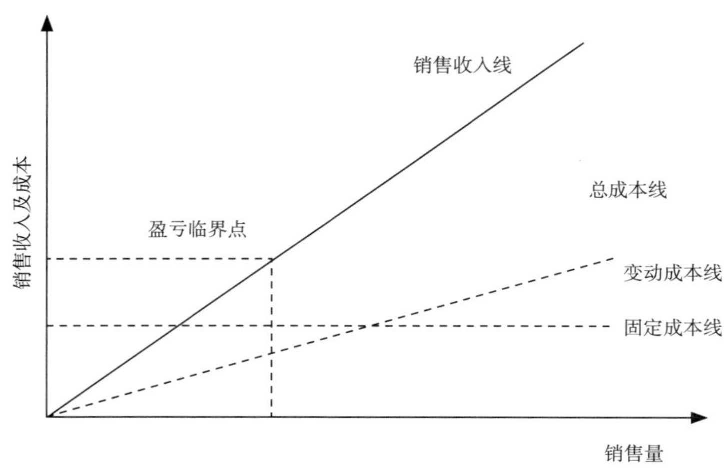

图 10-2　基本式盈亏临界图

企业才能盈利，并且销售量越大，利润越大；销售量低于盈亏临界点销售量时，企业亏损，并且销售量越小，亏损越大。

②盈亏临界点的位置由销售收入线和总成本线共同决定。当销售收入既定，或者产品单位售价既定时，固定成本越高，或产品单位变动成本越大，盈亏临界点的位置越高；反之，盈亏临界点的位置就越低。其中，产品单位变动成本对盈亏临界点的影响是通过变动成本线的斜率的变动表现出来的。当总成本既定时，产品单位售价越高，则盈亏临界点的位置越低；反之，盈亏临界点的位置越高。产品单位售价对盈亏临界点位置的影响是通过销售收入线的斜率的变动表现出来的。

③当销售量既定时，盈亏临界点的位置越低，实现的利润就越多，或亏损越少；盈亏临界点的位置越高，则实现的利润越少，或亏损越多。

（2）贡献毛益式盈亏临界图

贡献毛益式盈亏临界图可以使人直观地了解贡献毛益的数值。从图 10-3 中可以看出贡献毛益式盈亏临界图设有把固定成本表示成以固定成本额为起点的平行于横轴的水平直线，而是表示为总成本线和变动成本线之间的竖直距离，这样可以形象地反映出贡献毛益的形成过程及其构成；销售收入线和变动成本线之间的竖直距离就是贡献毛益。

（3）量利式盈亏临界图

量利式盈亏临界图可以使管理者一目了然地认识到利润为 0 的平衡点。从图 10-4 中可以看出量利式盈亏临界图与其他两种分析方法的区别就是不反映销售收入与成本动因之间的关系，而是在图中反映利润与销售量之间的关系。在直角坐标系中，横轴表示产销业务量（自变量 x），纵轴表示利润（因变量 y），利润线与 y 轴交点即为固定成本，其与 x 轴交点即为盈亏平衡点。对应绘出利润线，可以得到本量利分析的量利式几何模型。

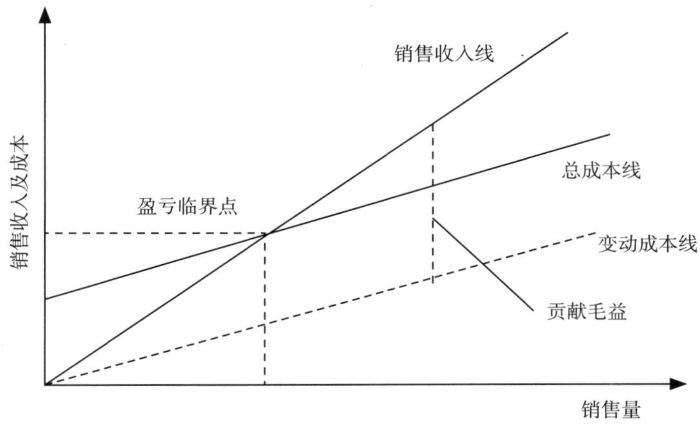

图 10-3　贡献毛益式式盈亏临界图

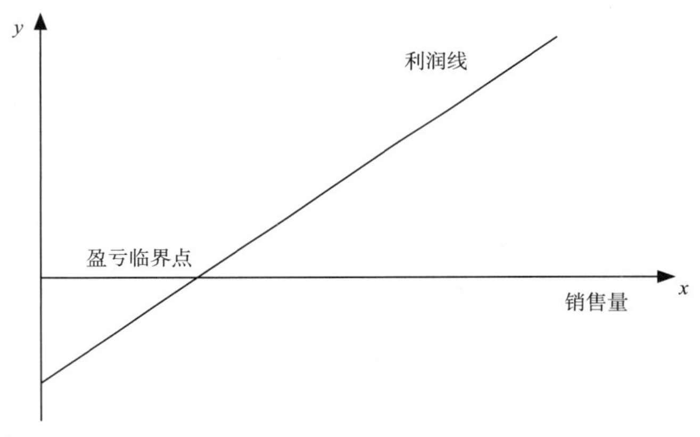

图 10-4　量利式盈亏临界图

10.2　目标利润及敏感性分析

企业经营的目标不是不盈不亏（利润为零），而是尽可能多地实现盈利。仅仅掌握盈亏临界点及安全边际的经营状态无法满足企业高质量发展的需要，而对实现目标利润需达到的经营状态的分析，对影响目标利润实现因素的系统管理至关重要。

10.2.1　实现目标利润模型

目标利润是指企业在一定时间内争取达到的利润目标，反映着一定时间财务、经营状况的好坏和经济效益高低的预期经营目标。

基于盈亏临界点模型，设：

P_t——目标利润

V_t——实现目标利润的销售量

则：

$$P_t=V_t（SP-VC）-FC$$

$$V_t=\frac{P_t+PC}{SP-VC}$$

即：

$$实现目标利润的销售量=\frac{目标利润+固定成本}{单位产品贡献毛益}$$

上述公式表明，企业产品销售在补偿了固定成本（达到盈亏临界点）后，需要多大销售量才能实现目标利润。同样，实现目标利润的销售量也可以用金额来表示，即实现目标利润的销售额，计算时只需将上式的等号左右都乘以产品的销售价格，即：

$$实现目标利润的销售额=\frac{目标利润+固定成本}{贡献毛益率}$$

例 10-3

某企业生产和销售单一产品，销售价格为 50 元，单位变动成本为 30 元，固定成本为 50000 元。如果目标利润定为 30000 元，则有：

$$实现目标利润的销售量=\frac{30000+50000}{50-30}=4000（件）$$

$$实现目标利润的销售额=\frac{30000+50000}{40\%}=200000（元）$$

前面所讲的目标利润均为税前利润，所得税费用对于实现了利润的企业来说是一项必然的支出。所以，从税后利润的角度进行目标利润的预测和规划，对企业而言或许更为适用。此时，需将上述实现目标利润公式中税前目标利润用税后利润表示，可以用下列公式表示：

$$实现目标利润的销售量=\frac{税后目标利润/（1-所得税税率）+固定成本}{单位产品贡献毛益}$$

$$实现目标利润的销售额=\frac{税后目标利润/（1-所得税税率）+固定成本}{单位产品贡献毛益率}$$

10.2.2　相关因素变动对目标利润的影响

由实现目标利润公式，可得到销售量、销售价格、单位变动成本、固定成本四个因素，它们都会对实现目标利润产生影响。

（1）固定成本变动对实现目标利润的影响

假设其他条件既定，固定成本与目标利润之间是此消彼长的关系。固定成本降低，则目标利润增大，或者实现目标利润的销售量降低。

例 10-4

某企业生产和销售单一产品，该企业计划年度内预计销售产品 4000 件，年固定成本预计 50000 元。产品销售价格为 50 元，单位变动成本为 30 元。

则计划年度的目标利润为：

目标利润 =4000×（50−30）−50000=30000（元）

或者先确定计划年度的目标利润为 30000 元，则实现目标利润的销售量为：

$$\text{实现目标利润的销售量}=\frac{30000+50000}{50-30}=4000\text{（件）}$$

如果其他条件不变，只是固定成本减少了 10000 元，那么可实现目标利润为

目标利润 =4000×（50−30）−40000=40000（元）

或者实现原目标利润（30000 元）的销售量为：

$$\text{实现目标利润的销售量}=\frac{30000+40000}{50-30}=3500\text{（件）}$$

由此可见，单一的固定成本的减少，可以实现更多的目标利润或者以更低的销售量实现原目标利润，反之亦然。

思政拓展 1- 全面思考问题：固定成本以机器设备折旧、房屋租金、广告费等构成，涉及多个生产、销售、财务等多个部门、岗位。对固定成本的管理和控制需要全面考虑各因素之间的关系，通过各部门、各岗位的协同配合来实现，也需要有关人员掌握各部门交叉业务知识。比如，计划通过降低广告费来降低固定成本，那么首先要考虑广告费的降低会带来哪些影响？结合企业实际情况会不会导致销量下降？如果企业处于稳定市场阶段，有稳定客源，那么适度降低广告费不会对销量产生很大影响；如果企业处于刚刚进入市场，需要依靠广告提升产品知名度的阶段，降低广告费很可能会对销量产生较大影响，销量受到的影响会不会影响产品生产

（产量）？只有综合分析有关因素，才能做出最合理的决策。因此，在进行相关决策时，需要考虑事物之间的联系，全面思考问题。同时，具有团队合作意识，爱岗敬业，各部门、各岗位才能通力合作，实现高效的管理和控制。

（2）单位变动成本变动对实现目标利润的影响

设例 10-4 中的其他条件不变，单位变动成本由 30 元降为 25 元，则预计可实现利润 50000 元［4000×（50-25）-50000］，即比原定目标利润多 20000 元，或者实现目标利润的销售量降为：

$$实现目标利润的销售量=\frac{30000+50000}{50-25}=3200$$

由此可见，与单一的固定成本变动类似，单一的单位变动成本的降低，可以实现更多的目标利润或者以更低的销售量实现原目标利润，反之亦然。

思政拓展 2- 具体问题具体分析：单位变动成本以直接材料和直接人工为主，主要涉及材料采购价格（采购部门）、材料生产消耗（生产部门、技术部门）、人工费用（人力资源管理部门）等。比如，在生产过程中发现直接材料成本较高，那么就要考虑是由于材料价格高，还是由于材料生产消耗过多？不同的情况，就应该由不同的部门配合解决。如果是由于材料生产消耗过多，那么具体原因是工人生产过程中操作不当造成的，还是由生产工艺不合理导致的？如果是工人原因，那么需要根据实际情况强化工人操作技能或帮助工人树立节约用料的意识；如果是生产工艺不合理，那么就需要技术部门协助改善生产工艺。

思政拓展 3- 爱岗敬业：对单位变动成本的管理和控制同样需要团队合作，各部门协同配合才能实现。每一个岗位都会对企业的成本管理和控制产生影响，都需要以“干一行爱一行”的态度认真对待自己的工作，才能保证企业经营目标的实现。

（3）销售价格变动对实现目标利润的影响

设例 10-4 中的销售价格由 50 元降为 46 元，其他条件不变，则可实现利润 14000 元［4000×（46-30）-50000］，即比原定目标利润少 16000 元，此时实现目标利润的销售量应为：

$$实现目标利润的销售量=\frac{30000+50000}{46-30}=5000（件）$$

如果销售量可以超过预计的 4000 件达到 5000 件，则尚能实现目标利润，否则无法实现。

10.2.3 敏感性分析

敏感性分析研究的是在影响某一事物的因素发生变化时，该事物最终会发生什么样的变化及变化程度如何，即该事物对该因素的变化敏感（变化大）还是不敏感（变化小）。

从前述分析中可以看出，销售量、销售价格、单位变动成本、固定成本四个因素中的一个或者几个的变动，都会对盈亏临界点和目标利润产生影响。但各因素变动对盈亏临界点和目标利润产生的影响程度不同，或者说盈亏临界点和目标利润对不同因素变动的反应程度（即敏感性）存在差异。盈利能力分析中的敏感性分析主要研究两个问题：一是有关因素发生多大变化会使企业由盈利变为亏损（即临界值的确定），二是有关因素变化对利润变化的影响程度（即敏感系数的计算）。

10.2.3.1 有关因素临界值的确定

销售量、销售价格、单位变动成本和固定成本的变化，都会对利润产生影响。当这种影响是消极的且达到一定程度时，就会使企业的利润为零并进入盈亏临界状态；如果变化超出上述程度，企业就发生质的变化，进入亏损状态。敏感性分析的目的就是确定导致这种质变的各因素变化的临界值。简单说，就是计算达到盈亏临界点的销售量和销售价格的最小允许值，以及单位变动成本和固定成本的最大允许值。所以临界值计算也称为最大最小法。

由实现目标利润的计算公式 $P=V(SP-VC)-FC$，可以推导出当 P 为零时求取最大值、最小值的公式（推导过程略）：

$$V=\frac{FC}{SP-VC}$$

$$SP=\frac{FC}{V}+VC$$

$$VC=SP-\frac{FC}{V}$$

$$FC=V(SP-VC)$$

例 10-5

某企业生产和销售单一产品，计划年度内有关数据预计如下：销售量为 5000 件，销售价格为 50 元，单位变动成本为 30 元，固定成本为 60000 元，则目标利润为：

$P=5000\times(50-30)-60000=40000$（元）

①销售量的临界值（最小值）。

$$V=\frac{60000}{50-30}=3000\text{（件）}$$

计算结果表明：产品销售量的最小允许值（即盈亏临界点销售量）为3000件，再低则会发生亏损；或者说，实际销售量只要达到计划年度预计销售量的60%（3000/5000），企业就可以保本。

②销售价格的临界值（最小值）。

$$SP=\frac{60000}{5000}+30=42\text{（元）}$$

计算结果表明：产品的销售价格不能低于42元这个最小值，或者说销售价格降低的幅度不能超过16%（8/50），否则便会发生亏损。

③单位变动成本的临界值（最大值）。

$$VC=50-\frac{60000}{5000}=38\text{（元）}$$

计算结果表明：当单位变动成本由30元上升到38元时，企业的利润将由40000元变为零。38元为企业所能承受的单位变动成本的最大值，此时其变动率为40%（12/30）。

④固定成本的临界值（最大值）。

FC=5000×（50−30）=100000（元）

固定成本的临界值也可以通过将原固定成本与目标利润相加得到，此时的固定成本总额增加了66.67%。

10.2.3.2　有关因素变化对利润变化的影响程度

销售量、销售价格、单位变动成本和固定成本诸因素的变化，都会对利润产生影响，但在影响程度上存在差别。有的因素虽然只发生了较小的变动，却导致利润发生了很大的变化，利润对这些因素的变化十分敏感，这些因素因此称为敏感因素。而有的因素虽然变化并不算小，利润的变化却不大，利润对这些因素的变化并不敏感，这些因素称为非敏感因素。企业的决策人员需要知道利润对哪些因素的变化比较敏感，对哪些因素的变化不太敏感，以便分清主次，抓住重点，确保目标利润的实现。

反应敏感程度的指标称为敏感系数，其计算公式为：

$$\text{敏感系数}=\frac{\text{目标值变动百分比}}{\text{因素值变动百分比}}$$

基于盈亏临界点模型，以P、V、SP、FC、VC分别表示变动前的利润、销售量、价格、固定成本和单位变动成本，以 P_1、V_1、SP_1、FC_1、VC_1 分别表示变动后的利润、销售量、价格、固定成本和单位变动成本，则：

目标值（利润）变动百分比 =（P_1−P）/P

因素值（销量）变动百分比 =（V_1−V）/V

因素值（价格）变动百分比 =（SP_1−SP）/SP

因素值（固定成本）变动百分比 =（FC_1−FC）/FC

因素值（单位变动成本）变动百分比 =（VC_1−VC）/VC

分别代入敏感系数公式，可推导得出各因素敏感系数分别为：

$$\text{销售量敏感系数}=\frac{(SP-VC)\times V}{(SP-VC)\times V-FC}$$

$$\text{销售价格敏感系数}=\frac{SP\times V}{(SP-VC)\times V-FC}$$

$$\text{单位变动成本敏感系数}=\frac{-VC\times V}{(SP-VC)\times V-FC}$$

$$\text{固定成本敏感系数}=\frac{-FC}{(SP-VC)\times V-FC}$$

公式中敏感系数若为正数，表明它与利润为同向增减关系；敏感系数若为负数，表明它与利润为反向增减关系。

例 10-6

沿用例 10-5，则该企业的销售量、销售价格、单位变动成本和固定成本各因素的敏感系数分别为：

$$\text{销售量敏感系数}=\frac{(50-30)\times 5000}{(50-30)\times 5000-60000}=2.5$$

$$\text{销售价格敏感系数}=\frac{50\times 5000}{(50-30)\times 5000-60000}=6.25$$

$$\text{单位变动成本敏感系数}=\frac{-30\times 5000}{(50-30)\times 5000-60000}=-3.75$$

$$\text{固定成本敏感系数}=\frac{-6000}{(50-30)\times 5000-60000}=-1.5$$

从上面的计算可以看出，在影响利润的诸因素中，最敏感的是销售价格（敏感系数为 6.25，意味着利润将以 6.25 的倍数随销售价格的变化而变化），其次是单位变动成本（敏感系数为 −3.75），再次是销售量（敏感系数为 2.5），最后是固定成本（敏感系数为 −1.5）。

必须说明的是，上述各因素敏感系数的排序是在例 10-5 所设定条件的基础上得到的，如果条件发生了变化，则各因素敏感系数之间的排列顺序也可能发生变化。

如例 10-5 的单位变动成本改为 20 元，固定成本改为 70000 元，其他条件不变，则目标利润为 80000 元［5000×（50-20）-50000］。各因素的敏感系数分别为：

$$销售量敏感系数=\frac{(50-20)\times 5000}{(50-20)\times 5000-70000}=1.875$$

$$销售价格敏感系数=\frac{50\times 5000}{(50-20)\times 5000-70000}=3.125$$

$$单位变动成本敏感系数=\frac{-20\times 5000}{(50-20)\times 5000-70000}=-1.25$$

$$固定成本敏感系数=\frac{-70000}{(50-20)\times 5000-70000}=-0.875$$

由此可见，在有关因素发生变化后，各因素敏感系数也发生了改变。最敏感的依然是销售价格（敏感系数为 3.125），其次是销售量（敏感系数为 1.875），再次是单位变动成本（敏感系数为 -1.25），最后是固定成本（敏感系数为 -0.875）。

需要注意的是，在进行敏感分析时，敏感系数是正值或负值无关紧要，关键是数值的大小，数值越大，则敏感程度越高。越敏感的因素变动对利润的影响程度越大，该因素也是在经营管理中需要重点关注的因素。

10.2.4 实现目标利润方案的确定

在现实经济生活中，影响利润的因素变动会引起利润的变动。同样，影响利润的诸因素之间也是有关联性的，只不过有的关联性较强，有的较弱。比如，为了提高产品的产量，往往需要增加生产设备，这就会使折旧费这项固定成本增加；而为了使产品顺利地销售出去，可能又会增加广告费这项固定成本；为了增加收入而提高销售价格，很可能会导致销售量的减少。因此，企业通过采取诸如降低固定成本、降低单位变动成本或者提高销售价格等单项措施，可能使利润提高，但也有可能因为因素之间的相互影响，而使利润向反方向变动。为了确保目标利润的实现，往往需要综合考虑各因素对利润的影响及相互之间的联系，更多地采取综合措施，因此需要反复权衡和测算，以确定实现目标利润的方案。

例 10-7

某企业生产和销售单一产品，当年的有关数据如下：销售产品 6000 件，销售价格为 100 元，单位变动成本为 50 元，固定成本为 100000 元，实现利润 200000 元

［6000×（100−50）−100000］。计划年度的目标利润定为 300000 元。如其他条件保持不变，则实现目标利润的销售量为：

$$实现目标利润的销售量=\frac{100000+300000}{100-50}=8000（件）$$

计划年度各个因素的变化较为复杂，假设企业采取了如下步骤以求实现目标利润。

①经生产部门分析研究，确认虽然有增加产量的潜力，但生产能力最高只能达到 7000 件。同时销售部门提出，为确保 7000 件产品顺利销售出去，销售价格至少应降低 4%。在上述条件下，计划年度的可实现利润为 268000 元，即：

8000×［100×（1−4%）−50］−100000=268000（元）

虽然可实现利润与目标利润尚差 32000 元，但较当年利润还是有所增加，方案可取。

②在分析研究了销售量和销售价格变动的影响后，可实现利润与目标利润仍相差 32000 元，可考虑在成本开支上是否有潜力可挖。这里先考虑单位变动成本。在上述销售量和销售价格已确定的条件下，能使目标利润实现的单位变动成本计算如下：

单位变动成本 =（96×7000−100000−300000）/7000=38.86（元）

也就是说，如果单位变动成本能从 50 元降至 38.86 元，则目标利润可以实现。如果生产部门经过分析研究，认为通过降低直接材料、直接人工和其他直接成本可以实现这个目标，实现目标利润的分析就可以到此为止了。否则，就要在降低固定成本方面进行分析研究。

③假定生产部门经过分析研究，认为单位变动成本最低只能降至 40 元，那么，在上述条件下，可使目标利润实现的固定成本为 47500 元，即：

固定成本 = 销售量 × 单位产品贡献毛益 − 目标利润
=7000×［100×（1−4%）−40］−300000
=92000（元）

也就是说，在销售量增至 7000 件、降价 4% 和单位变动成本降至 40 元的同时，固定成本还需压缩 8000 元（100000−92000）。如能压缩，则目标利润可以实现。

需要说明的是，上述并不是分析“多种因素同时变动对实现目标利润的影响”时的唯一视角，当然也不是唯一的顺序。企业应结合自身情况，从对实现目标利润影响较大的因素开始，按照各因素敏感系数由大到小顺序分析，这种分析往往要反复进行。

扫码获取本章习题

扫码获取本章知识拓展

模块 5　全面管理与考核

第11章　全面预算管理

扫码获取本章课件

思维导图

本章思维导图如图 11-1 所示。

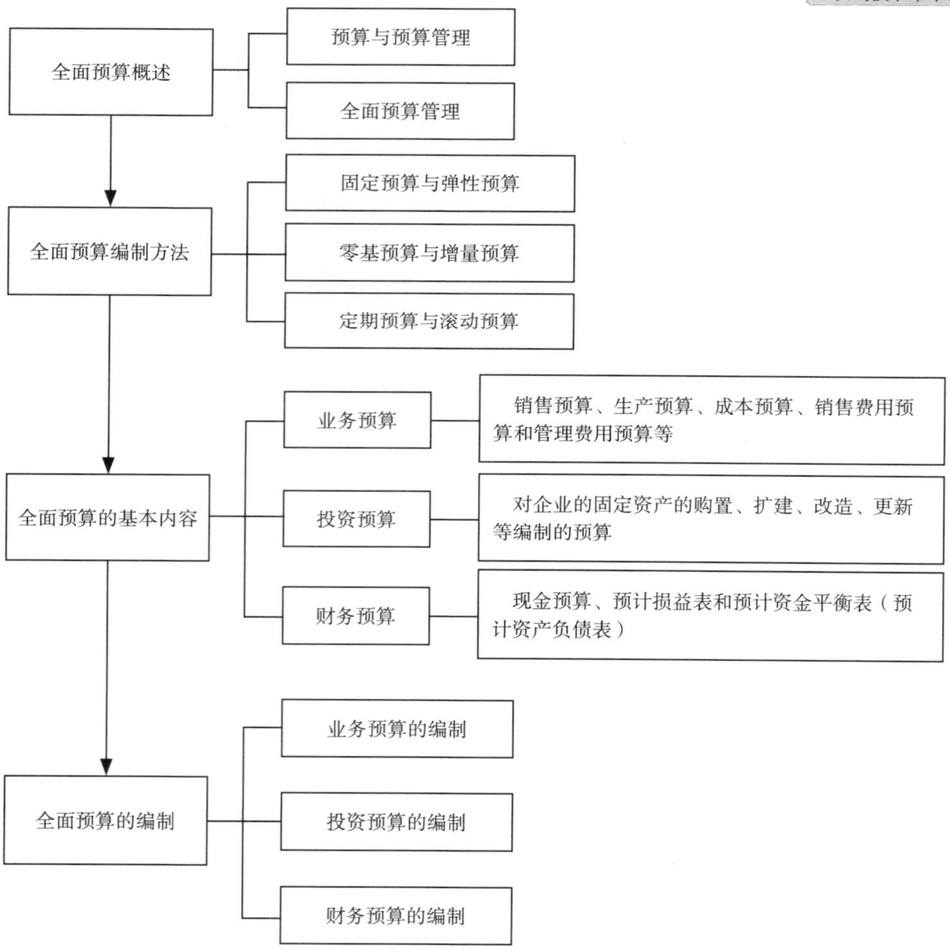

- 全面预算概述
  - 预算与预算管理
  - 全面预算管理
- 全面预算编制方法
  - 固定预算与弹性预算
  - 零基预算与增量预算
  - 定期预算与滚动预算
- 全面预算的基本内容
  - 业务预算
    - 销售预算、生产预算、成本预算、销售费用预算和管理费用预算等
  - 投资预算
    - 对企业的固定资产的购置、扩建、改造、更新等编制的预算
  - 财务预算
    - 现金预算、预计损益表和预计资金平衡表（预计资产负债表）
- 全面预算的编制
  - 业务预算的编制
  - 投资预算的编制
  - 财务预算的编制

图 11-1　全面预算管理思维导图

11.1　全面预算概述

11.1.1　预算与预算管理

11.1.1.1　预算

预算是用数字编制的未来一个时期的计划，也就是用财务数字或非财务数字来呈现计划的结果。它是企业制定目标、规划资源、沟通协调、控制业务、激励考核员工的正式文件，也是进行可行测定和定量说明的重要工具。预算本身并不是最终目的，更多的是充当一种在企业战略和经营绩效之间联系的工具。

预算在企业运营和财务管理中扮演着至关重要的角色，主要起到以下作用：

①规划作用。预算可以帮助企业制订明确的计划和目标，通过数量化的方式来规划企业未来的经营活动和相应的财务结果。这有助于企业合理分配资源，优化运营流程，提高管理效率，从而实现战略目标。

②控制与监督作用。预算可以作为企业实施控制和监督的工具。通过对比实际执行结果与预算的差异，企业可以及时发现和纠正偏差，确保经营活动按照既定的轨道进行。这有助于企业降低风险，提高决策的准确性和有效性。

③沟通与协调作用。预算的编制过程需要企业各部门的参与和沟通。这有助于加强部门间的协作与配合，确保企业整体目标的实现。同时，预算还可以作为企业与外部利益相关者（如投资者、债权人等）沟通的工具，传递企业的经营理念和财务状况。

④激励与评价作用。预算可以为企业制定明确的业绩指标和考核标准。通过对比实际执行结果与预算的差异，企业可以对各部门和员工的业绩进行评价和激励。这有助于激发员工的积极性和创造力，提高企业的整体绩效。

11.1.1.2　预算管理

预算管理是指在战略目标的指导下，对未来的经营活动和相应财务结果进行充分、全面的预测和筹划，并通过对实际经营结果与预算目标进行差异分析，从而及时发现和纠正偏差，并做出正确的调整决策，以帮助管理者更加有效地管理企业和最大程度地实现战略目标。预算管理是落实绩效的重要工具，虽然形式上与会计报表类似，但本质上不是会计技术，而是一种管理工具，同时也是一套系统的管理方法。

预算管理包括多个环节，如预算编制、预算审批、预算执行、预算调整、预算考核和预算报告等。这些环节相互衔接，共同构成了预算管理的完整流程。在预算编制阶段，企业需要根据历史数据、市场趋势及内部经营计划等因素，制定详细、科学的预算方案。预算方案需要明确各项收入和支出的具体数额，以及相应的责任部门和人员。预算执行阶段是预算管理的核心环节，企业需要严格按照预算方案进行资源的分配和使用，确保各项支出控制在预算范围内。同时，企业还需要对预算执行情况进行实时监控，及时发现和解决执行过程中的问题和偏差。如果市场环境或企业内部经营状况发生变化，企业需要及时对预算进行调整，以确保预算的合理性和有效性。

预算管理对于企业的发展具有重要意义。首先，预算管理可以帮助企业实现资源的合理配置，提高资源利用效率。通过预算管理，企业可以将有限的资源分配到最需要的地方，避免资源的浪费和闲置。其次，预算管理可以帮助企业控制成本，提高盈利能力。通过设定和监控预算目标，企业可以更好地控制各项成本支出，从而实现成本节约和效益最大化。最后，预算管理还可以帮助企业进行业绩评估和考核，激发员工的积极性和主动性。通过对比实际业绩和预算目标，企业可以了解各部门和员工的工作完成情况，并据此进行奖惩和激励。

11.1.2 全面预算管理

11.1.2.1 全面预算管理的含义

（1）全面预算管理的定义及特点

全面预算管理是指企业以战略目标为导向，通过对未来一定期间内的经营活动和相应的财务结果进行全面预测和筹划，科学、合理配置企业各项财务和非财务资源，并对执行过程进行监督和分析，对执行结果进行评价和反馈，指导经营活动的改善和调整，进而推动实现企业战略目标的管理活动。

全面预算管理具有如下特点：

①系统性。全面预算管理是一个系统性的管理方法，它涉及企业的各个层面和部门，需要综合考虑企业的战略目标、市场需求和竞争环境等因素。通过预算编制、执行和监控等环节，实现全方位的资源配置和绩效管理。

②统一性。全面预算管理强调资源的统一配置和各项预算的协调编制，以确保各部门之间的协作和支持。这有助于实现整体利益的最大化，并促进企业目标的顺利实现。

③预测性。全面预算管理需要对未来的经济环境和市场趋势进行预测和分析，以适应变化的需求。预算编制过程中会考虑到不同的发展阶段和市场条件，制订灵活可调的计划。

④目标导向。全面预算管理的核心是将预算与企业的目标和绩效管理相结合。通过设置明确的目标和绩效指标，衡量实际绩效与预算之间的差距，并及时进行调整和优化，以推动组织实现长期发展和盈利目标。

⑤可控性。全面预算管理通过预算执行和监督的环节，确保预算的有效执行和控

制。各部门需要根据预算执行进度进行绩效考核，监督预算执行情况，并及时采取措施纠正偏差。

⑥参与性。全面预算管理需要各部门的积极参与和有效沟通。预算编制过程中需要收集和分析各部门的信息和需求，充分听取各方意见，以增强组织内部的合作和沟通。

⑦效率性。全面预算管理旨在优化企业的资源配置和提高经济效益。通过合理的预算编制和有效的执行，实现资源利用的最优化，减少资源浪费，提高企业的经济效益。

（2）全面预算管理的原则及作用

全面预算管理应遵循如下原则：

①战略性原则。预算管理应体现企业的战略思想，预算的制定应依据企业的中长期战略规划，确保其服从并服务于企业的中长期发展目标。

②效益优先原则。预算管理要以实现企业价值最大化为目标，注重预算的效益性，即预算的投入产出比。

③全员参与原则。预算编制需要企业全体员工的参与，通过上下结合、分级编制、逐级汇总的方式，确保预算的全面性和准确性。

④权责对等原则。企业在赋予各级部门一定预算权力的同时，也要明确其相应的责任，实现权责对等，确保预算的顺利执行。

⑤实事求是原则。预算的编制应根据市场状况及企业的实际需要，合理确定预算额度，避免预算过高或过低，确保预算的可行性和实用性。

⑥可行性原则。编制的预算要具有可操作性，能量化的要尽量量化，以便于预算的执行和考核。

此外，全面预算管理还应坚持资源优化配置、量入为出、量力而行、全面覆盖、全程跟踪及控制等重要原则，以确保预算管理的有效性和高效性。

全面预算管理的作用：

①规划作用。全面预算管理能够细化企业的战略规划和年度经营计划，通过具体的数据指标反映企业未来的经营活动和目标。这不仅有助于企业各部门明确自身的任务和目标，还能够协调各部门的行动，确保企业整体战略目标的实现。

②沟通与协调作用。在预算编制过程中，各部门需要共同参与、相互沟通，这有助于增进部门间的了解与合作。同时，预算能够协调企业各部门的资源需求和配置，平衡各方面的利益和目标冲突，从而提升企业整体运营效率。

③控制与监督作用。预算执行过程中，企业可以通过对比实际数据与预算数据，及时发现经营过程中的偏差和问题。这有助于企业及时调整经营策略，确保经营活动按照既定的目标进行。同时，预算还可以作为企业绩效考核的依据，激励员工积极完成预算目标。

④资源配置作用。全面预算管理能够帮助企业实现资源的优化配置。通过预算的编

制和执行，企业可以更加明确地了解各部门的资源需求和利用情况，从而根据战略目标和市场需求进行合理的资源分配。

⑤风险防范作用。全面预算管理有助于企业识别和应对潜在的风险。在预算编制过程中，企业需要考虑各种可能的不确定性因素，并制定相应的应对措施。这有助于企业当面临市场变化、竞争压力等风险因素时，能够迅速作出反应，降低经营风险。

11.1.2.2　**全面预算管理与企业运营**

全面预算管理与企业运营之间存在密切的关系。

首先，全面预算管理是企业运营管理的重要组成部分。通过全面预算管理，企业可以对未来的经营活动和财务结果进行预测和筹划，制订具体的预算计划，并在执行过程中进行监督和控制。这有助于企业合理分配资源，优化运营流程，提高管理效率，从而实现战略目标。

其次，企业运营为全面预算管理的实现创造条件。运营管理涉及企业日常的各项业务活动和流程，包括产品生产、销售、客户服务、供应链管理等。这些运营活动的有效组织和实施，为全面预算管理的推进提供了有力的支持。同时，运营管理的目标导向、效率和效果追求，以及适应性和客户导向等特点，也与全面预算管理的目标相一致，共同推动企业的发展。

最后，全面预算管理还为企业运营管理提供方向。通过从经济和财务角度提出一定期限内的经营目标和计划，全面预算管理为运营管理的实施和控制提供了方向与依据。这使企业在运营过程中能够更加明确目标，有针对性地制定策略和措施，提高运营管理的效果。

综上所述，全面预算管理与企业运营相互促进、相辅相成。全面预算管理为企业运营提供有力的支持和指导，而企业运营则为全面预算管理的实现创造条件。二者共同推动企业实现战略目标，提升市场竞争力。

11.1.2.3　**全面预算管理与企业绩效**

全面预算管理与企业绩效之间存在密切的关系。

首先，全面预算管理可以为企业绩效考核提供标准和依据。通过制订全面、详细的预算计划，企业可以明确各部门、各岗位的工作目标和责任，从而为绩效考核提供清晰、可衡量的标准。这样，企业可以更加客观、公正地评估员工的工作表现，激励员工积极工作，提高工作效率和业绩。

其次，全面预算管理可以促进企业资源的合理配置和利用。通过预算的编制和执行，企业可以更加清晰地了解各部门的资源需求和利用情况，避免资源的浪费和重复投入。同时，企业可以根据实际情况及时调整预算计划，确保资源的合理配置和利用，从而提高企业的整体运营效率和绩效。

最后，全面预算管理还可以帮助企业识别和应对风险。在预算编制过程中，企业需要对未来的市场环境、竞争状况等因素进行预测和分析，从而识别和评估潜在的风险。在执行预算过程中，企业需要密切关注实际情况的变化，及时采取应对措施，降低风险对企业绩效的负面影响。

综上所述，全面预算管理对于企业绩效的提升具有重要的作用。通过为绩效考核提供标准和依据、促进企业资源的合理配置和利用、帮助企业识别和应对风险等方面的努力，全面预算管理可以推动企业实现更高的业绩和更好的发展。

11.2　全面预算编制方法

11.2.1　固定预算与弹性预算

（1）固定预算

固定预算，也称静态预算，是根据预算期内正常的、可实现的某一业务量水平为基础来编制的预算。这种预算方法的特点是具有确定性，因为预算的编制不受外界因素的影响，便于企业进行资金控制和成本考核。然而，固定预算的缺点在于过于呆板，当实际业务量与预算业务量存在差异时，预算与实际结果之间可能会产生较大的偏差，从而不利于准确评估业绩。此外，固定预算还可能限制新想法的流动性，并在一定程度上增加手动工作量。固定预算最适用于那些业务量相对稳定、变动不大的企业或者部门。在这种情况下，固定预算能够提供清晰、确定的预算目标，便于管理和控制。

例 11-1

W 公司计划在未来一年内生产并销售 10000 件产品，单位售价 100 元 / 件，单位成本 80 元 / 件，销售费用 50000 元，管理费用 100000 元，预计销售水平不会有较大波动。基于这个固定的业务量，W 公司制定固定预算如下：

销售收入：$10000 \times 100 = 1000000$（元）

生产成本：$10000 \times 80 = 800000$（元）

销售费用：50000 元

管理费用：100000 元

预计利润：1000000−800000−50000−100000=50000（元）

此时的预算是基于固定的生产和销售数量（10000 件）来制定的，如果实际业务量与预算业务量相符，那么预算结果将比较准确。然而，如果实际销售量高于或低于预期，固定预算就无法很好地反映实际情况，可能会导致预算与实际结果产生较大的偏差。

（2）弹性预算

弹性预算，又称动态预算，是在按照成本（费用）习性分类的基础上，根据量、本、利之间的依存关系，考虑到计划期间业务量可能发生的变动，编制一套适应多种业务量的费用预算。这种预算方法能够随业务量变化而调整，因此具有较高的灵活性和适应性。弹性预算有助于企业更准确地预测和规划不同业务量下的成本和利润，从而更好地应对市场变化和业务需求。然而，弹性预算的编制过程可能较为复杂，需要较高的专业知识和分析能力。同时，在实际执行过程中，也需要注意定期评估和调整预算，以确保其有效性。弹性预算适用于那些业务量波动较大、市场环境不稳定的企业或者部门。通过编制弹性预算，企业可以更好地应对市场变化，及时调整预算计划，确保预算与实际业务需求相匹配。

例 11-2

W 公司预算期产品销售单价 100 元 / 件，单位变动成本 40 元 / 件，固定成本总额为 23300 元。公司充分考虑预算期内产品销量可能发生的变化，编制了不同销量水平时的利润弹性预算表如表 11-1 所示。

表11-1　W公司利润弹性预算表

预计销量（件）	1000	1100	1200	1300	1400
销售收入（元）	100000	110000	120000	130000	140000
减：变动成本（元）	40000	44000	48000	52000	56000
贡献毛益（元）	60000	66000	72000	78000	84000
减：固定成本（元）	23300	23300	23300	23300	23300
营业利润	36700	42700	48700	54700	60700

11.2.2　零基预算与增量预算

（1）零基预算

零基预算则是一种从零开始的预算编制方法，它要求每个预算周期都重新审查和评估所有的预算项目，不考虑过去的预算和实际支出情况。在零基预算中，每个预算项目都需要重新证明其必要性和合理性，只有通过审查和评估后才能被纳入预算。这种方法强调对资源利用的最优化和效益的最大化，有助于企业重新评估和优化资源配置，以适应新的市场需求。然而，零基预算的缺点在于编制工作量大、费用相对较高，同时在分层、排序和资金分配时可能受到主观影响，容易引发部门之间的矛盾。

零基预算的编制步骤如下：

①划分和确定基层预算单位。在企业中，各基层业务单位通常被视为能够独立编制

预算的基层单位。这些单位需要根据企业的总体目标和自身的责任目标，来编制本单位的预算。

②编制本单位的费用预算方案。由基层预算单位提出，详细说明提出项目的目的、性质、作用，以及需要开支的费用数额。这一步骤中，需要对企业各项费用进行全面梳理，并评估其合理性与必要性。

③进行成本效益分析。基层预算单位需要对每一个预算项目的所需费用和所得收益进行比较分析，以判断各项目费用开支的合理程度、先后顺序及对本单位业务活动的影响。这一步骤有助于确保资源能够分配到最重要的项目上。

④审核分配资金。根据预算项目的层次、等级和次序，按照预算期可动用的资金及其来源，依据项目的轻重缓急次序，分配资金，落实预算。在这一步骤中，预算委员会或上级管理层会对各基层单位提交的预算方案进行汇总、分析和排序，并根据企业的整体战略目标和财务状况来分配资金。

⑤编制并执行预算。在资金分配方案确定后，制定零基预算正式稿，经批准后下达执行。在执行过程中，还需要对预算进行实时监控和调整，以确保预算目标的实现。

例 11-3

假设一家公司计划开展一个新的市场营销活动，目标是提升品牌知名度和销售额。由于没有类似的历史活动可以参考，公司决定采用零基预算法来编制这次活动的预算。

①确定预算单位。市场营销部门被视为预算单位，负责编制活动的预算。

②提出预算方案。市场营销部门详细列出活动所需的所有支出项目，包括广告设计、制作成本、媒体购买、活动策划、人员成本、场地租赁、物料采购等，并为每个项目提供了预估的成本。

③进行成本效益分析。对于每个支出项目，市场营销部门都需要评估其预期带来的效益，并与成本进行比较。例如，广告投放在不同的媒体平台上可能会有不同的效果和成本，需要分析哪个平台更能有效地达到目标受众。

④审核与分配资金。公司的高级管理层或预算委员会将审查市场营销部门提交的预算方案，根据成本效益分析的结果和公司的整体战略目标来决定哪些支出是必要的，哪些可能需要调整或削减。一旦资金分配方案确定，将形成正式的零基预算。

⑤执行与监控预算。在活动执行过程中，市场营销部门需要密切监控实际支出与预算的符合情况，并在必要时进行调整以确保活动能够按照预算顺利进行。

从这个例子可以看出，零基预算法能够帮助公司从零开始全面审视和规划一项新活动的所有支出，确保资源的合理分配和有效利用的同时有助于实现公司的战略目标，零基预算还有助于增强员工的责任感和积极性，激励员工为实现企业的战略目标而努力。

虽然零基预算具有很多优点，但也存在如编制工作量大、需要高水平的管理和分析能力等缺点。因此，在实际应用中需要综合考虑各种因素来选择适合的预算编制方法。

（2）增量预算

增量预算是一种基于过去预算和实际支出的预算编制方法。它在原有预算的基础上进行调整和修订，主要根据预算周期内的需求变化和增长情况，对各项预算进行适当的增加或减少。这种方法假设过去的预算数据是合理的，因此只需在过去的数据基础上进行适当调整即可得到新的预算。增量预算的优点在于工作量较少，编制的各期预算数据稳定，有利于跨期推进业务，同时方便各部门之间的协调。然而，当市场变动较大或面对全新业务时，增量预算可能因缺乏合适的基数而导致预算松弛，无法激励员工调整行为和改善经营。

例 11-4

假设一家制造公司计划编制下一年的销售预算，并且决定采用增量预算法。该公司去年的销售预算为 1000 万元，实际销售额为 1100 万元。

首先，公司分析去年销售预算与实际销售额之间的差异，发现实际销售额超出了预算 100 万元。这可能是因为市场需求增加、产品价格上涨或其他有利因素导致的。

其次，公司会考虑这些有利因素是否会在下一年继续存在，并据此来编制新的销售预算。如果公司认为这些有利因素将继续存在，并且预计会带来额外的销售增长，那么它可能会在去年的销售预算基础上增加一个增量，比如 5%，来编制新的预算。

因此，新的销售预算将是去年销售预算的 105%，即 1050 万元（1000 万元 × 105%）。这个新的预算反映了公司对下一年销售增长的预期，并且是基于过去数据和当前市场情况的增量调整。

需要注意的是，增量预算法虽然简单易行，但也可能存在一些缺点。例如，它可能无法充分考虑到市场环境的变化或新的业务机会，因为它主要基于过去的数据进行调整。此外，如果过去的预算存在不合理或低效的项目，增量预算法可能会将这些不合理因素延续到新的预算中。因此，当使用增量预算法时，公司需要谨慎评估并结合其他预算编制方法来确保预算的合理性和有效性。

在实际应用中，增量预算和零基预算并不是互斥的，而是可以根据具体情况综合运用。例如，在稳定的环境下或对于预测较为准确的项目，可以采用增量预算进行微调；而在变动较大的环境下或对于非常规项目，则可以采用零基预算进行全面评估。通过灵活运用这两种方法，企业可以更好地适应市场环境的变化和业务需求的变化，提高预算的准确性和有效性。

11.2.3　定期预算与滚动预算

（1）定期预算

定期预算是以不变的会计期间（如日历年度）作为预算期的一种编制预算的方法。这种预算方法使预算期间与会计期间相对应，便于将实际数与预算数进行对比，也有利于对预算执行情况进行分析和评价。然而，定期预算的缺点在于其固定性，一旦预算期确定，如一年，那么在这一年的执行过程中，管理人员可能只考虑剩下来的几个月的业务量，从而缺乏长远打算，可能导致一些短期行为的出现。

例 11-5

假设 ABC 公司是一家零售企业，主要销售家居用品。该公司采用定期预算作为其财务管理工具，预算期间为每年的 1 月 1 日至 12 月 31 日。

预算编制过程：

①确定预算目标和计划。ABC 公司首先设定了本年度的销售目标、成本控制目标和利润目标。销售目标根据公司市场占有率和预计市场需求增长来确定，成本控制目标则基于历史数据和行业标杆来设定。

②编制销售收入预算。销售部门根据产品组合、市场价格、促销活动等因素预测每个季度和全年的销售收入。预算详细列出了各类产品的销售量、销售单价和预计收入。

③编制成本预算。采购部门根据销售预算中的产品组合和销售量预测商品成本。同时，人力资源部门预测员工薪酬和福利费用，运营部门预测租金、水电等运营费用。这些成本预算汇总后形成总成本预算。

④编制利润预算。财务部门根据销售收入预算和总成本预算编制利润表预算。该预算反映了公司预计的年度净利润、毛利率和净利率等指标。

⑤资源分配和预算执行。预算编制完成并获得批准后，ABC 公司各部门按照预算进行资源分配和业务活动。例如，采购部门根据成本预算与供应商签订合同，销售部门按照销售预算制定销售策略和促销计划。

⑥预算监控与调整。在预算执行过程中，ABC 公司定期对比实际业绩与预算，分析差异并采取相应措施。如果市场环境发生重大变化，公司可能会调整预算以适应新情况。

⑦预算结果。通过执行定期预算，ABC 公司能够清晰了解本年度的财务状况和经营成果。预算帮助企业实现了销售目标、控制了成本，并为企业决策提供了重要参考。同时，定期预算也为 ABC 公司下一财年的预算编制提供了经验和基础。

（2）滚动预算

滚动预算又称永续预算或连续预算，它将预算期与会计期间脱离开，随着预算的执行不断地补充预算，逐期向后滚动，使预算期始终保持为一个固定长度（一般为 12 个月），如图 11-2 所示。

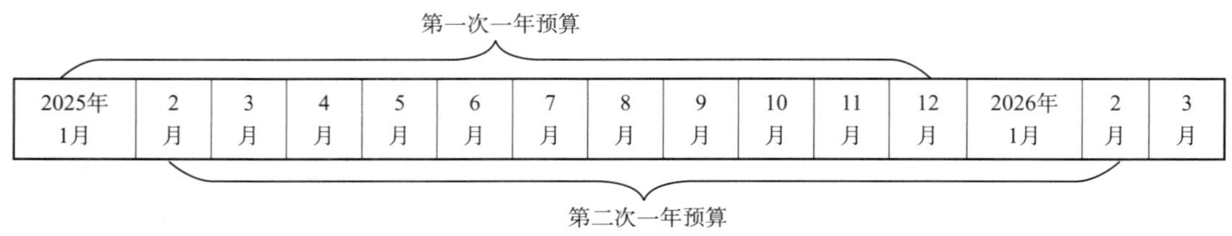

图 11-2　滚动预算示意图

滚动预算的编制程序是一个连续且循环的过程，旨在确保预算的灵活性和适应性。以下是滚动预算编制程序的一般步骤。

①设置预算期。滚动预算的预算期通常与会计年度相脱节，保持为固定的期间，如 12 个月或 4 个季度。这意味着预算在任何时候都覆盖一个特定的未来期间，如接下来的 12 个月。

②编制初始预算。根据企业的战略目标和内外部环境分析，编制第一份滚动预算。这份预算应详细列明预算期内的收入、成本、费用、利润等财务指标，以及相关的业务计划和活动。

③预算执行与监控。随着预算的执行，企业需要定期（如每月或每季度）对实际业绩与预算进行对比分析。这包括检查收入、成本、费用等关键指标的完成情况，并识别任何偏差或异常。

④分析差异并调整。在发现实际业绩与预算存在差异时，企业需要深入分析差异的原因。这可能是由于市场环境的变化、内部条件的改变或预算制定的假设不再成立。基于这些分析，企业可能需要调整预算以适应新的情况。

⑤更新和修订预算。在预算执行一个月后（或根据企业选择的滚动频率，如季度），企业会根据前一个月（或季度）的经营成果和新的市场、业务信息，对剩余的预算期间进行修订和更新。这包括调整预算指标、重新分配资源、修改业务计划等。同时，企业会向后延伸一个月（或季度），形成新的滚动预算。

⑥连续滚动。这个过程会不断重复，每个月（或季度）都会根据最新的信息和业绩数据对预算进行滚动更新。通过这种方式，滚动预算能够持续反映企业的最新情况和市场动态，为管理层提供实时的决策支持。

⑦期末评估和反馈。在每个预算期末，企业需要对整个预算期间的执行情况进行全面的评估和反馈。这包括分析预算完成率、识别成功和失败的因素、总结经验教训等。

这些信息将为下一轮滚动预算的编制提供宝贵的参考和依据。

通过以上步骤，滚动预算的编制程序能够确保预算始终与企业的实际情况和市场环境保持同步，提高预算的准确性和有效性。

滚动预算的优点在于其灵活性和持续性，它能够使企业各级管理人员对未来始终保持考虑和规划，从而保证企业的经营管理工作能够稳定而有秩序地进行。此外，滚动预算还能使预算与实际情况更相适应，有利于充分发挥预算的指导和控制作用。然而，滚动预算的缺点在于其编制工作量大，需要定期更新和调整预算；对于某些远期的预算项目，由于市场环境的不确定性，预测可能会变得困难。这可能导致预算与实际产生较大的偏差；也可能导致管理层过于关注近期的预算执行情况，而忽视企业的长期战略目标。

在选择全面预算编制方法时，企业应根据自身的业务特点、管理需求和市场环境等因素进行综合考虑。例如，对于业务稳定、变化不大的企业，可以选择固定预算和定期预算；而对于业务波动较大、需要灵活应对的企业，则更适合选择弹性预算和滚动预算。同时，零基预算能够帮助企业摆脱历史数据的束缚，重新审视费用项目和数额的合理性，有助于提高预算的准确性和有效性。

11.3　全面预算的基本内容

全面预算的基本内容涵盖了企业在特定预算期内有关经营、投资和财务等各个方面的活动计划。它是以企业的发展战略为导向，在对未来经营环境进行预测的基础上，确定预算期内的经营管理目标，并逐层分解、下达于企业内部的各个经济单位。全面预算不仅包括传统的财务预算，还涉及业务预算、投资预算等多个领域。

11.3.1　业务预算

业务预算主要反映企业在预算期内的日常经营活动。它包括销售预算、生产预算、成本预算、销售费用预算和管理费用预算等。这些预算旨在确保企业的生产和销售活动能够按计划进行，并实现预期的利润目标。业务预算的具体内容如下：

①销售预算。销售预算是业务预算的起点，主要预测预算期内的销售量、销售单价和销售收入。它根据市场预测、销售合同、历史销售数据等因素编制，为企业的生产、采购、资金等计划提供基础。

②生产预算。生产预算是根据销售预算编制的，主要确定预算期内的产品生产量、生产工时、生产成本等。它需要考虑企业的生产能力、原材料供应、劳动力等因素，以确保按时按质完成生产任务。

③直接材料预算。直接材料预算反映预算期内生产产品所需的原材料、辅助材料等物资的采购量、采购单价和采购成本。它根据生产预算和产品材料消耗定额编制，为企业的物资采购和库存管理提供依据。

④直接人工预算。直接人工预算预测预算期内生产产品所需的人工工时、人工单价和人工成本。它根据生产预算和劳动定额编制，有助于企业合理安排劳动力资源，控制人工成本。

⑤制造费用预算。制造费用预算反映预算期内为组织和管理生产活动而发生的各项间接费用，如折旧费、修理费、水电费等。它根据历史数据和预算期内的生产活动计划编制，有助于企业合理控制制造费用。

⑥产品成本预算。产品成本预算汇总了上述直接材料预算、直接人工预算和制造费用预算的数据，计算出预算期内产品的单位成本和总成本。它为企业进行产品定价、利润预测和成本控制提供重要依据。

⑦销售费用和管理费用预算。销售费用预算预测预算期内为销售产品而发生的各项费用，如广告费、运输费等；管理费用预算则预测预算期内为组织和管理企业经营活动而发生的各项费用，如办公费、差旅费等。这些预算有助于企业合理控制期间费用，提高盈利能力。

11.3.2 投资预算

投资预算是在可行性研究的基础上对企业的固定资产的购置、扩建、改造、更新等编制的预算。它具体反映了企业何时进行投资、投资多少、资金从何处取得、何时可获得收益、每年的现金净流量为多少，以及需要多少时间回收全部投资等信息。由于投资的资金来源和投资的时间长度往往是影响企业决策的重要因素，因此投资预算应当与企业的战略和长期计划紧密相连。

投资预算的内容通常包括五个方面：

①投资目标。明确企业的投资目标，比如为了增加资本金额、扩大固定资产投入、控制现金流量，或是为了降低风险等。

②投资范围。在确定了投资目标之后，企业需要明确投资的范围，即确定哪些项目值得投资，哪些项目可以延迟或缩减投资。

③投资方案。针对选定的投资项目，企业需要制定具体的投资方案，包括投资金额、投资比例、投资期限等，并评估项目的风险特点。

④投资评估。对制定的投资方案进行详细的财务分析，预测可能的收益情况，并进行折现，以确定该投资是否具有经济价值。

⑤投资监控。一旦投资决策确定，企业需要对投资过程进行实时监控，确保投资活

动按照预期进行，及时发现并纠正偏离投资目标的情况。

在编制投资预算时，企业可能会采用多种方法，如固定预算、弹性预算、滚动预算等，具体选择哪种方法取决于企业的实际情况和需要。

11.3.3　财务预算

财务预算是集中反映未来一定期间（预算年度）现金收支、经营成果和财务状况的预算，是企业经营预算的重要组成部分。财务预算的内容一般包括“现金预算”“预计损益表”和“预计资金平衡表（预计资产负债表）”。

其中，现金预算主要反映企业在预算期内由于生产经营和投资活动所引起的现金收入、现金支出和现金余缺情况。预计损益表则反映企业在预算期内的经营业绩，包括销售收入、变动成本、固定成本和税后净收益等构成情况。预计资金平衡表（或预计资产负债表）则展示企业在预算期末的财务状况，即资金来源和资金占用及它们各自的构成情况。

财务预算对于企业来说具有重要作用。首先，它为企业的经营决策提供了依据，通过对各项经济活动进行规划和预测，企业可以更加合理地制定经营策略。其次，财务预算为企业的资金管理提供了指导，帮助企业预测未来的收支情况，从而避免资金短缺或浪费，财务预算还有助于企业进行成本控制和绩效评估，提高企业的盈利能力和运营效率。

此外，根据预算期的不同，全面预算还可以分为长期预算和短期预算。长期预算通常涉及企业的长远规划和发展目标，如长期销售预算和资本预算等；而短期预算则更侧重于企业近期的经营计划和控制目标，如直接材料预算、现金预算等。

全面预算的基本内容是一个综合性强、涉及面广的预算体系，它要求企业全面考虑其未来的经营环境、发展战略和资源配置等多个因素，以确保其能够实现既定的预算目标。

11.4　全面预算的编制

11.4.1　业务预算的编制

（1）销售预算的编制

编制销售预算涉及企业销售目标的设定、销售策略的制定以及销售资源的分配等多个方面。

①确定销售目标。企业根据市场情况、历史销售数据及自身的发展战略，确定预算期内的销售目标。销售目标可以是销售额、销售量或者市场占有率等，具体指标的选择

应根据企业的实际情况而定。

②制定销售策略。为了实现销售目标，企业需要制定相应的销售策略。包括确定目标市场、产品定位、价格策略、促销策略及销售渠道等。销售策略的制定应充分考虑市场竞争状况、消费者需求及企业的资源能力等因素。

③预测销售收入。在确定了销售目标和销售策略后，企业需要预测预算期内的销售收入。这可以通过对目标市场的容量、企业的市场份额及产品的定价等因素进行综合分析来实现。预测销售收入时，应考虑到市场的不确定性因素，并尽可能地进行量化分析，以提高预测的准确性。

④编制销售预算表。根据预测的销售收入，企业可以编制销售预算表。销售预算表应详细列出预算期内各个月份或季度的销售计划，包括销售量、销售单价以及销售收入等。

例 11-6

W 公司本年度销售 A 产品，预计销售单价为 150 元。预算年度内四个季度的销售量预计分别为 500 件、450 件、300 件和 400 件。根据以往经验，销货款在当季度可收到 70%，其余部分将在下一季度收回。预计预算年度第一季度可收回上年第四季度应收账款 18000 元。

由上述资料，编制销售预算表如表 11-2 所示。

表11-2　W公司甲产品销售预算表

季度		一	二	三	四	全年
预计销售量（件）	①	500	450	300	400	1650
销售单价（元）	②	150	150	150	150	150
预计销售收入（元）	③=①×②	75000	67500	45000	60000	247500

为便于编制财务预算，在销售预算的基础上，编制和预计现金收入表如表 11-3 所示。

表11-3　W公司预计现金收入表

季度		一	二	三	四	全年
预计销售量（件）	①	500	450	300	400	1650
收到上季度应收销货款（元）	②=上季度①×30%	18000	22500	20250	13500	74250
收到本季度应收销货款（元）	③=①×70%	52500	47250	31500	42000	173250
现金收入合计（元）	④=②+③	70500	69750	51750	55500	247500

⑤审核与调整销售预算。在编制完成销售预算后，企业需要对预算进行审核与调整。这主要是为了确保销售预算的合理性和可行性，以及与其他预算的协调性。在审核过程中，应重点关注销售目标的可实现性、销售策略的有效性及销售费用的合理性等方面。如果发现预算存在问题或不足，应及时进行调整和完善。

⑥执行与监控销售预算。企业需要按照审核通过的销售预算执行，并实时监控预算执行情况。这包括定期比较实际销售数据与预算数据的差异，分析差异产生的原因，并采取相应的措施进行改进。同时，企业还应建立有效的激励机制，鼓励销售人员积极完成销售任务，实现销售目标。

（2）生产预算的编制

生产预算涉及企业生产计划的制订、生产成本的预测及生产资源的分配等多个环节。

①明确生产目标。与市场部门、销售部门等相关部门进行充分沟通，明确生产目标。包括确定生产的产品类型、数量、质量标准及交货时间等。生产目标应该与企业的整体战略目标相协调，并考虑市场需求和生产能力等因素。

②收集与分析数据。在明确生产目标后，收集与生产相关的历史数据，如以往的生产成本、生产效率、原材料消耗量等，还需要分析当前的市场环境、原材料价格趋势、劳动力成本等因素。这些数据和信息将有助于企业更准确地预测未来的生产需求和成本。

③制订生产计划。基于收集的数据和分析结果，开始制订生产计划。生产计划应详细列出预算期内各个月份或季度的生产量、生产周期、生产线配置等。在制订生产计划时，需要考虑企业的生产能力、设备状况、人力资源及供应链等因素，确保生产计划的可行性和合理性。

④评估生产成本。根据生产计划和相关数据评估生产成本。包括计算原材料成本、直接人工成本、制造费用等。评估生产成本时，应考虑到价格变动、生产效率提升或降低等因素对成本的影响。此外，还需要对间接成本如管理费用、车间费用等进行合理分摊。

⑤编制生产预算表。生产预算表应详细列出预算期内各项生产成本以及预计的生产量、销售额等信息。这有助于企业全面了解预算期内的生产投入和产出情况，并为后续的预算执行和监控提供依据。

例 11-7

沿用例 11-6 资料。W 公司存货量为下一季度销售量的 10%，预算年第一季度期初存货量为 50 件，预算年度期末存货量为 35 件。

根据销售预算和上述资料编制生产预算表如表 11-4 所示。

表11-4　W公司生产预算表　　单位：件

季度		一	二	三	四	全年
预计销售量	①	500	450	300	400	1650
加：预计期末存货量	②=下季度①×10%	45	30	40	35	35
减：期初存货量	③=上季度②	50	45	30	40	50
预计生产量	④=①+②−③	495	435	310	395	1635

生产预算通常以实物量为单位编制，当多品种生产时，也可以采用货币计量。

⑥审核与调整生产预算。生产预算编制完成后，需要进行审核和调整。企业应组织相关部门对预算进行审核，确保预算的合理性和准确性。如果发现预算存在问题或与实际生产情况不符，应及时进行调整和完善。此外，随着市场环境的变化和生产过程中的实际情况，企业可能需要对生产预算进行适时的调整。

⑦执行与监控生产预算。按照审核通过的生产预算进行执行，并对预算的执行情况进行实时监控。这包括定期比较实际生产数据与预算数据的差异，分析差异产生的原因，并采取相应的措施进行改进。通过有效的执行和监控，企业可以确保生产活动的顺利进行，并实现预期的生产目标。

（3）直接材料预算的编制

直接材料预算涉及企业生产过程中所需原材料的采购计划、成本控制及库存管理等多个方面。以下是直接材料预算编制的详细步骤。

①收集基础数据。在编制直接材料预算之前，收集与生产计划和材料相关的基础数据。包括产品的生产量、材料消耗定额、材料采购单价等。这些数据可以通过历史记录、市场调研或供应商报价等途径获得。

②确定生产计划。生产计划是直接材料预算编制的起点。企业需要根据销售预测、市场需求及生产能力等因素，确定预算期内的生产计划。生产计划应明确产品的种类、数量和生产时间等信息。

③计算材料需用量。根据生产计划和材料消耗定额，计算出预算期内各种直接材料的需用量。材料消耗定额是根据产品的设计和生产工艺确定的，它反映了生产单位产品所需材料的数量。通过将生产计划中的产品数量与相应的材料消耗定额相乘，即可得到材料的需用量。

某种材料预计需用量 = 预计生产量 × 单位产品该种材料消耗定额

④估计材料采购量。计算出材料需用量后，企业需要考虑期初和期末的材料库存量，以确定预算期内的材料采购量。材料采购量的计算公式为：

预计材料采购量 = 预计材料需用量 + 预计期末库存量 − 预计期初库存量

通过这一计算，企业可以确保生产过程中的材料供应，并避免库存积压或短缺的情况。

某种材料预计采购量 = 预计生产量 × 单位产品该种材料消耗定额 + 预计期末材料存货量 + 预计期初材料存货量

⑤编制直接材料预算表。根据上述计算结果，企业可以编制直接材料预算表。该表格应详细列出预算期内各种直接材料的需用量、采购量及相应的采购金额。此外，还可以包括材料的单价、库存量等辅助信息，以便更好地进行成本控制和库存管理。

例 11-8

沿用例 11-7 资料。W 公司生产产品只需一种原材料，单位产品材料消耗定额 4 千克，单价 6 元 / 千克，每季度末的材料存货量为下一季度生产用量的 30%，每季度的购货款当季度支付 70%，其余 30% 款项下一季度支付。预算年度第一季度应付上年第四季度赊购材料款 6000 元，预算年度预计期初材料存货量为 300 千克，预计期末材料存货量 450 千克。

依据上述资料编制材料采购预算表如表 11-5 所示。

表11-5　W公司材料采购预算表

季度		一	二	三	四	全年
预计生产量（件）	①	495	435	310	395	1635
单位产品材料消耗定额（千克）	②	4	4	4	4	4
生产需用量（千克）	③=①×②	1980	1740	1240	1580	6540
加：预计期末存货量（千克）	④=下季度③×30%	522	372	474	450	450
减：预计期初存货量（千克）	⑤=上季度④	300	522	372	474	474
材料采购量（千克）	⑥=③+④−⑤	2202	1590	1342	1556	6516

为便于编制财务预算，在销售预算的基础上，预计和编制现金收入表如表 11-6 所示。

表11-6　W公司材料采购现金支出预算表

季度		一	二	三	四	全年
材料采购量（千克）	①	2202	1590	1342	1556	6516
材料单位成本（元）	②	6	6	6	6	6
预计材料采购支出（元）	③=①×②	13212	9540	8052	9336	39096
应付上季赊购款（元）	④=上季度③×30%	6000	3963.6	2862	2415.6	15241.2
应付本季现购款（元）	⑤=③×70%	9248.4	6678	5636.4	6535.2	28098
现金支出合计（元）	⑥=④+⑤	15248.4	10641.6	8498.4	8950.8	43339.2

⑥审核与调整预算。在编制完成直接材料预算后，企业需要对预算进行审核和调整。这主要是为了确保预算的合理性和准确性，以及与其他预算的协调性。在审核过程中，应重点关注材料需用量的计算是否准确、采购量是否合理，以及采购单价是否与市场行情相符等方面。如果发现预算存在问题或不足，应及时进行调整和完善。

⑦执行与监控预算。企业需要按照审核通过的直接材料预算执行，并实时监控预算执行情况。这包括定期比较实际采购数据与预算数据的差异，分析差异产生的原因，并采取相应的措施进行改进。通过有效的执行和监控，企业可以确保直接材料采购活动的顺利进行，并实现预期的成本控制目标。

（4）直接人工预算的编制

直接人工预算涉及直接参与生产过程的人工成本规划与控制。以下是直接人工预算编制的主要步骤。

①确定生产计划和工作量预测。这是直接人工预算编制的起点。企业需要根据销售预测、市场需求、生产能力等因素，确定预算期内的生产计划和工作量预测。这有助于企业了解未来一段时间内所需的生产人力资源。

②确定直接人工成本率。直接人工成本率是指单位生产或服务所需的直接人工成本。企业需要根据过去的经验、现有的工资水平、国家和地区的最低工资标准、行业工资水平等因素，确定合理的直接人工成本率。

③计算直接人工预算。在确定了生产计划和工作量预测及直接人工成本率后，企业可以将预计的生产量或服务量乘以直接人工成本率，从而计算出预计的直接人工成本。这一步骤有助于企业预估并规划人工成本，以实现成本控制和管理。

例 11-9

沿用例 11-8 的资料。W 公司在预算期内直接人工工资率为 5 元，A 产品的单位定额工时为 3 小时，W 公司以现金支付直接人工工资，并于当月全部付清。

根据上述资料编制直接人工预算表如表 11-7 所示。

表11-7　W公司直接人工预算表

季度		一	二	三	四	全年
预计生产量（件）	①	495	435	310	395	1635
单位产品定额工时（小时）	②	3	3	3	3	3
总工时用量（小时）	③=①×②	1485	1305	930	1185	4905
单位工时工资率（元）	④	5	5	5	5	5
预计直接人工成本（元）	⑤=③×④	7425	6525	4650	5925	24525

④审查和调整预算。预算编制完成后，企业需要对预算进行审查和调整。这一步骤主要是为了确保预算的合理性和可行性。如果发现预算存在问题或与实际情况不符，应及时进行调整。

⑤执行与监控预算。企业需要按照审查通过的直接人工预算执行，并实时监控预算执行情况。通过定期比较实际数据与预算数据的差异，分析差异产生的原因，并采取相应的改进措施，以确保直接人工成本的有效控制和管理。

（5）制造费用预算的编制

制造费用预算涉及除直接材料和直接人工以外的其他一切生产费用的计划与控制。制造费用预算的编制有助于企业合理规划生产资源，控制成本，提高生产效率，并实现盈利目标。

在编制制造费用预算时，企业首先需要归集预算基础资料，包括预算期的产品产量预算、制造费用定额、基期费用情况等。然后，根据这些资料计算制造费用数额，将其分为固定性制造费用、变动性制造费用和混合性制造费用，并采用不同的方法进行分析和计算。

其中，固定性制造费用可以在上年的基础上根据预期变动进行适当修正，如采用零基预算法来编制；变动性制造费用则根据预计生产量乘以单位产品预定分配率来预计；对于混合性制造费用，需要将其分解为变动费用和固定费用两部分，并分别列入制造费用预算的变动费用和固定费用。

完成制造费用数额的计算后，企业需要编制制造费用预算表，将制造费用预算项目及金额确认，并分解为付现项目和非付现项目。这有助于企业更好地了解制造费用的构成和流向，为后续的预算执行和监控提供依据。

例 11-10

W 公司在预算期间的变动制造费用为 31065 元（其中：间接人工 12000 元，间接材料 6500 元，水电费 11900 元，维修费 665 元），固定制造费用为 42510 元（其中：管理人员工资 11500 元，维护费 5890 元，保险费 10000 元，设备折旧费 15120 元）。其他条件同例 11-9。W 公司的变动制造费用按产量分配，涉及现金支付的各项制造费用均于当期付款。

变动制造费用率 =31065 ÷ 1635=19（元）

根据上述资料编制制造费用现金支出预算表如表 11-8 所示。

表11-8　W公司制造费用现金支出预算表

季度		一	二	三	四	全年
预计生产量（件）	①	495	435	310	395	1635
变动制造费用现金支出（元）	②=①×19	9405	8265	5890	7505	31065
固定制造费用现金支出（元）	③=42510/4	10627.5	10627.5	10627.5	10627.5	42510
减：折旧费（元）	④=15120/4	3780	3780	3780	3780	15120
制造费用现金支出合计（元）	⑤=②+③−④	16252.5	15112.5	12737.5	14352.5	58455

最后，企业需要按照审核通过的制造费用预算执行，并实时监控和分析预算执行情况。通过定期比较实际数据与预算数据的差异，及时发现问题并采取改进措施，以确保制造费用预算的有效实施和企业目标的实现。

（6）产品单位成本及期末存货预算的编制

产品单位成本及期末存货预算直接影响生产预算和预计利润表、预计资产负债表。产品单位成本是指生产一个单位产品所需要的平均成本，具体包括直接成本和间接成本。直接成本是与产品生产直接相关的成本，如直接人工和直接材料成本。间接成本则是与产品生产间接相关的成本，如管理员工资、设备折旧摊销等。产品单位成本以总生产成本除以生产数量来确定，通过产品单位成本与预计的产品期末存货量乘积确定期末存货成本。

例 11-11

依据前述表 11-2 ～表 11-8 数据资料，编制 A 产品单位成本及期末存货预算表如表 11-9 所示。

表11-9　W公司A产品单位成本及期末存货预算表

项目		价格标准	用量定额	合计
直接材料（元）	①	6	4	24
直接人工（元）	②	5	3	15
制造费用（元）	③ =（31065+42510）/1635			45
产品单位成本（元）	④ = ① + ② + ③			84
期末存货量（件）	⑤			35
期末存货成本（元）	⑥ = ④ × ⑤			2940

（7）销售成本预算的编制

以销售预算、生产成本预算和产品单位成本预算为基础，用产品单位成本乘以预计销售量得出销售成本预算数额。

例 11-12

依据前述表 11-2 ～表 11-9 数据资料，编制 W 公司销售成本预算表如表 11-10 所示。

表11-10　W公司销售成本预算表

季度		一	二	三	四	全年
预计销售量（件）	①	500	450	300	400	1650
产品单位成本（元）	②	84	84	84	84	84
预计销售成本（元）	③=①×②	42000	37800	25200	33600	138600

销售成本预算结合生产成本预算可以帮助企业分析销售成本的构成和分布，从而发现销售结构中的问题和瓶颈。通过优化销售结构，企业可以提高销售收益并增强市场竞争力。同时，销售成本预算也是企业评估销售业绩和调整销售策略的重要依据。

在编制销售成本预算时，企业需要充分考虑市场的变动性和不确定性。由于销售活动受到多种因素的影响，如市场需求、竞争状况、产品价格等，因此销售成本预算需要具有一定的灵活性和适应性。企业可以根据实际情况对预算进行调整和修正，以确保预算的准确性和有效性。

（8）销售费用及管理费用预算的编制

销售费用和管理费用预算涉及企业运营过程中的各种成本和费用。

销售费用预算主要是为了实现销售预算所需支付的费用预算。包括企业在销售过程中所发生的各种费用，如销售人员薪酬、广告费用、促销费用、运输费用等。销售费用预算的编制通常以销售预测为基础，通过分析销售收入、销售利润和销售费用的关系，力求实现销售费用的最有效使用。在编制销售费用预算时，企业需要充分考虑市场环境、竞争对手、产品价格、销售渠道等因素的影响，以确保预算的合理性和有效性。

管理费用预算则是企业为了组织和管理生产经营活动而发生的各种费用预算。包括管理人员薪酬、办公费用、差旅费用、培训费用等。管理费用预算的编制需要考虑企业的业务规模、组织结构和管理需求等因素，以确保各项管理费用能够得到合理的控制和安排。在编制管理费用预算时，企业需要注重费用的必要性和效果，避免浪费。

销售费用和管理费用预算的编制需要遵循合理性、有效性、可控性等原则，以确保企业能够在运营过程中对各种成本和费用进行有效的管理和控制。同时，企业还需要根据实际情况对预算进行定期的评估和调整，以适应市场环境和企业战略的变化。

例 11-13

W 公司在预算期间的变动销售及管理费用合计 3795 元，按销售量计算分配率，固定销售及管理费用 13200 元。依此编制销售及管理费用预算表如表 11-11 所示。

表11-11　销售及管理费用预算表

季度		一	二	三	四	全年
预计销售量（件）	①	500	450	300	400	1650
变动销售及管理费用分配率（%）	②=3795/1650	2.3	2.3	2.3	2.3	2.3
变动销售及管理费用现金支出（元）	③=②×①	1150	1035	690	920	3795
固定销售及管理费用现金支出（元）	④=13200/4	3300	3300	3300	3300	13200
现金支出总额（元）		4450	4335	3990	4220	16995

11.4.2　投资预算的编制

投资预算的编制是一个综合性强、涉及面广的工作，它不仅要求编制者具备扎实的财务和投资知识，还需要对当前的市场环境有深入的了解。以下是投资预算编制的基本步骤和要点。

①确定投资目标。明确投资的目的和期望达到的效果，这是编制投资预算的出发点，也是后续所有工作的基础。投资目标可以是获取短期收益、实现长期资本增值，或者是支持企业的战略发展等。

②分析市场环境。在编制投资预算前，要对市场环境进行全面的分析。包括了解宏观经济状况、行业发展趋势、政策法规变化及市场竞争格局等。通过市场环境分析，可以评估投资机会和风险，为制定投资策略提供依据。

③制定投资策略。根据投资目标和市场环境分析的结果，制定合适的投资策略。投资策略应包括资产配置方案、投资品种选择、风险控制措施等。当制定投资策略时，要充分考虑自身的风险承受能力和资金流动性需求。

④编制预算计划。在投资策略的指导下，开始编制具体的投资预算计划。包括确定投资金额、投资时间节点、预期收益等指标。预算计划要尽可能详细，以便后续执行和监控。

投资预算表的具体格式和内容需结合企业实际设计，以 W 公司某项目投资预算为例，如表 11-12 所示。

表11-12　W公司项目投资预算表　　　　单位：元

年份	0	1	2	3	4	5
固定资产投资	−1150					
流动资产投资	−235					
营业现金流量		265	265	265	265	265
固定资产残值						150
收回流动资金						235
现金流量合计	−1385	265	265	265	265	650

11.4.3　财务预算的编制

（1）现金预算的编制

现金预算是反映企业在预期内现金流转状况的预算，这里的“现金”包括企业库存现金、银行存款等货币资金。编制现金预算的目的是合理地处理现金收支业务，调度资金，保证企业财务处于良好状态。

现金预算的内容通常包括以下三个部分：

①现金收入。包括期初现金结存数和预算期内预计的现金收入，如现金销售收入、回收应收账款、票据贴现等。

②现金支出。预算期内预计的现金支出，涵盖支付材料采购款、支付工资、支付制造费用、管理费用和销售费用、偿还应付账款、交纳税金及购买设备等方面的支出。

③现金的多余或不足。现金收入与支出相抵后的余额。如果收入大于支出，表示现金有多余，企业可以用于偿还贷款或购买短期证券；反之，则表示现金不足，企业需要设法筹资或融资。

例 11-14

沿用表 11-3 ～表 11-11 数据资料。W 公司预计第一季度需购买设备，预计支出 34500 元。按照规定，公司期末现金余额不得少于 20000 元，不足部分需向银行借款，借款年利率 10%。预算期期初现金余额为 30000 元。预算期按季编制现金预算表。

根据上述资料编制现金预算表如表 11-13 所示。

表11-13　W公司现金预算表　　单位：元

季度	一	二	三	四	全年
期初现金余额	30000	25124.1	40760	45134.1	30000
加：现金收入（表11-3）					
收回赊销款和现销收入	70500	69750	51750	55500	247500
可动用现金合计	100500	94874.1	92510	100634.1	277500
减：现金支出					
直接材料（表11-6）	15248.4	10641.6	8498.4	8950.8	43339.2
直接人工（表11-7）	7425	6525	4650	5925	24525
制造费用（表11-8）	16252.5	15112.5	12737.5	14352.5	58455
销售及管理费用（表11-11）	4450	4335	3990	4220	16995
购置设备	34500				34500
支付所得税	17500	17500	17500	17500	70000

续表

季度	一	二	三	四	全年
现金支出合计	95375.9	54114.1	47375.9	50948.3	247814.2
现金结余或不足	5124.1	40760	45134.1	49685.8	29685.8
筹措资金					
向银行借款	20000				20000
归还借款				20000	20000
支付利息				200	200
期末现金余额	25124.1	40760	45134.1	29485.8	29485.8

（2）预计资产负债表的编制

预计资产负债表基于当前的实际资产负债表和全面预算中的其他预算资料编制，是一个总括性的预算。通过预计资产负债表，企业可以提供有关未来期间财务状况的预期信息，从而帮助管理当局进行预测和决策。

编制预计资产负债表时，通常需要区分敏感项目与非敏感项目。敏感项目是指那些直接随销售额变动的资产、负债项目，例如现金、存货、应付账款等。非敏感项目则是指不随销售额变动的资产、负债项目，如固定资产、短期借款等。接着，通过计算敏感项目的销售百分比，以及对预计销售收入和其他相关数据的利用，可以预测出预算期末的资产、负债和所有者权益的数额。

此外，预计资产负债表法还经常被用于预测外部资金需求量。在这个过程中，除了考虑敏感项目与非敏感项目的区分，还可能涉及其他预测方法，如因素分析法、销售百分比法等。通过这些方法，企业可以更全面地预测自身未来的财务需求和资金状况，从而做出更合理的财务规划。

例 11-15

W 公司预算期期初资产负债表如表 11-14 所示。

表11-14　W公司资产负债期初项目余额表　　单位：元

流动资产	期初余额	流动负债	期初余额
现金	30000	应付账款	6000
应收账款	14000	长期负债	
原材料存货	6120	负债合计	6000
产成品存货	5400	所有者权益	
合计	55520	实收资本	190000
固定资产		盈余公积	118520
土地	60000	所有者权益合计	308520
房屋及设备	240000		
减：折旧	41000		
合计	259000		
资产总计	314520	负债及所有者权益总计	314520

依据前述例题资料及表 11-14 可编制预计资产负债表和预计利润表，如表 11-15 和表 11-16 所示。

表11-15　W公司预计资产负债表

× × 年度　　单位：元

流动资产			流动负债		
现金	表 11-13	29485.8	应付账款	表 11-6	2800.8
应收账款	表 11-2	18000	长期负债		
原材料存货	表 11-5 和表 11-6	2700	负债合计		2800.8
产成品存货	表 11-9	2940	所有者权益		
合计		53125.8	实收资本		200000
固定资产			盈余公积	表 11-16	128705
土地		60000	所有者权益合计		328705
房屋及设备	表 11-13	274500			
减：折旧	表 11-8	56120			
合计		278380			
资产总计		331505.8	负债及所有者权益总计		331505.8

表11-16　W公司预计利润表

× × 年度　　单位：元

项目			本期金额
销售收入	①	表 11-2	247500
减：销售成本	② =1650 × 84	表 11-10	138600
销售毛利	③ = ① − ②		108900
减：销售及管理费用	④	表 11-11	16995
营业净利润	⑤ = ③ − ④		91905
减：利息费用	⑥	表 11-13	200
税前利润	⑦ = ⑤ − ⑥		91705
减：所得税	⑧	表 11-13	70000
净利润	⑨ = ⑦ − ⑧		21705

（3）预计利润表的编制

预计利润表，也称预测利润表或预算利润表，是企业用于规划和预测未来一段时间内（如一个季度、半年或一年）的经营成果的一种财务报表。这种报表基于企业对未来市场环境、销售情况、成本控制等因素的预测和假设，展示预期的收入、成本和利润情况。预计利润表在企业财务规划和决策中扮演着至关重要的角色。其作用体现在如下方面：

①预测和规划未来经营成果。预计利润表可以预测企业在未来一段时间内的收入和支出情况，从而帮助企业规划经营活动。通过预测，企业可以更好地了解自身的盈利能力和财务状况，为制定经营策略和投资决策提供重要依据。

②设定经营目标和制定预算。在编制预计利润表的过程中，企业需要对销售收入、成本和费用等进行预测和规划，这有助于企业设定明确的经营目标，并制订相应的预算计划。通过明确目标利润水平，为经营决策提供明确的指导。

③绩效评估和控制。预计利润表可以作为企业绩效评估和控制的重要工具。通过对比实际利润与预算利润的差异，企业可以评估自身的经营绩效，并及时采取相应的措施进行调整和控制，以实现预期的经营目标。

④支持决策制定。预计利润表提供了丰富的财务数据和信息，这些数据和信息可以为企业决策者提供有力的参考依据。例如，在产品定价、成本控制、市场开拓等方面，预计利润表都可以帮助企业做出更明智的决策。

⑤风险管理。通过预测和规划，预计利润表可以帮助企业识别潜在的风险因素。这使企业能够提前采取措施进行风险管理，以降低经营风险并确保企业的稳定发展。

⑥提高透明度和沟通效率。预计利润表也是企业与投资者、债权人等利益相关方进行沟通和交流的重要工具。通过展示企业未来的财务状况和经营成果预期，预计利润表可以提高企业的透明度和可信度，从而增强投资者和债权人的信心。

思政拓展 1- 全局观念与战略规划：全面预算管理强调从企业战略目标出发，对未来的经营活动进行全面预测和筹划。这体现了全局观念和长远规划的重要性，要求管理者和员工具备战略眼光，能够站在企业整体和长期发展的角度思考问题。

思政拓展 2- 责任与担当：全面预算管理涉及企业生产经营的全过程，需要各个部门、各个层级的员工共同参与。这要求每个员工都要明确自己在预算管理中的责任，勇于担当，为实现企业预算目标贡献力量。

思政拓展 3- 团队协作与沟通：全面预算管理的实施需要多个部门和员工的紧密协作。这有助于培养团队协作精神，提高员工之间的沟通效率，共同应对预算执行过程中的各种挑战。

扫码获取本章习题

扫码获取本章知识拓展

第12章　业绩考核与评价

扫码获取本章课件

思维导图

本章思维导图如图 12-1 所示。

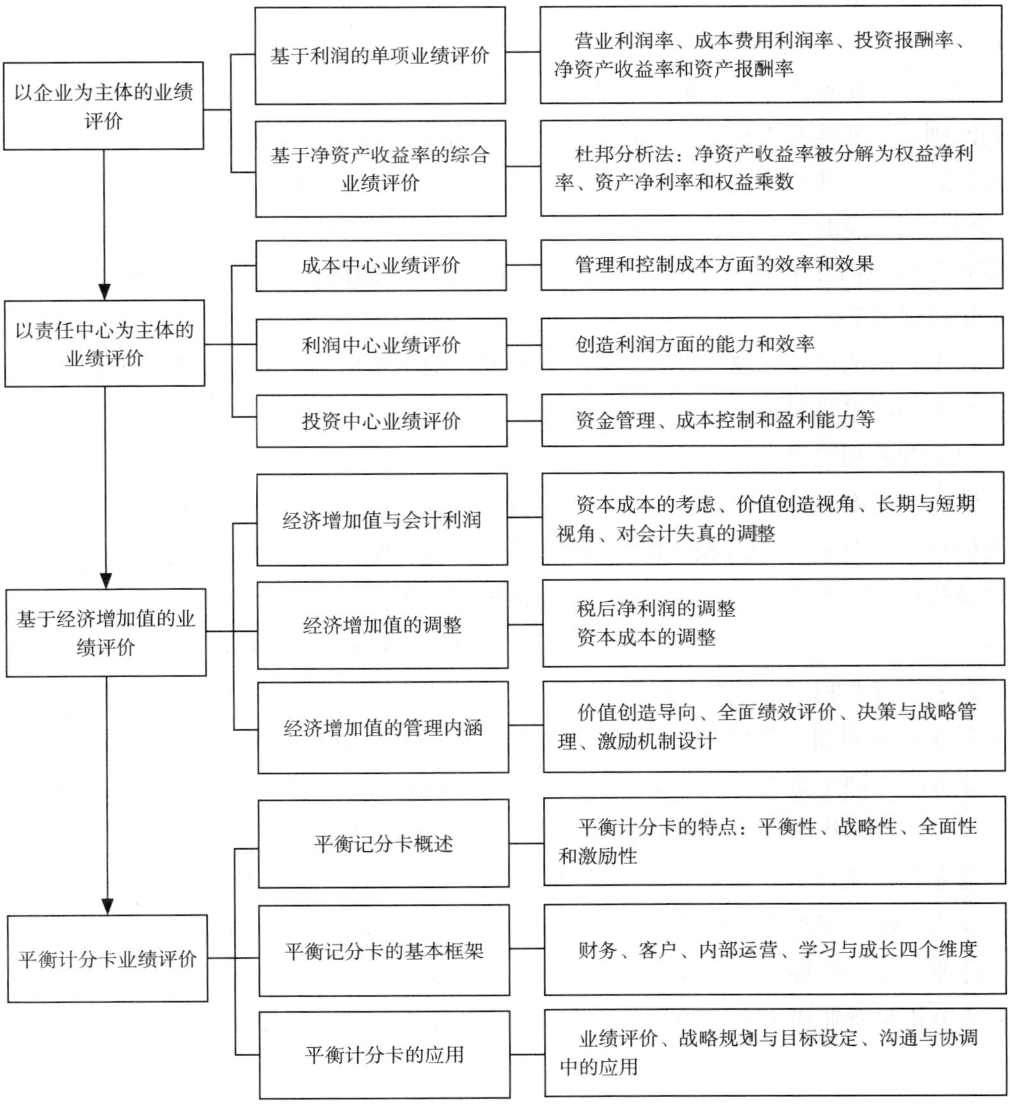

- 以企业为主体的业绩评价
  - 基于利润的单项业绩评价
    - 营业利润率、成本费用利润率、投资报酬率、净资产收益率和资产报酬率
  - 基于净资产收益率的综合业绩评价
    - 杜邦分析法：净资产收益率被分解为权益净利率、资产净利率和权益乘数
- 以责任中心为主体的业绩评价
  - 成本中心业绩评价
    - 管理和控制成本方面的效率和效果
  - 利润中心业绩评价
    - 创造利润方面的能力和效率
  - 投资中心业绩评价
    - 资金管理、成本控制和盈利能力等
- 基于经济增加值的业绩评价
  - 经济增加值与会计利润
    - 资本成本的考虑、价值创造视角、长期与短期视角、对会计失真的调整
  - 经济增加值的调整
    - 税后净利润的调整
    - 资本成本的调整
  - 经济增加值的管理内涵
    - 价值创造导向、全面绩效评价、决策与战略管理、激励机制设计
- 平衡计分卡业绩评价
  - 平衡记分卡概述
    - 平衡计分卡的特点：平衡性、战略性、全面性和激励性
  - 平衡记分卡的基本框架
    - 财务、客户、内部运营、学习与成长四个维度
  - 平衡计分卡的应用
    - 业绩评价、战略规划与目标设定、沟通与协调中的应用

图 12-1　业绩考核与评价思维导图

12.1 以企业为主体的业绩评价

12.1.1 基于利润的单项业绩评价

基于利润的单项业绩评价主要侧重于通过利润指标来衡量和评价企业的经营成果。这种评价方法简单易行，便于企业快速了解自身的盈利状况，也适用于短期业绩的考核。

净利润是企业经营活动的最终成果，反映了企业在一定时期内的总体盈利状况。而毛利润则是企业经营活动的收入减去成本和费用后的剩余，它更侧重于反映企业主营业务的盈利能力。通过比较利润指标的实际值与目标值，企业可以评估自身的盈利能力是否达到预期，及时发现问题并进行调整。例如，如果实际净利润低于预期目标，企业可能需要分析原因并采取相应的措施来提高盈利能力，如优化产品组合、降低成本费用、拓展销售渠道等。

基于利润的单项业绩考评包括营业利润率、成本费用利润率、投资报酬率、净资产收益率和资产报酬率等指标。

（1）营业利润率

营业利润率是指企业在一定时期内经营所得的营业利润与主营业务收入的比率。这个指标是衡量企业经营效率的重要依据，反映了在考虑营业成本的情况下，企业管理者通过经营获取利润的能力。营业利润率的计算公式为：

营业利润率 = 营业利润 / 主营业务收入 ×100%

其中，营业利润是指企业在销售商品、提供劳务等日常活动中所产生的利润，具体为主营业务利润加上其他业务利润，再减去营业费用、管理费用和财务费用后的金额。主营业务收入则是指企业销售商品和提供劳务所得到的收入净额。具体来说，主营业务收入可以通过销售收入减去销售折扣、销售折让、销售退回等净额来计算。

营业利润率越高，说明企业商品销售额提供的营业利润越多，企业的盈利能力越强；反之，此比率越低，说明企业盈利能力越弱。通过分析营业利润率的变化，可以促使企业改善经营管理，提高盈利水平。例如，当发现营业利润率有所下降时，企业可以进一步分析是营业成本上升还是营业收入下降的原因，并采取相应的措施来提高营业利润率。

在实务中，为了便于企业分析业绩，也可以用销售毛利率、销售净利率等指标代替营业利润率指标。其计算公式分别为：

销售毛利率 = 销售毛利额 / 销售收入 ×100%

销售净利率 = 净利润 / 销售收入 ×100%

此外，营业利润率还可以与同行业其他企业进行横向比较，以了解企业在行业中的竞争地位。同时，它也可以作为投资者进行投资决策的重要参考指标之一。但需要注意的是，在使用营业利润率进行业绩评价时，还应结合其他财务指标和非财务指标进行综合分析，以得出更全面的评价结论。

（2）成本费用利润率

成本费用利润率是企业一定期间的利润总额与成本、费用总额的比率。这个指标表明每付出一元成本费用可获得多少利润，体现了经营耗费所带来的经营成果。其计算公式为：

成本费用利润率 = 利润总额 / 成本费用总额 ×100%

其中，利润总额是指企业在一定时期内通过生产经营活动所获得的最终财务成果，也就是收入与费用相抵后的净额。而成本费用总额则包括企业在生产经营过程中发生的各种耗费，如营业成本、营业税金及附加、销售费用、管理费用、财务费用等。

成本费用利润率是一个重要的经济效益指标，它可以用来评价企业获利能力与成本费用的关系，以及企业经营管理的水平。一般来说，成本费用利润率越高，说明企业为获取收益所付出的代价越小，也就是成本费用控制得越好，企业的获利能力越强。然而，也需要注意到，成本费用利润率并不是越高越好，而是应该在一个合理的范围内。过高的成本费用利润率可能意味着企业在成本控制上过于苛刻，可能会影响产品质量、客户满意度和企业的长期发展。因此，企业在追求成本费用利润率的同时，也需要关注其他方面的经营指标，如产品质量、市场份额、客户满意度等，以实现全面、均衡的发展。

此外，成本费用利润率的合理性还受到行业特点、企业规模、经营策略等多种因素的影响。不同行业、不同规模的企业，其成本费用利润率水平也会有所不同。因此，当评价成本费用利润率时，需要结合企业的实际情况和行业特点进行具体分析。

（3）投资报酬率

投资报酬率是一个用于评估项目投资效益的关键财务指标。它衡量了投资所获得的收益与投资成本之间的比例关系，帮助投资者判断其投资活动的盈利能力和效率。其计算公式为：

投资报酬率 =（投资收益 − 投资成本）/ 投资成本 × 100%

其中，投资收益指的是投资活动所带来的总收益，可以包括利润、股息、利息、租金收入、资产增值等。投资成本则是进行投资时所支出的总成本，包括购买资产的价格、交易成本、相关税费等。

投资报酬率可以帮助投资者评估其投资决策的效果，比较不同投资项目的吸引力，以及衡量投资活动的风险和回报之间的平衡。然而，它也有一些局限性，比如没有考虑时间价值的影响（可以通过使用贴现率或内部收益率 IRR 来改进这一点），以及可能忽略了某些非财务方面的收益或成本。因此，在使用投资报酬率作为决策依据时，投资者应该结合其他财务指标和定性分析来做出全面的评估。

（4）净资产收益率

净资产收益率用于衡量公司运用股东资金创造利润的能力，反映公司所有者权益的投资报酬率，具有很强的综合性。其计算公式为：

$$净资产收益率=净利润/平均净资产\times 100\%$$

其中，平均净资产可以取年初净资产和年末净资产的平均值，或者直接使用年末净资产。在公开发行股票的公司中，净资产收益率也可以简单表示为净利润与年度末股东权益的比值。

净资产收益率也是公司管理层进行财务决策和战略规划的重要参考依据。通过分析和比较不同时期的净资产收益率，公司可以评估自身的经营绩效和成长潜力，从而制订更加合理的财务政策和战略计划。同时，净资产收益率有助于投资者了解公司的盈利能力和运营效率。一般来说，净资产收益率越高，说明公司利用自有资本创造收益的能力越强，运营效益越好，对股东和债权人的利益保障程度也越高。反之，如果净资产收益率较低，则可能表明公司的盈利能力较弱或运营效率不高。

（5）资产报酬率

资产报酬率是衡量企业利用资产创造利润能力的重要指标，反映企业在一定时期内，通过运营全部资产所获得的息税前利润与资产平均总额之间的比率，有助于评价企业资产运营的效益，衡量企业资产利用的效率。其计算公式为：

$$资产报酬率=（利润总额+利息费用-所得税）/平均资产总额\times 100\%$$

$$平均资产总额=（期初资产总额+期末资产总额）/2$$

通过这个公式，可以计算出企业在一定时期内每单位资产所创造的利润。

资产报酬率越高，表明企业资产利用效率越高，说明企业在增加收入、节约资金使用等方面取得了良好的效果。反之，如果资产报酬率较低，则可能意味着企业资产利用效率不高，需要分析原因并采取措施提高销售利润率，加速资金周转，以提高企业经营管理水平。

总之，资产报酬率有助于企业管理者和投资者了解企业的盈利能力和资产运作效果。通过分析和比较不同时期的资产报酬率，可以评估企业的经营绩效和成长潜力，从而做出更明智的决策。

基于利润的单项业绩评价能够突出企业在某一方面的表现，有助于企业及时发现该方面的优势和问题。例如，通过单独评价企业的销售收入，可以直观地了解企业在市场上的销售能力和增长潜力。此外，单项业绩评价通常较为简单明了，便于企业快速掌握和比较不同部门或不同时间段的业绩情况。

然而，单项业绩评价也存在一些缺点。首先，它可能过于关注某一方面的表现而忽视其他方面，导致评价不够全面。例如，过分强调销售收入的增长可能会忽视成本控制和产品质量等方面的问题。其次，单项业绩评价可能难以反映企业整体的综合效益和长期发展趋势。因为企业的各个方面是相互关联、相互影响的，单一指标的评价结果可能无法准确反映企业的整体状况。

因此，当进行企业单项业绩评价时，需要权衡其优缺点，并结合企业的实际情况和需求进行合理选择。同时，也可以考虑将单项业绩评价与综合业绩评价相结合，以更全面地评估企业的表现和发展状况。另外，对于不同行业、不同规模的企业，单项业绩评价的适用性也会有所不同。因此，在具体应用时，还需要根据企业的特点和背景进行具体分析和判断。例如，在制造业中，生产效率、产品质量和成本控制等单项指标可能更为重要；而在服务业中，客户满意度、服务质量和市场份额等单项指标则可能更受关注。

12.1.2　基于净资产收益率的综合业绩评价

（1）净资产收益率

基于净资产收益率的综合业绩评价是一种对企业整体盈利能力和运营效率进行全面评估的方法。净资产收益率作为核心财务指标，反映了公司利用股东资金创造利润的能力，具有很强的综合性。在综合业绩评价中，以净资产收益率为基础可以深入剖析企业的财务状况、经营成果及未来发展潜力。其计算公式为：

$$净资产收益率 = 净利润 / 平均净资产 \times 100\%$$

其中，净利润指企业在一定时期内（通常是一个会计年度）经营所得的净收益，即总收入减去总成本和费用（包括所得税）后的金额。平均净资产是期初净资产与期末净资产的平均值。净资产是企业资产总额减去负债总额后的净值，也称为所有者权益或股东权益。

平均净资产的计算公式为：

$$平均净资产 =（期初净资产 + 期末净资产）/ 2$$

净资产收益率的高低直接体现了企业的盈利能力。当净资产收益率较高时，说明企业能够有效地运用股东资金创造更多的利润，这通常意味着企业具有良好的市场竞争力、成本控制能力和资产运营效率。反之，较低的 ROE 可能表明企业在这些方面存在不足，需要进一步改进。通过深入分析净资产收益率的构成，可以了解企业的财务结构和经营风险。例如，净资产收益率可以分解为销售净利率、总资产周转率和权益乘数三个因素。销售净利率反映了企业的盈利能力，总资产周转率体现了企业的运营效率，而权益乘数则揭示了企业的财务杠杆水平。通过对这些因素的逐一分析，可以更加准确地把握企业的财务状况和经营成果。

此外，基于净资产收益率的综合业绩评价还可以结合其他财务指标和非财务指标进行。例如，可以结合企业的收入增长率、利润增长率、现金流状况等财务指标，以及客户满意度、市场份额、创新能力等非财务指标，对企业进行更加全面和深入的评价。

最后，需要指出的是，虽然净资产收益率是一个重要的财务指标，但在进行综合业绩评价时仍需注意其局限性。例如，净资产收益率可能受到会计政策选择、市场环境变化等多种因素的影响，因此需要谨慎使用并结合其他信息进行判断。同时，对于不同行业、不同规模的企业，净资产收益率的适用性也会有所不同，需要进行具体分析和调整。

（2）杜邦分析法

这种方法最早由美国杜邦公司使用，因此得名。杜邦分析法利用多种财务比率之间的关系，将净资产收益率逐级分解为多项财务比率的乘积，综合评估和分析企业的财务状况。

在杜邦分析法中，净资产收益率被分解为权益净利率、资产净利率和权益乘数三个关键指标。其中，权益净利率反映了企业所有者投入资本的获利能力，资产净利率体现了企业资产的整体盈利能力，而权益乘数则揭示了企业的财务杠杆水平。进一步地，资产净利率又可以分解为销售净利率和总资产周转率，分别代表企业的盈利能力和运营效率。具体如图 12-2 所示。

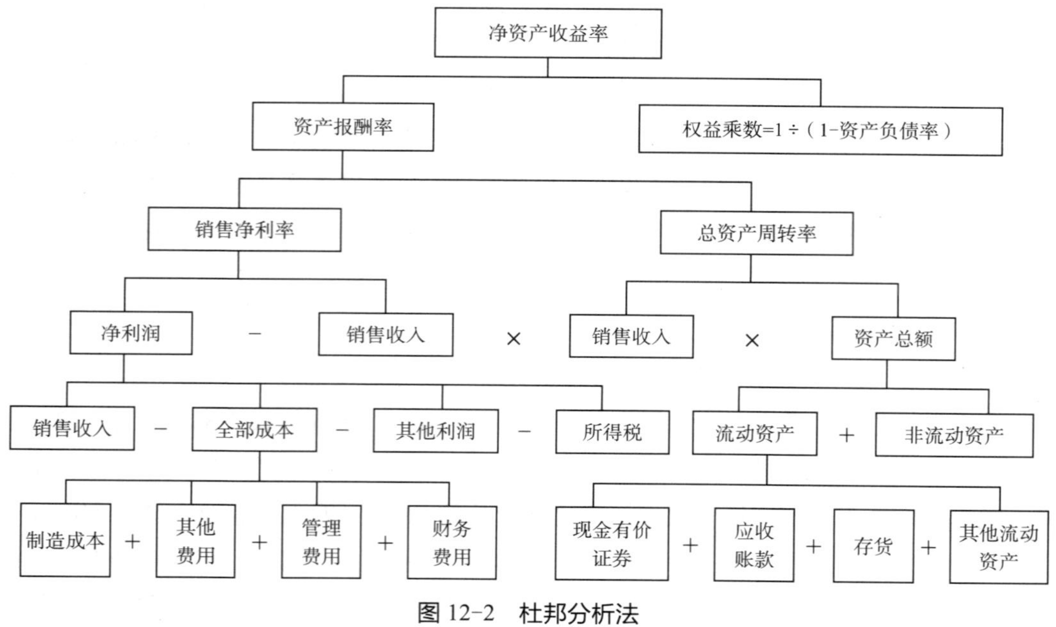

图 12-2　杜邦分析法

通过杜邦分析法，企业可以更加清晰地看到权益资本收益率的决定因素，以及各财务比率之间的相互关系。这有助于企业管理层识别和解决运营中的问题与瓶颈，优化资本结构，提升资产利用效率及盈利能力，从而提高经营效益。杜邦分析法也为投资者评估公司投资价值和风险提供了有力的工具。

然而，杜邦分析法也存在一定的局限性。它主要关注的是企业的短期财务结果，可能助长管理层的短期行为而忽略企业的长期价值创造。此外，杜邦分析法主要依赖于财务指标，而这些指标反映的是企业过去的经营业绩，可能无法充分反映企业未来的成长潜力和风险。因此，在使用杜邦分析法时，需要结合其他非财务指标和定性分析进行综合评估。

综上所述，基于净资产收益率的综合业绩评价是一种全面、深入评估企业盈利能力和运营效率的有效方法。通过结合其他财务指标和非财务指标进行综合分析，可以更加准确地把握企业的财务状况和经营成果，为投资者和管理者提供有价值的决策依据。

12.2　以责任中心为主体的业绩评价

12.2.1　成本中心的业绩评价

成本中心只能对其可控成本承担责任，业绩评价时主要关注于该中心在管理和控制成本方面的效率和效果。评价过程中，通常会考虑以下关键指标：

①成本预算与实际成本的对比。通过比较成本中心的实际成本与预算成本，可以评估成本中心在成本控制方面的表现。如果实际成本低于预算成本，说明成本中心在成本控制方面取得了良好的成绩。

②成本差异分析。成本差异是指实际成本与标准成本之间的差异。通过对成本差异的分析，可以了解成本中心在成本管理和控制过程中存在的问题和不足之处，从而有针对性地采取措施进行改进。

③成本效率指标。成本效率指标可以反映成本中心在投入与产出之间的比例关系。例如，可以通过计算单位产品成本、成本降低率等指标来评估成本中心的效率水平。

④内部质量指标。除了成本控制方面，成本中心的业绩评价还可以考虑一些内部质量指标，如产品合格率、废品率等。这些指标可以反映成本中心在产品质量控制方面的表现。

例 12-1

W 公司下属分公司设有 E、F、G 三个成本中心，某预算期的责任成本预算分别为 60000 元、50000 元、80000 元，可控成本实际发生额分别为 57000 元、52000 元、79000 元。

由上述资料，可计算编制三个成本中心的业绩完成情况表如表 12-1 所示。

表12-1　E、F、G三个成本中心业绩表

成本中心	成本预算（元）	实际成本（元）	成本增减额（元）	升降率（%）
E	60000	57000	-3000	-5%
F	50000	52000	2000	4%
G	80000	79000	-1000	-1.25%

由表 12-1 可得，E 成本中心实际成本比预算节约了 5%，较好的完成了预算，并且在三个成本中心中，完成情况最好。F 中心实际成本比预算超支 4%，未完成预算目标，此时不能得出结论该中心预算未完成目标，应全面分析 F 成本中心的实际情况，比如如果实际产量比预算产量增加很多，那么应结合实际情况进一步分析。而针对完成情况较好的 E、G 两个成本中心，也应在预算目标完成的情况下进一步分析，为下一个预算期的预算奠定基础。

在进行成本中心的业绩评价时，还需要注意以下三点：

①业绩评价应该具有客观性和公正性，避免主观臆断和偏见。

②业绩评价应该结合成本中心的具体情况和特点进行，避免“一刀切”的评价标准。

③业绩评价应该是一个持续的过程，需要定期进行评估和反馈，以便及时发现问题并采取改进措施。

12.2.2　利润中心的业绩评价

利润中心既要对成本负责又要对收入负责，但没有责任或没有权力决定该中心资产投资的水平，因而一般根据其利润的多少来评价该中心的业绩，业绩评价主要关注该中心在创造利润方面的能力和效率，主要考评指标是其可控利润。如果利润中心某一期间的利润中有该中心不可控因素的影响，则应将其剔除，不在评价范围内。根据不同类型、不同层次利润中心可控范围的不同，评价利润中心可控利润的指标具体可分为销售毛利、部门贡献毛益和营业利润。

（1）销售毛利

销售毛利是企业在销售商品或提供服务的过程中所实现的收入与对应的成本之间的差额，也可以简单理解为销售收入减去销售成本后的利润。其计算公式为：

销售毛利 = 销售收入 − 销售成本。

其中，销售收入是指企业通过销售商品或提供服务所获得的总收入；销售成本则是指与销售商品或提供服务直接相关的成本，包括商品的采购成本、生产成本、运输费用及与销售直接相关的其他费用。

销售毛利只包含利润中心能控制的销售收入和销售成本两个因素，不包含经营费用，因此，有利于对不能控制经营费用的利润中心的业绩评价，促使相关利润中心进行成本分析和控制，但同时也应注意由于销售毛利增加可能引起的经营费用增加所带来的影响。

例 12-2

沿用例 12-1 资料。W 公司销售分公司下设 X、Y 两个利润中心，根据实际情况，采用销售毛利对其业绩进行评价，两个利润中心的责任预算如表 12-2 所示。

表12-2　利润中心责任预算情况表　　单位：元

项目	X利润中心	Y利润中心	合计
销售净额	425000	3232000	3657000
期初存货成本	92000	605000	697000
加：本期生产成本	256000	2385000	2641000
减：期末存货成本	65000	59300	124300
销售成本	283000	2930700	3213700
销售毛利	142000	301300	443300

预算期结束，X、Y 两个利润中心的预算完成情况如表 12-3 所示。

表12-3　利润中心责任预算完成情况表　　单位：元

项目	X利润中心			Y利润中心		
	责任预算	预算完成情况	差异	责任预算	预算完成情况	差异
销售净额	425000	432000	7000	3232000	3244000	12000
期初存货成本	92000	92000	0	605000	605000	0
加：本期生产成本	256000	263500	7500	2385000	2392000	7000
减：期末存货成本	65000	64600	−400	59300	58200	−1100
销售成本	283000	290900	7900	2930700	2938800	8100
销售毛利	142000	141100	−900	301300	305200	3900

由表 12-3 可知，X 利润中心的销售毛利预算没有完成，主要原因是销售成本有所增加，因此对销售成本的分析应作为重点，具体可运用第 7 章差异分析的相关方法深入分析。Y 利润中心完成了预算。

销售毛利可以用于评估企业的销售效率和成本控制能力。如果销售毛利持续提高，说明企业在销售过程中的成本控制有效，销售效率较高；反之，如果销售毛利下降，则可能意味着企业面临成本控制问题或市场竞争压力增大，需要采取相应的措施进行改进。

销售毛利的大小直接影响了企业的净利润水平。同时，销售毛利也是企业制定价格策略、控制成本、优化产品结构的重要依据。通过分析销售毛利，企业可以了解哪些产品或服务具有较高的盈利能力，从而调整销售策略，提高整体盈利水平。

（2）部门贡献毛益

部门贡献毛益是部门的销售收入减去变动成本（与销售量成正比例变化的成本）后的利润。简而言之，部门贡献毛益显示了该部门在扣除与销售直接相关的成本后，对公司整体利润的贡献。

计算部门贡献毛益时，首先要区分直接费用和间接费用。直接费用是由于特定部门的业务所引起、能直接归属于该部门并能为该部门所控制的费用。间接费用则是指由企业整体受益，不能直接归属于某一部门的费用。部门贡献毛益是部门的毛利减去其直接费用后的结果。其计算公式为：

部门贡献毛益 = 销售净额 - 销售成本 - 部门直接费用

例 12-3

沿用例 12-2 的资料。W 公司的销售分公司的两个利润中心 X、Y，可直接归属于两个利润中心的直接费用包括直接人员工资、广告费和折旧费，其余为间接费用不分配。两个利润中心以部门贡献毛益作为业绩评价指标，相关的责任预算如表 12-4 所示。

表12-4　利润中心责任预算情况表　　单位：元

项目	X利润中心	Y利润中心	合计
销售净额	425000	3232000	3657000
减：销售成本	283000	2930700	3213700
销售毛利	142000	301300	443300
减：部门直接费用	74600	155450	230050
其中：人员工资	48350	76000	124350
广告费	10265	32650	42915
折旧费	15985	46800	62785
部门贡献毛益	67400	145850	213250

预算期结束时，X、Y 两个利润中心的预算完成情况如表 12-5 所示。

表12-5　利润中心责任预算完成情况表　　　　**单位：元**

项目	X利润中心			Y利润中心		
	责任预算	预算完成情况	差异	责任预算	预算完成情况	差异
销售净额	425000	432000	7000	3232000	3244000	12000
减：销售成本	283000	290900	7900	2930700	2938800	8100
销售毛利	142000	141100	−900	301300	305200	3900
减：部门直接费用	74600	75165	565	155450	152570	−2880
其中：人员工资	48350	49500	1150	76000	77500	1500
广告费	10265	9680	−585	32650	28270	−4380
折旧费	15985	15985	0	46800	46800	0
部门贡献毛益	67400	65935	−1465	145850	152630	6780

由表 12-5 可知，X 利润中心的部门贡献毛益预算没有完成，主要原因是直接人员工资支出超过预算，因此应将对该利润中心人员工资的分析作为重点。Y 利润中心较好地完成了预算，但其人员工资支出也超过了预算，可结合该利润中心实际进一步分析。

部门贡献毛益有助于企业评估各部门的盈利能力，评价部门对公司的总体利润贡献情况，是进行部门绩效评估和优化资源配置的重要依据。通过提高销售额、降低成本、提升客户满意度和开拓新市场等方式，销售部门可以为公司创造更大的价值，提升部门贡献毛益。不同部门和业务模式的贡献毛益可能有所不同，因此在进行比较和评估时需要结合具体情况。同时，为了更全面地了解部门的盈利能力，还需要综合考虑其他财务指标，如净利润、利润率等。

（3）营业利润

营业利润是企业在一定时期内通过销售商品或提供服务所获得的盈利，扣除相应的成本费用（不包括利息和税费）后的净收益。这是衡量企业经营效率和盈利能力的重要指标。其计算公式为：

营业利润＝营业收入－营业成本－税金及附加－期间费用（销售费用、管理费用、研发费用、财务费用等）－资产减值损失＋公允价值变动收益（或减公允价值变动损失）＋投资收益（或减投资损失）

＝销售净额－销售成本－部门直接费用－间接费用

＝部门贡献毛益－间接费用

营业收入是企业通过销售商品或提供服务所获得的总收入。

营业成本是与企业销售商品或提供服务直接相关的成本，如材料成本、人工成本等。

税金及附加是企业需要缴纳的各种税金及附加费用。

期间费用是企业在经营过程中发生的销售费用、管理费用、研发费用、财务费用等。

资产减值损失是企业资产的可回收金额低于其账面价值时需要计提的减值准备。

公允价值变动收益（或损失）是企业持有的以公允价值计量且其变动计入当期损益的金融资产或金融负债的公允价值变动所带来的收益或损失。

投资收益（或损失）是企业对外投资所获得的收益或发生的损失。

营业利润反映了企业在正常经营过程中的盈利能力，是分析企业经营状况、评价企业经济效益的重要指标之一。通过提高营业收入、降低成本费用、优化资产配置等方式，企业可以提升营业利润，从而实现更好的经营效益。

例 12-4

沿用例 12-3 资料。将 W 公司的间接费用分配给各利润中心，以营业利润作为业绩评价指标，两个利润中心的责任预算情况如表 12-6 所示。

表12-6　利润中心的责任预算情况表　　单位：元

项目	X利润中心	Y利润中心	合计
销售净额	425000	3232000	3657000
销售毛利	142000	301300	443300
部门贡献毛益	67400	145850	213250
减：间接费用	68885	109180	178065
其中：人员工资	19550	32650	52200
办公费用	12985	20550	33535
摊销费用	36350	55980	92330
营业利润	−1485	36670	35185

预算期结束时，X、Y 两个利润中心的预算完成情况如表 12-7 所示。

表12-7　利润中心的预算完成情况表　　单位：元

项目	X利润中心			Y利润中心		
	责任预算	预算完成情况	差异	责任预算	预算完成情况	差异
销售净额	425000	432000	7000	3232000	3244000	12000
销售毛利	142000	141100	900	301300	305200	3900
部门贡献毛益	67400	65935	−1465	145850	152630	6780
减：间接费用	68885	65050	−3835	109180	111060	1880
其中：人员工资	19550	18650	−900	32650	33250	600
办公费用	12985	12850	−135	20550	20950	400
摊销费用	36350	33550	−2800	55980	56860	880
营业利润	−1485	885	2370	36670	41570	4900

由表 12-7 可知，X 利润中心完成了预算，主要是因为实际分摊的间接费用比预算减少，与利润中心的工作并没有直接关系。Y 利润中心较好地完成了预算，并且 Y 利润中心实际分摊的间接费用比预算有所增加，可以反映出 Y 利润中心在预算期对自身经营情况控制得较好。

除财务指标外，非财务指标在利润中心的业绩评价中也占据重要地位。通常需要考虑如下指标：

①市场份额。市场份额的增长意味着利润中心在市场上的竞争力增强，这通常会对未来的盈利能力产生积极影响。

②客户满意度。客户满意度是衡量利润中心服务质量和客户关系的关键指标。高客户满意度往往能带来更高的客户忠诚度和重复购买率，从而增加利润。

③内部流程效率。高效的内部流程有助于降低成本、提高生产效率，并增强对市场变化的响应能力。因此，评估内部流程的效率也是利润中心业绩评价的重要环节。

在进行利润中心的业绩评价时，还需要注意以下四点：

①确保评价标准的客观性和公正性，避免主观偏见对评价结果的影响。

②根据利润中心的具体情况和业务特点制定合适的评价指标，避免“一刀切”的评价方式。

③鼓励利润中心之间的良性竞争，但同时也要注重整体利益的协调与平衡。

④定期对业绩进行评价与反馈，以便及时发现问题并采取改进措施，推动利润中心的持续发展。

12.2.3　投资中心的业绩评价

投资中心是一个集投资决策、资金管理和业绩评价于一体的综合性责任中心，其目标是实现投资收益的最大化，并确保投资者的资金安全和良好回报。其特点是对成本、利润、资本预算、投资收益均负责任。它是一个比利润中心更高层次的责任中心，通常包括若干个利润中心。除对成本和利润享有决策权外，投资中心还享有资本预算的决策权，其业绩考核不仅包括利润，还包括投资收益。投资中心的业绩评价涉及多个方面和指标，这些指标既包括财务指标，也包括非财务指标。财务指标主要用于衡量投资中心的经济效益和财务表现，常见的包括投资报酬率、剩余收益、经济增加值、收入增长率、利润增长率、成本控制率及现金流量等。这些指标有助于评估投资中心在资金管理、成本控制和盈利能力等方面的表现。

（1）投资报酬率

投资报酬率是评价投资中心业绩最常用的指标之一，它反映了投资中心利润与投资中心所占用的投资资本之间的比率。用于衡量投资活动的盈利能力或效率。通常以百分比的形式表示。其计算公式为：

$$投资报酬率=\frac{营业利润}{投资占用额}=\frac{营业利润}{销售收入}\times\frac{销售收入}{投资占用额}=营业利润率\times资产周转率$$

例 12-5

沿用例 12-4 资料。W 公司有 M、N、P 三个投资中心，相关投资报酬率数据如表 12-8 所示。

表12-8　投资中心投资报酬率计算表

项目		M 投资中心	N 投资中心	P 投资中心
营业收入（元）	①	480000	200000	380000
营业利润（元）	②	38600	22500	30552
营业利润率（%）	③=②/①×100	8.04	11.25	8.04
投资占用额（元）	④	450000	135000	260000
资产周转率（%）	⑤=①/④	1.07	1.48	1.46
投资报酬率（%）	⑥=③×⑤	8.58	16.67	11.75

由表 12-8 可知，M 投资中心与 P 投资中心投资利润率相同，均为 8.04%，但由于 P 投资中心资产周转率更高，P 投资中心获得了比 M 投资中心更高的投资报酬率。

投资报酬率能够帮助投资者或企业管理层评估投资项目的财务效益。较高的投资报酬率通常意味着投资项目的盈利能力较强，而较低的投资报酬率则可能表明投资效果不佳。投资报酬率是一个相对指标，考虑了投资规模的影响，可用于不同投资中心的横向比较，也适用于同一投资中心不同时期的纵向比较。但运用投资报酬率指标进行业绩评价时，可能导致管理层做出逆向选择，拒绝接受高于企业平均投资报酬率而低于该投资中心现有投资报酬率的项目，对企业整体利益产生不利影响。

此外，投资报酬率并不考虑时间价值、风险因素或其他非财务指标。因此，在使用 ROI 进行决策时，还需要综合考虑其他相关信息，如项目的风险水平、市场需求、竞争状况等。

（2）剩余收益

剩余收益用于衡量企业经营活动所产生的利润超出其预期最低收益的部分。具体来说，剩余收益是指投资中心获得的营业利润，在扣除了投资额（或净资产占用额）按规定（或预期）的最低收益率计算的投资收益后的余额。这个指标能够反映投入产出的关系，并且可以避免本位主义，使个别投资中心的利益与整个企业的利益统一起来。其计算公式为：

剩余收益 = 部门营业利润 − 部门资产应计报酬

= 部门营业利润 − 部门资产 × 资金成本

例 12−6

沿用例 12−5 资料。W 公司预期最低投资报酬率为 10%，假设采用剩余收益对三个投资中心进行业绩评价，则三个投资中心的剩余收益计算如表 12−9 所示。

表12−9　W公司投资中心剩余收益计算表　　单位：元

项目		M 投资中心	N 投资中心	P 投资中心
营业利润	①	38600	22500	30552
投资占用额	②	450000	135000	260000
最低投资报酬	③=②×10%	45000	13500	26000
剩余收益	④=①−③	−6400	9000	4552

由表 12−8 和表 12−9 可知，采用投资报酬率对 M 投资中心进行评价时，其获得了 8.04% 的收益；但采用剩余收益评价时，其剩余收益为 −6400 元，未达到企业预期的最低投资报酬率 10%，因此其考核不合格。而 N、P 两个投资中心考核为合格。

剩余收益和投资报酬率在业绩评价时可以起到互补的作用，剩余收益以绝对额弥补了投资报酬率相对额的不足，能够衡量投资中心的利益与企业的利益是否一致，但是剩余收益没有考虑规模的影响，不能用于不同规模投资中心的横向比较。

12.3　基于经济增加值的业绩评价

12.3.1　经济增加值与会计利润

经济增加值考虑了企业的所有资本成本和机会成本，以及股东价值创造的重要性。与传统的会计利润不同，EVA 考虑了企业的债务资本和股权资本成本，因此更能准确地反映企业的真实盈利能力。其计算公式为：

经济增加值 = 税后净营业利润 − 资本成本

其中，税后净营业利润是企业的净利润加上调整项，这些调整项可能包括研发费用、利息费用、递延税款、非经常性损益等。资本成本则是指企业为了获得资本而必须支付的成本，包括债务利息、股息等。

由公式可以看出，经济增加值的计算基于会计利润，又不同于会计利润，具体来说，经济增加值与会计利润的区别主要体现在以下方面：

①资本成本的考虑。会计利润主要关注企业的销售收入减去各种成本和费用后的余额，通常只考虑了债务资本成本，而未考虑股权资本成本。相比之下，经济增加值不仅考虑债务资本成本，还考虑了股权资本成本，从而更全面地反映了企业的真实成本。

②价值创造视角。会计利润主要基于会计准则和制度来计算，可能受到会计政策选择等因素的影响，有时并不能真实反映企业的价值创造能力。而经济增加值是从股东价值创造的角度出发，通过调整后的税后净营业利润扣除企业全部资本的成本来衡量，更能体现企业的真实价值。

③长期与短期视角。会计利润往往更注重短期内的经营成果，而经济增加值则更注重企业的长期价值创造能力，鼓励企业进行有利于长期价值创造的投资决策。

④对会计失真的调整。在计算经济增加值时，会对传统的会计报表进行一些必要的调整，以消除会计准则导致的潜在失真，从而更准确地反映企业的经济状况和业绩。这些调整可能包括研发费用、商誉、递延税款、准备金等。

12.3.2　经济增加值的调整

经济增加值的计算公式为：

$$经济增加值=税后净营业利润-资本成本$$

其中，税后净营业利润是企业的净利润加上特定的调整项，资本成本则是企业为了获得资本而必须支付的成本。

在计算税后净营业利润时，需要进行一些调整，以消除根据会计准则编制的财务报表对真实情况的扭曲。

（1）税后净利润的调整

①研发费用的调整。传统的会计处理通常将研发费用作为当期费用扣除，但在经济增加值计算中，研发费用被视为投资，应予以资本化并在一个合理的期限内摊销。

②战略性投资。对于战略性投资，会计可能将投资的利息计入当期财务费用。然而，在经济增加值计算中，这部分利息应在一个专门账户中资本化，并在开始生产时逐步摊销。

③营销费用。为建立品牌、进入新市场或扩大市场份额发生的费用，在会计处理中通常作为费用立即从利润中扣除。但在经济增加值计算中，这些费用应资本化并在适当的期限内摊销。

④折旧费用。会计大多使用直线折旧法处理折旧费用，但经济增加值计算可能会采用

更接近经济现实的折旧方法，如“沉淀资金折旧法”，该方法在前期折旧少，后期折旧多。

⑤重组费用。会计通常将重组费用视为过去投资的损失，并立即确认为当期费用。但在经济增加值计算中，重组被视为增加股东财富的机遇，因此重组费用应作为投资处理。

（2）资本成本的调整

资本成本是经济增加值计算中的另一个重要因素。它涉及企业的债务资本成本和股权资本成本。债务资本成本通常基于企业的借款利率计算，而股权资本成本则可以使用无风险收益率加上市场风险溢价等方法来估算。

在计算资本成本时，还需要考虑企业的资本结构调整。例如，如果企业增加了债务资本的比例，那么其资本成本可能会相应上升，因为债务资本通常具有更高的成本。

12.3.3　经济增加值的管理内涵

（1）价值创造导向

经济增加值的核心思想是股东价值最大化。它强调企业应当为股东创造价值，即企业的盈利必须高于其全部资本的成本。这促使企业管理者更加关注资本的使用效率，以及如何通过提高经营效率和降低资本成本来增加股东价值。

（2）全面绩效评价

经济增加值是一个综合性的财务指标，考虑了企业的税后净营业利润和产生这些利润所需资本投入的总成本。它不仅反映了企业的盈利能力，还体现了企业对资本的管理和运用效率。这使经济增加值成为评价企业全面绩效的有力工具。

（3）决策与战略管理

经济增加值可以作为企业战略规划和决策的重要依据。通过分析和优化经济增加值的驱动因素，企业可以制定出更加有效的经营战略和财务管理方案。例如，企业可以通过提高资金周转速度、优化资本结构、降低资本成本等方式来提高经济增加值，从而实现股东价值的最大化。

（4）激励机制设计

由于经济增加值能够更真实地反映企业的经营绩效，因此它可以作为设计激励机制的基础。企业可以根据经济增加值的增长情况来奖励管理者和员工，从而将他们的利益与股东利益紧密结合起来，激发他们为股东创造价值的主观能动性。

（5）沟通与管理工具

经济增加值可以作为企业内部的沟通工具和管理手段。通过向员工普及 EVA 的理念和计算方法，企业可以增强员工对股东价值的认识和理解，提高员工的责任感和归属感。同时，企业管理者也可以利用经济增加值来监控和评估各部门的业绩表现，及时发现和解决问题。

经济增加值作为一种绩效评价和管理工具有很多优点，但也存在一些缺点。特别是在经济增加值管理原则的实际应用中，可能会遇到以下问题：

①计算复杂度高。经济增加值的计算涉及多个复杂的调整项目，包括税后净营业利润的调整和资本成本的计算。这要求企业有较高的财务管理水平和精确的数据支持，对于一些中小企业或财务管理能力不强的企业来说，实施难度较大。

②可操纵性问题。由于经济增加值涉及一系列会计调整，企业管理层有可能为了追求更高的经济增加值而进行财务报表的粉饰或操纵。这可能会损害经济增加值作为绩效评价指标的客观性和公正性。

③短期行为导向。虽然经济增加值强调长期价值的创造，但其作为年度业绩评价指标，有时可能诱导管理层过分关注短期内的经济增加值提升，而忽视企业的长期战略目标。

④忽视非财务指标。经济增加值主要聚焦于财务指标，忽视了如客户满意度、员工满意度、创新能力等非财务指标。这些非财务指标对于企业的长期发展同样重要，但无法在经济增加值中得到体现。

⑤资本成本难以确定。在计算经济增加值时，需要准确估算企业的资本成本。然而，资本成本的确定受多种因素影响，包括市场风险、行业特点、企业自身的风险等，因此在实际操作中可能存在一定难度和主观性。

⑥对成长型企业评价有限。对于处于快速成长阶段的企业，需要大量的资本投入来支持扩张，这可能导致短期内经济增加值较低甚至为负。因此，经济增加值可能无法全面反映这类企业的真实价值和潜力。

12.4 平衡计分卡业绩评价

12.4.1 平衡计分卡概述

平衡计分卡是一种综合性的绩效评价和管理工具，旨在将组织的战略转化为可操作的衡量指标和目标值。它不仅关注传统的财务指标，还结合了非财务指标，从财务、客户、内部运营、学习与成长四个维度来全面评估公司的绩效。

平衡计分卡具有平衡性、战略性、全面性和激励性的主要特点：

①平衡性。平衡计分卡实现了财务指标与非财务指标的平衡，长期目标与短期目标的平衡，以及内部与外部绩效指标的平衡。

②战略性。平衡计分卡将组织的战略分解为可操作的具体目标，并与绩效指标紧密

相连，确保员工对战略的理解和对齐。

③全面性。通过四个维度的综合评估，平衡计分卡能够全面反映组织的绩效表现，及时发现潜在的问题和风险。

④激励性。平衡计分卡可以与薪酬奖励制度挂钩，激励员工为实现组织的战略目标而努力。

实施平衡计分卡的步骤通常包括：

①建立企业愿景与战略，并在企业内部进行宣传和教育。

②从财务、客户、内部运营、学习与成长四个角度建立具体的指标体系及评价标准。

③根据指标体系收集数据，确定各个指标的权重，并对数据进行综合处理和分析。

④将指标分解到企业、部门和个人，并与目标进行比较，以发现数据变动的因果关系。

⑤制定每年的绩效衡量指标的具体数字，并与企业的计划和预算相结合。

⑥实施平衡计分卡，并根据计划的实施情况进行考评。

⑦经常采纳员工的意见和建议，以完善平衡计分卡并改进企业战略。

12.4.2　平衡计分卡的基本框架

平衡计分卡的基本框架主要包括四个维度：财务、客户、内部运营、学习与成长。每个维度下都包含具体的目标、指标、目标值和行动计划。

（1）财务维度

财务维度主要关注企业的财务状况和业绩表现，是衡量企业战略实施和执行是否成功，以及企业的长期和短期经济目标是否达成的重要方式。

在财务维度中，核心指标通常包括销售收入、利润、成本、现金流、资产回报率等。这些财务指标不仅反映了企业的盈利能力，还体现了企业的运营效率、成本控制能力和资产管理水平。销售收入衡量企业销售能力和市场拓展效果的基础指标，销售收入的增加通常意味着企业产品或服务得到市场的认可，是企业成长和市场份额扩大的关键指标；利润指标（如毛利润、净利润等）反映企业在扣除成本和费用后的盈利情况，利润的增长是企业健康发展的重要标志，也是投资者和股东关注的核心；成本控制涉及各种成本指标，如成本率、成本节约额等，它们反映了企业在生产运营过程中对成本的管控能力，有效的成本控制可以提高企业的盈利能力和竞争力；现金流入和流出的情况反映了企业的资金状况，稳定的现金流是企业持续经营和扩张的基础，也是评估企业偿债能力和风险抵御能力的重要指标。资产回报率和股东权益回报率衡量企业利用资产为股东创造价值的能力，是评估企业资产管理和投资效益的关键指标。

通过财务维度的各项指标，企业可以全面评估自身的财务状况，及时发现并解决潜在问题，确保企业战略目标的实现。同时，这些财务指标也为企业的决策者提供了重要的数据支持，帮助他们做出更明智的战略选择和投资决策。

（2）客户维度

客户维度主要关注企业如何满足客户的需求和期望，以及如何建立并维护良好的客户关系。这个维度强调从客户的角度来衡量企业的业绩，以确保企业的战略、产品和服务能够满足市场和客户的需求。

在客户维度中，常见的指标包括市场份额、客户满意度、客户保持率、新客户获得率、客户盈利能力和品牌形象等。这些指标有助于企业评估其在市场上的表现，以及客户对企业的认知和评价。

①市场份额反映企业在目标市场中的竞争地位，是衡量企业市场占有率和市场影响力的关键指标。

②客户满意度通过调查和反馈来衡量客户对产品或服务的满意程度，是评估企业服务质量和产品性能的重要依据。

③客户保持率反映企业的客户服务质量和客户忠诚度，是衡量企业能否持续满足客户需求并维持良好客户关系的重要指标。

④新客户获得率衡量企业吸引新客户的能力，反映企业市场拓展策略的有效性。

⑤客户盈利能力分析不同客户群体的利润贡献，有助于企业识别并优化高价值客户群体，提高整体盈利能力。

⑥品牌形象通过市场调查和品牌评估来衡量企业在客户和消费者心目中的形象和声誉，对于建立品牌忠诚度和提高市场竞争力至关重要。

（3）内部运营维度

内部运营维度主要关注企业内部的业务流程、运营效率及为实现企业战略目标所需的关键内部过程。这个维度的目标是确保企业拥有高效、标准化的内部运营流程，以支撑财务和客户目标的实现。在内部运营维度中，企业通常会关注以下方面：

①业务流程优化。分析并改进关键业务流程，如研发、采购、生产、销售和客户服务等，以提高工作效率和质量。

②运营效率和成本控制。通过减少浪费、提高资源利用率和降低不必要成本来增加盈利能力。

③质量管理和产品可靠性。确保产品或服务的质量符合或超过客户的期望，减少缺陷率和退货率。

④交货速度和周期时间。优化供应链和生产计划，以减少订单到交货的时间和提高响应速度。

⑤创新和改进能力。不断推动内部创新，改进产品和服务，以满足市场变化和客户需求。

内部运营维度的具体指标包括生产效率、生产周期、产品合格率、设备综合效率（OEE）、订单处理时间、供应链管理效率等。这些指标有助于企业评估内部运营的效率和有效性，从而发现改进的空间和机会。

通过关注内部运营维度，企业可以确保其核心业务流程的顺畅运行，提高整体运营效率，并为实现财务和客户维度的目标提供坚实的内部支撑。这有助于企业在竞争激烈的市场中保持灵活性和快速响应能力，从而实现持续增长和盈利。

（4）学习与成长维度

学习与成长维度主要关注企业员工的能力发展、技能提升及组织文化的建设。这个维度的目标是确保企业拥有具备必要技能和知识的员工，以及一个支持持续学习和创新的环境。

在学习与成长维度中，企业通常会考虑以下方面：

①员工培训与发展。提供持续的培训和发展机会，以帮助员工提升技能、知识和专业素养。这包括新员工入职培训、在职培训、专业技能提升课程等。

②员工满意度与保持。通过提供良好的工作环境、激励机制和职业发展机会，增加员工的工作满意度和忠诚度，从而降低员工流失率。

③组织文化与价值观。建立和维护一种积极的学习文化，鼓励员工分享知识、合作创新和持续改进。同时，明确并传达组织的价值观，以确保员工行为与组织目标保持一致。

④信息系统与能力。投资于信息技术和系统，以支持员工的学习和信息交流，促进知识的共享和管理。

学习与成长维度的具体指标包括员工培训时长、培训效果评估、员工满意度调查、员工流失率、内部沟通效果等。这些指标有助于企业评估在学习与成长维度的表现，并发现需要改进的领域。

通过关注学习与成长维度，企业可以确保拥有一支高素质、有能力的员工队伍，从而为实现财务、客户和内部运营维度的目标提供坚实的基础。这有助于企业在快速变化的市场环境中保持竞争力，实现可持续发展。

12.4.3　平衡计分卡的应用

12.4.3.1　平衡记分卡在业绩评价中的应用

平衡计分卡在业绩评价中的运用，为企业和组织提供了一个全面而系统的框架，以确保战略目标能够得到有效执行和衡量。通过结合财务、客户、内部业务流程、学习与成长这四个维度，平衡计分卡不仅关注传统的财务指标，还强调了非财务指标在绩效评估中的重要性。

（1）平衡计分卡在企业业绩评价中的作用

①建立全面的绩效评估体系。通过整合四个维度的指标，平衡计分卡提供了一个全面的视角来评估企业或组织的绩效。这有助于管理者更全面地了解组织的运营状况和业绩表现。

②量化非财务绩效。除财务指标外，平衡计分卡还强调客户满意度、内部流程效率、员工学习与成长等非财务指标的衡量。这使组织能够更全面地评估其运营效果，而不局限于财务收益。

③设定具体目标并跟踪进度。在平衡计分卡的框架下，企业或组织可以设定具体的绩效目标，并通过定期收集和分析数据来跟踪实现这些目标的进度。这有助于及时发现问题并采取相应的改进措施。

④定期评估与反馈。通过定期（如每季度或每年）对平衡计分卡各项指标进行评估，组织可以了解自己的绩效表现，识别出优势和需要改进的领域。这种定期的评估和反馈机制有助于保持组织对战略目标的持续关注。

⑤激励与问责。将平衡计分卡的绩效评估结果与奖励机制相结合，可以激励员工为实现组织的战略目标而努力。同时，通过明确各项指标的责任人，平衡计分卡还可以促进问责制的落实。

⑥促进持续改进。通过对绩效评估结果的分析，组织可以发现存在的问题并采取改进措施。平衡计分卡提供了一个持续改进的循环过程，使组织能够不断优化其运营和管理。

总的来说，平衡计分卡在绩效衡量与评估方面的运用，有助于企业或组织更全面地了解其运营状况和业绩表现，及时发现并解决问题，从而实现持续改进和战略目标的达成。

（2）平衡计分卡在业绩评价中应用的优势

①综合性评估。平衡计分卡提供了一个综合性的评估框架，它不仅关注财务指标，还要考虑客户、内部流程、学习与成长等多个方面的绩效。这样的综合性评估能够更全面地反映组织的运营状况和业绩，避免单一依赖财务指标导致的评价偏颇。

②战略对齐。平衡计分卡的设计是以组织的战略为基础的，它将战略目标分解为关键绩效指标，确保各项绩效指标与战略目标保持一致。这种战略对齐有助于提高组织战略执行的准确性和及时性，使各部门和员工都能明确自己的工作与整个组织战略的关系，从而更好地为实现战略目标努力。

③目标管理。通过平衡计分卡，组织可以将整体目标分解为各级部门和员工的具体绩效指标，实现目标的全过程管理。这种目标管理的方法有助于明确每个绩效指标的责任人、具体目标和时间表，从而提高员工的工作动力和团队协作能力。

④及时反馈与调整。平衡计分卡强调对绩效的实时监控和反馈，使组织能够及时发现绩效偏差并采取相应的改进措施。这种及时的反馈机制有助于组织在动态变化的环境

中保持敏捷性，及时调整战略和运营策略以确保目标的实现。

⑤长期和短期目标的平衡。平衡计分卡通过考虑四个不同的维度，帮助组织在追求短期财务目标的同时，也关注长期发展、客户满意度、内部流程改进和员工成长等关键因素。这种平衡有助于组织实现可持续发展。

⑥客观性和可比性。平衡计分卡使用具体、可衡量的指标来评估绩效，提高了评估的客观性和不同部门或项目之间的可比性。这使组织能够更准确地识别出表现优异的领域和需要改进的地方。

综上所述，平衡计分卡在绩效衡量与评估方面具有诸多优势，能够帮助组织更全面地评估自身绩效，实现战略与运营的有效对接，促进持续改进和长期发展。

12.4.3.2　平衡记分卡在战略规划与目标设定中的应用

平衡记分卡在战略规划与目标设定中起着至关重要的作用。它帮助企业或组织将宏观的战略目标细化为具体、可衡量的目标，并为实现这些目标提供清晰的路线图。

第一，明确战略目标。企业或组织需要考虑外部环境和内部资源的能力，结合组织的愿景和使命，明确其长期的战略目标。第二，分解战略目标。一旦确定了战略目标，就可以使用平衡记分卡将其分解为更具体、可操作的子目标。这些子目标应该涵盖平衡记分卡的四个维度：财务、客户、内部运营、学习与成长。通过这种方式，组织能够确保每个维度都对战略目标的实现有所贡献。第三，设定关键绩效指标。针对每个子目标，需要设定关键绩效指标来衡量进度和成果。这些 KPI 应该是具体、可衡量的，并且能够反映组织在各个方面（如收入、客户满意度、生产效率、员工发展等）的表现。第四，制订行动计划。在设定了 KPI 之后，组织需要制订具体的行动计划来实现这些目标。这包括确定负责人、分配资源、设定时间表等。平衡记分卡可以作为一个沟通工具，确保所有相关人员都清楚自己的职责和目标。第五，监控与调整。在实施过程中，需要定期监控进度并根据实际情况进行调整。平衡记分卡提供了一个框架，使组织能够系统地收集和分析数据，评估目标的达成情况，并及时采取纠正措施。第六，通过平衡记分卡的实施过程，组织可以不断学习和改进。每次周期结束时，都应该对战略规划和目标设定进行回顾，识别成功和失败的原因，并据此调整未来的战略和目标。

总的来说，平衡记分卡在战略规划与目标设定中提供了一个全面的框架，帮助组织将抽象的战略目标转化为具体、可执行的计划，并通过持续的监控和调整来确保目标的实现。通过定期收集和分析数据，组织可以评估其在各个维度（财务、客户、内部运营、学习与成长）上的绩效表现。这有助于及时发现问题并采取相应的改进措施。

12.4.3.3　平衡记分卡在沟通与协调中的应用

平衡记分卡在沟通与协调中的运用是一种综合的管理工具，它不仅关注绩效评估，还在组织内部起到了沟通与协调的桥梁作用。

①明确并传递战略目标。平衡记分卡通过将组织的宏观战略目标分解为具体、可衡

量的绩效指标，帮助组织内部各个层级明确并理解这些目标。各级管理人员和员工可以通过这些具体的指标，清楚地知道自己的工作是如何为实现组织的整体战略目标作出贡献的。这种明确的目标传递过程极大地促进了组织内部的沟通和协调。

②促进跨部门合作。在平衡记分卡的实施过程中，通常需要多个部门共同参与制定、监控和评估绩效指标。这种跨部门的参与和合作打破了部门之间的隔阂，促进了信息的共享和资源的整合。各部门在共同讨论和协商的过程中，增进了相互之间的了解和信任，从而更容易形成协同工作的氛围。

③提供共同的评估标准。平衡记分卡为组织内部提供了一个统一的绩效评估标准。这个标准不仅涵盖了财务、客户、内部流程、学习与成长等多个方面，还确保了各个部门在评估自身绩效时能够采用一致的方法和标准。这种共同的评估标准有助于减少部门之间的误解和冲突，提高整个组织的协调性和效率。

④建立反馈与调整机制。通过定期的绩效评估和反馈会议，平衡记分卡帮助组织及时发现并解决问题。这些会议为各部门提供了一个平台，可以就绩效指标、工作目标及实际工作中遇到的问题进行开放、坦诚的交流。通过这种反馈与调整机制，组织能够根据实际情况对战略目标或绩效指标进行调整，从而确保各项工作始终与组织的整体战略保持一致。

⑤增强组织内部的透明度和信任。平衡记分卡通过公开、透明地展示绩效数据和评估结果，增强了组织内部的透明度。这种透明度不仅可让员工清楚地了解自己的工作表现和组织的整体绩效状况，还增强了员工对管理层的信任感。当员工看到自己的工作成果被公正、客观地评价时，他们会更愿意与管理层进行沟通和协作，共同推动组织的发展。

思政拓展 1- 公正与客观：业绩考核与评价必须建立在公正和客观的基础之上。评价过程应避免主观偏见，确保每个员工都得到公平对待。这体现了社会主义核心价值观中的公正原则，也是思政教育所强调的重要品质。

思政拓展 2- 持续学习与自我提升：业绩考核与评价通过反馈和指导，帮助员工识别自身不足，提供学习和发展机会，促进员工的持续学习和自我提升。这与思政教育中的终身学习理念和自我完善精神相吻合。

扫码获取本章习题

扫码获取本章知识拓展

模块 6　前沿拓展

第13章　战略成本管理

扫码获取本章课件

思维导图

本章思维导图如图 13-1 所示。

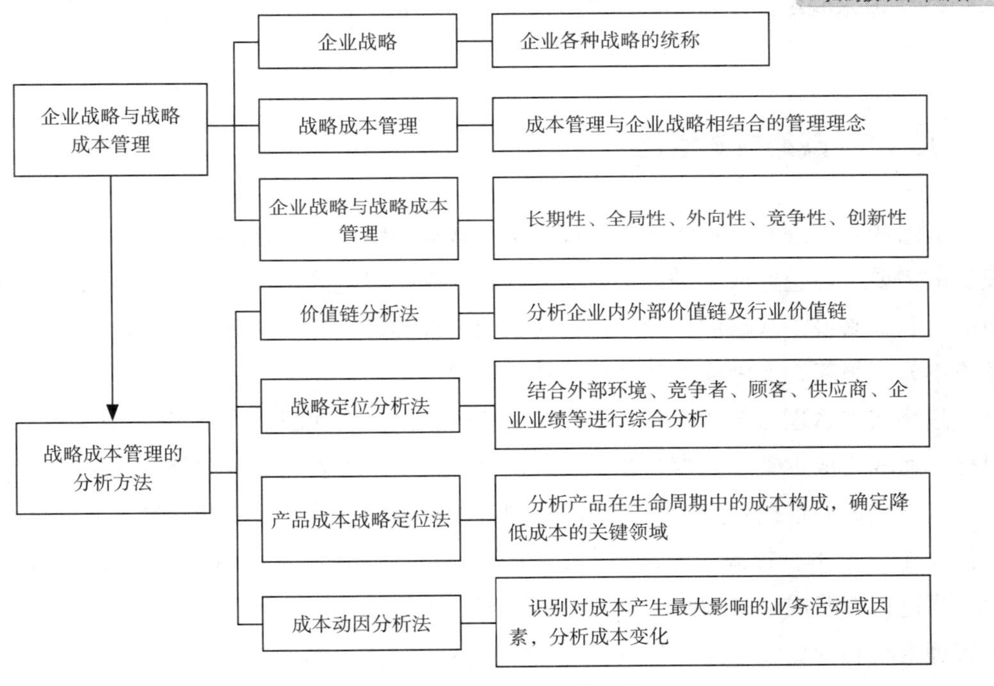

图 13-1　战略成本管理思维导图

13.1　企业战略与战略成本管理

13.1.1　企业战略

企业战略是指企业根据环境变化，依据本身资源和实力选择适合的经营领域和产品，形成自己的核心竞争力，并通过差异化在竞争中取胜。它是对企业各种战略的统称，不仅涵盖竞争战略，还涉及营销战略、发展战略、品牌战略、融资战略、技术开发战略、人才开发战略、资源开发战略等多个方面。这些战略虽然各有侧重，但它们的基本属性相同，都是对企业整体性、长期性、基本性问题的计谋。

具体来说，企业战略可以包括市场定位战略、发展战略和组织管理战略三大战略。市场定位战略旨在使企业在特定市场中找到独特的定位，以满足特定消费者群体的需求和期望。发展战略则关注企业如何扩大规模、增加市场份额和提高盈利能力，包括市场扩张、产品开发、合作伙伴关系建立等方面。组织管理战略则强调在实施战略过程中，采取适当的组织结构、管理制度和人力资源策略，以支持战略目标的实现。

此外，企业公共关系与企业战略，尤其是名牌战略有着紧密的联系。公共关系的目的是树立企业形象，完善形象，谋求美誉，而这正是企业战略，特别是名牌战略指导思想的重要组成部分。

13.1.2 战略成本管理

战略成本管理是一种将成本管理与企业战略相结合的管理理念。它是基于企业战略发展的需要，对企业成本进行全面的管理和控制，以达到提高企业竞争力和盈利能力的目的。具体来说，战略成本管理包括对企业内部和外部环境的分析，制定适应企业战略的成本管理策略，实施成本控制和绩效评估等环节。

战略成本管理与企业战略之间存在密切的关系。企业战略决定了企业的发展方向和目标，而战略成本管理则为企业实现这些目标提供了重要的支持和保障。具体来说，战略成本管理需要根据企业战略的要求，制订相应的成本管理策略和计划，通过全面管理和控制企业成本，提高企业的竞争力和盈利能力，从而实现企业的长期发展目标。因此，当进行战略成本管理时，需要充分了解企业的战略目标和业务特点，制订相应的成本管理策略和计划，并注重与企业战略的协调和配合。同时，还需要加强成本控制和绩效评估，及时发现和解决成本管理中存在的问题，确保企业战略的顺利实施。

13.1.3 企业战略与战略成本管理

战略成本管理不仅关注降低成本，更注重提升企业的战略地位。它要求企业全面和深入地分析企业成本与影响企业成本的内外部环境因素的相互关系，站在战略的高度进行成本战略的分析、选择和实施。这样可以使企业更好地适应内外部环境的变化，实现长期发展。

战略成本管理与企业战略之间的关系，主要通过战略成本管理的特点体现在以下五个方面：

①长期性。战略成本管理不仅关注短期的成本降低，而是从长期的角度考虑企业的成本结构和竞争优势。它致力于制定和执行长期的成本管理策略，以确保企业在长期内保持成本优势和竞争力。

②全局性。战略成本管理从全局的视角出发，综合考虑企业的内部环境和外部环境，包括企业内部的价值链、组织结构、生产流程等，以及外部的市场竞争、客户需求、供应商关系等。它强调成本管理的全面性和整体性，旨在实现全局的成本优化。

③外向性。战略成本管理将关注的焦点从企业内部延伸到外部，关注企业与供应商、客户等外部实体的关系，以及市场竞争态势的变化。它重视外部环境对企业成本的影响，通过对外部环境的分析和预测，制定适应市场变化的成本管理策略。

④竞争性。战略成本管理以市场竞争为导向，关注企业在市场中的竞争地位和竞争优势。它通过对竞争对手的成本结构和策略进行分析，制定具有针对性的成本管理措施，以帮助企业在激烈的市场竞争中保持领先地位。

⑤创新性。战略成本管理强调创新在成本管理中的重要性。它鼓励企业采用新的成本管理理念、方法和工具，通过技术创新、管理创新等方式降低成本、提高效率，从而增强企业的竞争力。

总的来说，战略成本管理与企业战略是相互依存、相互促进的关系。通过将两者有效地结合起来，可以实现企业的可持续发展和竞争优势的提升。

13.2　战略成本管理的分析方法

13.2.1　价值链分析法

（1）价值链分析法的含义

价值链分析法是战略成本管理中非常重要的一种分析方法。它是由美国著名战略学家迈克尔·波特提出的，旨在通过分析企业内外部价值链及行业价值链，帮助企业确定自身的竞争优势，以及寻找降低成本、提高效益的途径。

价值链分析法的核心在于将企业的生产经营活动分解为一系列相互关联、相互影响的环节，并对这些环节进行全面的分析和评估。这些环节包括原材料采购、生产加工、产品销售、售后服务等各个方面，每个环节都会对企业成本产生影响。当进行价值链分析时，企业需要对内部价值链和外部价值链进行深入的分析。内部价值链分析主要关注企业内部各个环节的成本、效益及它们之间的关联和影响。通过分析内部价值链，企业可以了解自身的生产经营状况，找到内部环节中存在的问题和瓶颈，进而制定相应的优化和改进措施。外部价值链分析则主要关注企业与供应商、客户之间的价值链联系。企业需要了解供应商和客户的成本结构、竞争状况及市场趋势等信息，从而更好地把握市场机遇和风险，制定相应的采购和销售策略。除了内外部价值链分析，企业还需要进行行业价值链分析。这主要是了解整个行业的价值链结构、竞争状况及未来发展趋势等信息。通过对行业价值链的分析，企业可以了解自身在行业中的地位和作用，找到与竞争对手的差异和优势，从而制定相应的竞争策略。

（2）价值链分析法的步骤

价值链分析法的步骤主要包括：

①把整个价值链分解为与战略相关的作业、成本、收入和资产，并把它们分配到“有价值的作业”中。这需要对企业的各个环节进行全面的梳理和分析，明确每个环节的功能和作用，以及它们之间的关系。

②确定引起价值变动的各项作业，并根据这些作业，分析形成作业成本及其差异的原因。这意味着要深入了解每个环节的成本构成和影响因素，找出导致成本变动的关键因素，并制定相应的成本控制策略。

③分析整个价值链中各节点企业之间的关系，确定核心企业与顾客和供应商之间作业的相关性。这需要对企业所处的市场环境、行业特点及竞争对手情况进行全面的分析，了解企业与供应商、客户之间的联系和互动方式，从而确定企业在价值链中的位置和角色。

④利用分析结果，重新组合或改进价值链，以更好地控制成本动因，产生可持续的竞争优势，使价值链中各节点企业在激烈的市场竞争中获得优势。这需要根据前面的分析结果，制定相应的优化和改进措施，重新设计企业的价值链，以提高企业的竞争力和盈利能力。

需要注意的是，价值链分析法是一个动态的过程，需要不断地进行调整和优化。同时，企业还需要注重与其他企业和环节的协调和配合，以实现整个价值链的协同和优化。

（3）价值链分析法的优缺点

价值链分析法的优点：

①确定核心竞争优势。通过对企业价值链的各个环节进行深入分析，企业可以识别出自身具备的核心竞争优势，从而更加明确自己在市场中的定位和发展方向。

②优化业务流程。价值链分析有助于企业发现业务流程中存在的问题和瓶颈，进而对业务流程进行优化和改进，提高企业的运营效率和客户满意度。

③降低成本。通过对价值链的分析，企业可以找到成本较高的环节，并采取有针对性的措施降低成本，从而提高企业的盈利能力。

④发现新的商机。价值链分析还可以帮助企业发现新的商机和市场需求，从而开发新的产品和服务，拓展企业的业务范围和市场份额。

价值链分析法的缺点：

①数据获取困难。进行价值链分析需要获取大量的数据和信息，包括企业内部各个环节的成本、收入、资产等，以及外部供应商、客户、竞争对手等相关信息。这些数据和信息可能难以获取或准确测量，从而影响分析的准确性和有效性。

②忽略战略性成本。价值链分析往往关注于企业内部的成本构成和控制，但可能忽略了某些战略性成本，如品牌建设、研发投入等。这些成本虽然短期内可能带来较高的支出，但对于企业的长期发展和竞争力至关重要。

③静态性。价值链分析通常是一种静态的分析方法，主要基于某一时间点的数据和信息进行分析。然而，市场环境和企业内部状况是不断变化的，因此价值链分析的结果可能具有一定的滞后性，无法完全反映企业的最新状况。

④分析复杂度高。价值链分析涉及多个环节和多个因素的综合分析，因此具有较高的复杂度和难度。需要专业的分析人员具备丰富的知识和经验，才能进行有效的分析和判断。此外，不同环节和因素之间可能存在相互影响和制约关系，进一步增加了分析的复杂性。

（4）价值链分析法的适用范围

价值链分析法适合多种类型的企业，尤其是那些需要全面了解自身业务流程、寻找成本优化空间及确定核心竞争力的企业。

①多元化经营的企业。这类企业通常涉及多个业务领域和产品线，通过价值链分析可以更好地理解不同业务之间的关联和影响，优化资源配置，提高整体运营效率。

②制造业企业。制造业企业的业务流程复杂，涉及原材料采购、生产加工、产品销售等多个环节。通过价值链分析，企业可以深入了解每个环节的成本和效益，发现潜在的成本节约点，提高生产效率和产品质量。

③寻求战略转型的企业。当企业面临市场环境的变化或竞争压力，需要进行战略转型时，价值链分析可以帮助企业全面评估自身的优势和劣势，明确新的发展方向和核心竞争力，为转型提供有力支持。

④强调成本管理的企业。对于那些在成本管理方面要求较高的企业，如零售、物流等，价值链分析可以帮助企业精确掌握每个环节的成本构成，制定有效的成本控制策略，提高企业的盈利能力。

总之，价值链分析法是一种广泛应用于企业战略管理和成本控制的工具，适用于各种类型和规模的企业。通过深入分析企业内外部价值链，企业可以更加清晰地了解自身的竞争优势和劣势，制定科学的发展战略，实现可持续发展。

（5）价值链分析法举例

某汽车制造商为了提升自身竞争力，决定采用价值链分析法对自身的业务流程进行全面分析。该公司的价值链主要包括原材料采购、生产加工、产品销售及售后服务等环节。

①原材料采购环节。该汽车制造商首先分析了原材料采购环节的成本和供应商情况。通过调查发现，某些原材料的采购成本较高，而且供应商数量有限，存在一定的供应风

险。为了降低采购成本，该公司决定与供应商进行合作谈判，寻求更优惠的价格和更稳定的供应关系。同时，该公司还积极寻找新的供应商，以拓宽供应渠道，降低供应风险。

②生产加工环节。在生产加工环节，该汽车制造商分析了生产流程、设备效率以及员工效率等方面的成本和效益。通过调查发现，某些生产环节存在瓶颈，影响了生产效率和产品质量。为了优化生产流程，该公司对生产设备进行了升级和改造，提高了设备效率和自动化程度，还加强了对员工的培训和管理，提高了员工效率和产品质量。

③产品销售环节。在产品销售环节，该汽车制造商分析了销售渠道、销售价格及市场推广等方面的成本和效益。通过调查发现，某些销售渠道的销售费用较高，而且市场覆盖率有限，影响了产品销售量和市场份额。为了扩大销售渠道和提高市场份额，该公司决定加大市场推广力度，提高品牌知名度和美誉度。同时，该公司还积极开拓新的销售渠道，如线上销售等，以降低成本并扩大市场份额。

④售后服务环节。在售后服务环节，该汽车制造商分析了客户服务质量、维修保养成本及客户满意度等方面的成本和效益。通过调查发现，售后服务质量不高和维修保养成本较高是客户投诉的主要原因之一。为了提高客户满意度和降低维修保养成本，该公司加强了对客户服务人员的培训和管理，提高了服务质量和效率。同时，该公司还推出了多项优惠政策和增值服务，如免费保养、延长保修期限等，以提高客户满意度和忠诚度。

通过对各个环节的分析和优化，该汽车制造商成功地降低了成本、提高了效率和质量，并扩大了市场份额。这充分证明了价值链分析法在企业战略管理中的重要性和实用性。同时，该汽车制造商还意识到价值链分析法是一个持续的过程，需要不断进行调整和优化，以适应市场的变化和企业的发展需求。

13.2.2 战略定位分析法

战略定位分析法是一种根据企业不同的类型和发展战略来确定核心竞争力要素的方法。它旨在帮助企业明确在市场中的定位，以何种姿态来与竞争对手对抗，并取得成功。这种方法需要结合外部环境、竞争者、顾客、供应商、企业业绩等信息进行综合分析，以制定有利于创造和维持竞争优势的战略。

（1）战略定位分析的主要步骤

①确定企业的市场定位。这涉及了解企业在市场中的竞争环境，包括市场规模、增长趋势、竞争程度、客户需求等因素。企业需要明确自己在市场中的位置，以及与竞争对手的差异化和独特性。

②分析企业的内部能力和资源。这包括评估企业的技术、管理、品牌、渠道等方面的能力和资源。企业需要了解自身的优势和劣势，以便在制定战略时能够充分发挥自身的长处并弥补不足。

③识别核心竞争力要素。根据企业的类型和发展战略确定核心竞争力要素。例如，如果企业实施的是高技术主导型的出口外向型发展战略，那么技术能力和管理能力就可能成为该企业最重要的核心竞争力因素。

④制定战略目标和计划。结合上述分析，企业需要制定明确的战略目标和计划。这些目标和计划应该既符合企业的实际情况，又能够充分利用市场机会和发挥企业的优势。

⑤实施和监控。最后，企业需要按照制定的战略目标和计划予以实施，并不断监控和评估战略的执行情况。这有助于企业及时发现和解决问题，确保战略的有效实施。

（2）战略定位分析应用举例

某手机制造商通过战略定位，专注于高端智能手机与电脑市场。其以创新的产品设计、高品质的用户体验和强大的品牌影响力，成为全球最具价值的品牌之一。该公司的成功，很大程度上归功于其明确的战略定位。

首先，在市场细分方面，该公司针对高端市场和追求卓越服务的消费者，提供了超出竞争对手的服务水平。通过员工培训和技术改进，该公司不断提高客户忠诚度和口碑，从而增加了市场份额。

其次，在产品创新方面，该公司以技术创新为核心竞争优势，不断推出创新的产品和解决方案。该公司在研发团队上投入大量资源，致力于研发先进技术和满足市场需求的产品。这种创新战略使该公司的产品始终保持领先地位，吸引了大量对创新和独特性有需求的消费者。

最后，在品牌塑造方面，该公司注重品质与用户体验，将可持续发展作为核心价值观，并将其融入业务运营中。这使该品牌在全球范围内享有很高的知名度和美誉度，进一步巩固了其在高端市场的地位。

综上所述，该公司的战略定位分析法应用非常成功。通过明确市场细分、产品创新和品牌塑造等方面的战略定位，该公司在激烈的市场竞争中脱颖而出，实现了持续的发展和盈利。这也为其他企业提供了有益的借鉴和启示。

（3）战略定位分析法适用范围

战略定位分析法特别适用于需要进行战略规划、市场竞争策略制定的企业，无论是在新兴市场还是成熟市场，都能够帮助企业更好地了解自身和竞争对手，从而做出更明智的决策。

①高科技行业。因为高科技企业的战略制定需要运用分析的思维来制定和运用战略，往往基于对企业内部条件和外部环境的深入分析，根据企业的总体目标确定在一定时间内的发展设想和谋划。没有经过深入分析所制定出来的策略可能脱离企业实际，达不到预期的目标。

②传统行业。尽管传统行业与高科技行业在应用分析型战略的侧重点上可能有所不同，但分析型战略在传统行业中同样有其应用价值。例如，零售、制造、金融等传统行

业都需要根据市场趋势、竞争对手状况及自身资源能力进行战略定位，以明确发展方向和竞争优势。

实际上，战略定位分析法是一种普适性较强的战略工具，可以广泛应用于各个行业。不同行业的企业可以根据自身的特点和市场环境，灵活运用战略定位分析法来制定和实施适合自身的发展战略。

思政拓展 1- 全局观念与系统性思维：价值链分析法要求企业从全局和系统的角度审视自身的经营活动，识别出各个环节的价值创造过程。这与思政教育中的全局观念和系统性思维相吻合，都是强调从整体和长远的视角来分析和解决问题。

思政拓展 2- 团队协作与共同目标：价值链分析涉及企业内部的多个部门和多个环节，需要各部门之间的紧密协作才能实现整体价值的最大化。这与思政教育中的团队协作精神相一致，都是强调为了实现共同目标而相互配合和努力。

思政拓展 3- 社会责任与可持续发展：通过价值链分析，企业可以更好地理解自身的社会责任，并在经营活动中融入可持续发展的理念。例如，通过优化生产流程、减少浪费和污染等措施，实现经济效益与社会效益的双赢。这与思政教育中的社会责任和可持续发展观念相契合。

13.2.3 产品成本战略定位法

（1）产品成本战略定位法的含义

产品成本战略定位法是一种通过分析产品在生命周期中的成本构成，确定降低成本的关键领域，以此来制定企业战略的方法。该方法主要关注的是产品的成本构成，以及如何在保证产品质量和性能的同时，有效地降低成本，从而提高企业的竞争力。

在使用产品成本战略定位法时，企业需要先进行市场调研和需求分析，了解产品的市场需求、竞争状况和顾客对产品的期望等信息。然后，企业需要确定产品的成本构成，包括直接材料、直接人工和制造费用等。在此基础上，企业可以通过价值链分析等方法，找出成本的关键控制点，提出有针对性的成本控制措施。

产品成本战略定位法可以帮助企业更好地理解产品成本的构成和影响成本的因素，从而制定有效的成本控制和降低成本战略。这种方法强调了在保证产品质量和性能的前提下，通过有效地降低成本来提高企业的竞争力和市场占有率。

（2）产品成本战略定位法的适用范围

产品成本战略定位法主要适用于产品成本在市场竞争中占据重要地位的企业。这些企业通常处于较为成熟的市场环境中，产品同质化程度较高，价格竞争较为激烈。在这种情况下，产品成本的控制和管理成为企业获取竞争优势的重要手段。

具体来说，产品成本战略定位法适用于以下类型的企业：

①制造业企业。制造业企业是产品成本战略定位法的主要应用领域。这类企业涉及原材料采购、生产加工、产品销售等多个环节，成本控制和管理对于提高企业的盈利能力和市场竞争力至关重要。

②重资产型企业。重资产型企业通常拥有大量的固定资产和较高的生产成本，如钢铁、石油化工等行业。这些企业需要通过产品成本战略定位法来优化成本结构，降低生产成本，提高资产利用效率。

③价格敏感型企业。在价格竞争激烈的市场中，价格敏感型企业需要密切关注产品成本的变化，以便及时调整价格策略。产品成本战略定位法有助于这类企业制定更为精准的成本控制和定价策略。

需要注意的是，虽然产品成本战略定位法在上述类型的企业中具有较高的应用价值，但并不意味着其他类型的企业无法从中受益。实际上，任何类型的企业都可以通过分析和优化产品成本来提升自身的竞争力和盈利能力。只不过在具体应用时，需要根据企业的实际情况和市场环境进行灵活调整和运用。

（3）产品成本战略定位法应用举例

不同企业的成本战略可能会有所不同，需要根据企业的具体情况来确定。此外，还需要综合考虑其他因素，如市场需求、竞争状况、技术趋势等来制定全面的企业战略。

某家电子产品制造商在市场上面临着激烈的竞争，为了提高自身的竞争力和市场占有率，决定采用产品成本战略定位法来制定成本控制和降低成本战略。

首先，该制造商进行了市场调研和需求分析，了解了产品的市场需求、竞争状况和顾客对产品的期望等信息。通过市场调研，他们发现顾客对产品的性能和品质有较高要求，同时对价格也比较敏感。

其次，该制造商对产品的成本构成进行了详细的分析，包括直接材料、直接人工和制造费用等。他们发现，某些原材料的采购成本较高，而且生产过程中的某些环节存在浪费现象，导致整体成本偏高。

为了降低成本，该制造商采取了以下措施：

①与供应商进行合作谈判，寻求更优惠的原材料采购价格，并签订长期合作协议以确保供应的稳定性。

②优化生产流程，消除浪费现象，提高生产效率和设备利用率。例如，他们引入了自动化设备和智能化管理系统，减少了人工干预和错误率，提高了生产效率。

③加强质量管理，确保产品性能和品质的稳定性和一致性，避免因质量问题导致的退货和维修成本。

通过这些措施的实施，该制造商成功地降低了产品的成本，提高了生产效率和产品质量。同时，他们还根据市场需求和竞争状况灵活调整产品价格和营销策略，提高了市场占有率和顾客满意度。

13.2.4 成本动因分析法

成本动因分析法用于确定企业成本的原因及成本的变化。其核心思想是，成本是由业务活动驱动的，而非固定不变的。因此，识别出对成本产生最大影响的业务活动或因素，对于企业管理者来说是至关重要的，因为这有助于他们采取有效的成本控制措施。

成本动因分析法通常包括如下步骤：

①确定成本对象。首先需要明确分析的成本对象，这可能是一个特定的产品、服务、项目或业务流程。

②识别成本动因。成本动因是导致成本发生变化的因素。在这一步，需要深入分析并识别出影响成本的主要动因。这些动因可能包括生产数量、销售数量、人工工时、设备利用率、采购批量等。

③收集数据。在确定了成本动因之后，需要收集相关的成本和业务活动数据。这包括成本明细账、生产记录、销售记录等，以便进行后续的分析。

④分析数据。利用收集到的数据，通过统计分析和比较，确定每个成本动因对成本的影响程度。这可以帮助企业了解哪些因素对成本的影响最大，从而优先关注这些关键因素。

⑤制定成本控制策略。基于上述分析，企业可以制定相应的成本控制策略。例如，如果设备利用率是一个重要的成本动因，那么企业可以考虑优化设备使用计划，提高设备利用率，以降低单位产品的固定成本。

⑥监控与调整。在实施成本控制策略后，企业需要定期监控成本的变化，并根据实际情况进行调整。如果发现某些成本动因的影响超出预期，或者市场环境发生变化，企业需要及时调整策略以适应新的情况。

通过以上步骤，成本动因分析法可以帮助企业更加精确地了解成本结构和影响因素，从而制定更加有效的成本控制策略，提高企业的经济效益和市场竞争力。

此外，成本动因可以分为多种类型，如作业成本动因、数量成本动因、结构成本动因和执行成本动因等。这些分类有助于更深入地理解成本动因的性质和影响。

总的来说，成本动因分析法是一种强大的工具，可以帮助企业管理者更好地理解业务活动和成本之间的关系，从而做出更明智的决策。通过识别和分析成本动因，企业可以更有效地控制成本，提高盈利能力和市场竞争力。

扫码获取本章习题

扫码获取本章知识拓展